U0585790

郑观应研究的当代价值

纪念郑观应诞辰175周年
学术研讨会论文集

中共中山市委宣传部
中山市社会科学界联合会　主编

SPM
南方出版传媒
广东人民出版社

·广州·

图书在版编目（CIP）数据

郑观应研究的当代价值：纪念郑观应诞辰175周年学术研讨会论文集／中共中山市委宣传部，中山市社会科学界联合会编．—广州：广东人民出版社，2019.3

ISBN 978-7-218-13293-8

Ⅰ．①郑… Ⅱ．①中… ②中… Ⅲ．①郑观应（1842-1921）—人物研究—学术会议—文集 Ⅳ．① K827=6

中国版本图书馆CIP数据核字（2018）第295171号

ZHENGGUANYING YANJIU DE DANGDAI JIAZHI——JINIAN ZHENGGUANYING DANCHEN 175 ZHOU
NIAN XUESHU YANTAOHUI LUNWENJI

郑观应研究的当代价值——纪念郑观应诞辰175周年学术研讨会论文集

中共中山市委宣传部　中山市社会科学界联合会　主编

出　版　人：肖风华

责任编辑：李锐锋　刘　颖
装帧设计：蓝美华

统　　筹：广东人民出版社中山出版有限公司
执　　行：何腾江　吕斯敏
地　　址：中山市中山五路1号中山日报社8楼（邮编：528403）
电　　话：（0760）89882926　（0760）89882925

出版发行：广东人民出版社
地　　址：广州市大沙头四马路10号（邮编：510102）
电　　话：（020）83798714（总编室）
传　　真：（020）83780199
网　　址：http://www.gdpph.com
印　　刷：恒美印务（广州）有限公司
开　　本：787mm×1092mm　1/16
印　　张：18　　　　字　　数：238千
版　　次：2019年3月第1版　2019年3月第1次印刷
定　　价：46.00元

如发现印装质量问题影响阅读，请与出版社（0760-89882925）联系调换。
售书热线：（0760）88367862　邮购：（0760）89882925

本书编委会

|目 录|

郑观应的精神气象[①]

熊月之[②]

1894年，《申报》的一篇文章对郑观应之学术、思想、社会影响作了如下的综合评价：

> 观察学贯中西，识超今古，无物我之见，泯畛域之分，专心致志于洋务者已数十年。所著有《盛世危言》一书，早已风行于二十年前。海内之谈洋务者，所当取则焉。[③]

这段话可借用作为对郑观应精神气象的概括。

郑观应的一生，在修身治学、事功拓展等方面都相当成功。其成功，得益于他对时代变动的敏锐感悟，对个人发展路径的恰当选择。他顺时调适行为方式，善读有字之书，也善读无字之书。

郑观应近八十年生涯（1842—1921）中，决定其一生业绩的关键时期，也是他事业成功的起步阶段，是他到上海习商以后的开头二十四年，即1858年至

---

① 所谓精神气象，是指通过一个人或一个群体的为人、处世、著述、言论、审美、信仰等方面所呈现、折射出来的神韵、气派、品位与格局，是其有别于其他人或其他群体的整体性精神风貌。

② 熊月之，原上海社会科学院副院长、中国孙中山研究会会长、上海市历史学会学长、研究员，研究方向为主要从事中国近现代史、上海城市史、中西文化交流史等。

③ 格致书院冬季课题［N］.申报，1895-01-14（3）.此文亦见同日《新闻报》。

1882年。1882年，已任总买办的他毅然离开航运业巨擘英商太古轮船公司。那年，他四十岁，不惑之年，已是在商场、官场、学场上都很受重视的成功人士。

早年的郑观应，与常人无异。16岁那年参加童子试，未中。第一次应试未中，本属正常。那个时代，三试、四试未中，也都司空见惯。但是，他一试未中之后，便服从父亲安排，不再参加科举考试，而是到上海习商。郑观应的父亲郑文瑞，本是通达之人，认为子弟如果不是读书之材，经商也是正路。他顺应时代变动，不强求儿子在科举一条道上走到黑，这是他的过人之处，也是郑观应的幸运之处。

如果说放弃科举，赴沪习商，主要是父亲的主张，那么，到上海以后的路，就主要是郑观应自己走的了。他到上海那年，17岁，正是进入青年的阶段，也是人生观形成的阶段。在上海的开头二十四年中，郑观应的精力主要投放在以下四个方面：经商、读书、著述与赈灾。

经商方面，郑观应曾在新德洋行习商、宝顺洋行当买办、生祥茶栈做通事，也曾与人合伙经营公正轮船公司，参与创办太古轮船公司，参股轮船招商局、开平矿务局、上海造纸公司、上海机器织布局等企业，都可以归纳为经商一途。

读书方面，内容有三：一是英语。在新德洋行习商期间，他曾跟随叔父郑廷江学习英语。在宝顺洋行期间，曾有两年时间，入英华书馆夜校，向英国人傅兰雅学习英语。英华书馆是当时上海最著名的业余英语学校，1865年开办，每月学费为5两银子。郑观应对于学习英语相当重视，几个弟弟到上海学习商务，他都不忘嘱咐他们先入英文学堂学习英文。①从他在洋行的工作业绩来看，有理由认为，他的英语水平足以应付洋行业务的需要。二是西书。当时的上海，是西书荟萃之地，先前墨海书馆所出版的西书还在流通，新的西学知识又大量涌入。江南制造局翻译馆、京师同文馆新译的西书，传教士出版的《教会新报》（后改名为《万国公

---

① 郑观应.中华民国三年香山郑慎余堂待鹤老人嘱书［M］//夏东元编.郑观应集（下册）.上海：上海人民出版社，1988：1483.

报》）上刊载的新学知识，以及在买办生涯中可能接触到的西书，都是郑观应留心阅读的内容。三是中国传统典籍。郑观应到上海以前，已经研读过许多中国典籍。除了《三字经》《千字文》等童蒙读物，《论语》《孟子》《大学》《中庸》等应试必读书，他还读过《性理大全》《五子近思录》《陈白沙文集》《王阳明文集》等。到上海以后，他还研读了一大批儒家、道家、佛家的典籍。

著述方面，郑观应笔耕极勤，先是编辑《道言精义》《陶斋志果》等道教方面的书籍，而后撰写《救时揭要》《易言》等，直接介入对时务问题的讨论。对时务问题的兴趣和讨论，最终促成名著《盛世危言》的诞生。

赈灾方面，郑观应所花精力甚多。19世纪70年代后期，华北地区发生严重旱灾，上海中外人士发起了范围广、时间长、影响巨大的赈灾活动。郑观应在其中发挥了重要作用，不但带头捐献巨款，还组织赈灾活动。为赈济山西灾荒，他与经元善等人创办筹赈公所，将办公地点设在自己家中。他们还为河南、直隶（今河北）、山东、陕西等地募捐赈济。在为山西赈灾中，郑观应纳资捐得道员衔。捐纳让郑观应获得了绅士的身份，在某种意义上弥补了他没有科举功名的缺憾，也为他与官绅打交道提供了方便。

郑观应的过人之处在于，当买办而又不满足于当买办。郑观应如果满足于当买办、经商，那他就是徐润或唐廷枢第二，也很不错，也是成功人士，但没有特别了不起。他在经商、读书、著述、赈灾四方面齐头并进，其综合优势就是别人所不可比拟的。经商是聚财，赈灾、捐纳是散财，光聚不散，便成守财奴。郑观应恰当地处理好聚财与散财的关系，使其财富在人生意义中发挥了更大的效益。读书是蓄才，著述是亮才，光蓄不亮，无以赢得名声与地位。他的著述如果仅仅是吟诵风月，抒发个人意兴，而不是关注整个国家与民族最为紧迫的问题，那也不可能有广泛而持久的社会影响力。郑观应成功地将求利与求义、蓄才与亮才、求利与求名、个人小我与国家大我结合起来，即其所谓"求利中不失其求名之望，求名中可遂其求利之心"。①1882年以后，他被李鸿章等洋务大员看中、提拔，先后走到上海机器织布局、上海电报局、轮船招商局等多家洋务企业的领导岗位上；他能与盛宣怀、经元善、谢家福等江浙绅商建立深厚的友谊，建立起对日后发展极为有用的人脉关系，就与他兼通中西的综合实力、亦商亦儒的复合身份有关。

郑观应的过人之处还在于，为人之学与为己之学兼修，治世之学与治心之学兼修，即上述《申报》文章所说的"无物我之见，泯畛域之分"。中国传统文化中，有两大资源，两千年来一直在发生重要影响，即儒家与道家。一刚劲有为，一清静无为；一进取，一退避；一入世，一出世。这两大资源，相互补充，对许多人产生过影响。进而为儒，退而近道，是支撑许多传统官绅进退的文化资源。最典型的前有苏东坡，后有林语堂。这两种文化资源，在一般士人那里，是在不同时期、不同境遇下交替发生作用的：仕途得意，则奋发进取；仕途失意，则归隐山林。但在郑观应身上，则从青少年时期开始就同时产生影响，直到老年。传统时代，儒、释、道三大教中，道教被认为是中下阶层信仰的宗教，一般读书人不大会公开宣称自己信仰道教。郑观应则不然，他公开表明自己的信仰。他信道、修道，因此受到家人指责，被友朋引为笑柄，但他不为所动，笑骂由人，自己信仰如故。

郑观应一生，自称遇到"七险九难"，许多难关，如果没有道家学说、道教信仰作为生命的避风港，那是很难平安渡过的。比如，在与无能无德的彭汝琮共事的问题上，在上海机器织布局经费亏空的问题上，在太古洋行因替人担保受累而被拘捕的问题上，在受到上海小报《苏报》恶意毁谤的问题上，郑观应都受到意想不到的沉重打击。猝然临之，无力招架，进退维谷，申诉无门，这都没能让他倒下。郑观应的性格中，本有耿直、刚烈、不随流俗、疾恶如仇的一面，依着

---

① 郑观应. 捐纳［M］//夏东元编. 郑观应集（上册）. 上海：上海人民出版社，1982：563.

他的天性，在那些场景下，他会拍案而起，据理抗争，乃至玉碎珠沉，但他没有那样做，而是退避忍让，甚至代人受过，最后都挺了过来。而支撑他挺过来的文化资源，主要是道家思想与道教信仰。

郑观应自幼体弱多病，成年以后也不强壮，但他能够活到近八十岁高龄，这与他的道教信仰有一定关系。信仰是很奇妙的事情，所信仰对象未必为真，但信仰本身，对拓展信仰者心灵空间、提升信仰者生命质量，其意义未必为假。

郑观应所处的，是一个旧的秩序逐渐被破坏、新的秩序逐渐建立的时代，是一个旧的原则、旧的制度逐渐或部分失效，新的原则、新的制度尚未完全建立的时代，是一个旧的价值观念正在瓦解、新的价值观念正在建立的时代。身处这一时代，并且对这一时代的特点有所感悟的人，在事功发展、治学、修身方面，都会用自己的理性来审视一切，从而做出自己的抉择。郑观应是对这一时代的特点有敏锐感悟的人。所以，他一只眼睛看中国，一只眼睛看西方；一只眼睛看历史，一只眼睛看现实。因能虚心学习，潜心思索，他对于修身治学、事功发展的大关节处，都有过理性思考，最终以其大聪明、大智慧，恰当地处理了转型时代的这些矛盾，成功地书写了属于他自己的历史。

一个人的精神气象有大小之分，只见小我，不顾大我，则气局逼仄，影响难大。一个人的精神气象亦有高低之别，只见中国，不看世界，或只看眼前，不懂历史，不顾长远，其见解必定浅而近，影响难以广远持久。郑观应是商人，但不纯粹是商人；是学人，但不是纯粹的书斋型学人。他是商人兼学人，其见解就比一般学人更接地气，比一般商人更明大理。这是郑观应不同于徐润等商人的地方，也是他不同于王韬等书斋型学人的地方。

在《盛世危言》中，郑观应有一段夫子自道的话：

今之公卿大夫，墨守陈编，知古而不知今；游士后生，浪读西书，知今而不知古。二者偏执，交相弊也。夫中国生齿四百兆，其中岂无一二通才洞悉古今利弊、统筹中外局势、思欲斟酌损益，为国家立富强之基？[①]

综核古今，顺时应变，融合中西，斟酌损益，洞悉利弊，统筹全局，为人之学与为己之学兼修，治世与治心并重，这就是郑观应的精神气象。

---

① 郑观应.盛世危言［M］//夏东元编.郑观应集（上册）.上海：上海人民出版社，1982：315.

先声　先行　先导
——论西学东渐先驱郑观应的精神品格

王　杰[①]

近代香山，借澳门之地利，得西学之先风，人才辈出，领华夏风骚。郑观应、孙中山乃是时代的佼佼者。

研究郑观应，荦荦大端者，尤在其思想的发蒙与精神的引领。郑观应无愧为引领西学东渐的思想先驱。这里讲的西学，包括思想取向、价值理念，以及治世处事等观念意识。西学东渐是一个过程，其核心价值就是比鉴世界，追赶文明潮流。郑氏一生事功，体现于先声、先行、先导的精神品格——他不仅是西学东渐的启蒙大师，还是躬身商战的巨匠，又是中体西用的引领者。

先声：《盛世危言》振聋发聩

郑观应的"先声"，饱含着爱国、忧患、担当精神，体现于其以心血撰就的《盛世危言》。

他的爱国、忧患、担当精神，激发于特殊的阅历。三乡与澳门近在咫尺，1842年郑观应出生的时候，中西文化已经在澳门碰撞、交汇了近300年。近水楼台，耳濡目染，不能不给少年郑观应以"海外奇谈"的视野。咸丰八年（1858年），16岁的郑观应，童子试未中，即奉父命远游上海，弃学从商，随叔父郑廷江（时

---

① 王杰，中国现代文化学会副会长、民革中央孙中山研究会副会长、广东省社会科学院研究员，研究方向为中国近代史、孙中山思想文化等。

任上海新德洋行买办）"供走奔之劳"。其时，距上海开埠（1843 年 11 月 17 日）已有 15 年，中外贸易中心逐渐从广州移到这里。郑观应得以在中国发达的港口耳闻目睹，忧患意识日渐强烈。难能可贵者，郑观应作为一介科举的落榜者、一名十里洋场的打工者，负起担当的精神，以拓荒者的身份，观察时局，比鉴东西文明落差，并于工余时间将心得写就，又投稿《申报》①发表，以扩大影响。

同治十二年（1873 年），郑观应将 20 余篇时论集成《救时揭要》刊印，此乃郑观应早期思想的实录。他在《自序》中自述其写作缘起："又复触景伤时，略陈利弊，随所见闻，频登《申报》，更伸鄙臆，撰成是编。"②后来他在《易言》（36篇本）自序中又作补记："往余于同治庚午、辛未间，端居多暇，涉猎简编，偶有所见，随笔札记。内之积感于寸心，外之眷怀于大局。"③"同治庚午、辛未间"为 1870 — 1871 年，郑观应年近而立，思想渐趋成熟，所阐释撰述《救时揭要》之因由，当亦切合实情。报纸发文，辑书刊行，使青年郑观应在社会上先声夺人，赢得了相当的声誉。

光绪六年（1880 年），38 岁的郑观应编定刊行《易言》。《易言》（20 篇本）自序称："庚申之变，目击时艰，凡属臣民，无不眦裂。每于酒酣耳热之下，闻可以安内攘外者，感触于怀，随笔札记。历年既久，积若干篇，语焉不详，未尝敢以论撰自居。而朋好见辄持去，杂付报馆，又阑入近人所刻《闻见录》中。"④他在书中提出一系列以国富为中心的内政改革措施：主张向西方学习，实行政治制度的变革，效仿西方议会制度，实现君主立宪；翻译西方富国强兵的书籍，广泛传播于天下，方便国人学习；倡行采用机器生产，加快工商业发展，激励商民

---

① 《申报》，由英商安纳斯托·美查（Ernest Major）于同治十一年三月二十三日（1872年4月30日）创刊，初名全称《申江新报》。
② 夏东元. 郑观应集·救时揭要·外八种（下）［M］. 中华书局，2013.
③ 郑观应. 易言［M］. 香港：中华印务总局，1880.
④ 夏东元. 郑观应集（上册）［M］. 上海：上海人民出版社，1982：173.

投资实业，鼓励民办开矿、造船、铁路；对华洋商税赋不平等表示强烈不满，提出"我国所有者轻税以广去路，我国所无者重税以遏来源"的保护性关税政策。

1894年，郑观应52岁，是年刊行的《盛世危言》，旗帜鲜明地提出"富强救国"的主题，对政局、经济、军事、外交、文化等方面的改革提出自己的方策。他在《凡例》中痛陈："今中日战后，时势变迁，大局愈危，中西之利弊昭然若揭。"从31岁到38岁再到52岁，从《救时揭要》到《易言》再到集大成的《盛世危言》，历时20余年，书稿几易其名，可见郑观应为了"先声"，披肝沥胆，用心良苦！

《盛世危言》横空出世，轰动朝野，一时洛阳纸贵，思想启蒙之潮流渐次汇成，一批批有志救国者应运而生，乘时奋起。

先行："以商立国"，躬身践行

郑观应的先行，以躬身从商垂范。他的先行精神，感悟于自身的实践，又以耕耘者的角色，呼吁商战，言与行俱。他是一位名副其实的从事近代实业开拓、经营、管理的实业界先驱。

在广东，农业与"商"字相关联，始见于明朝中叶以后。其时与香山相邻的南海、顺德、番禺一带兴起了桑基鱼塘模式。及至清代，珠江三角洲已普遍实现农业商品化。但是，香山是大沙田地区，除了与顺德毗连的少数区域外，基本上还是以种植稻米为主。郑观应生活的年代亦然。农业无"商"，土地便困住了农民。

少年郑观应一到上海，便与商业联姻。先是亲友介绍入英商宝顺洋行任职，旋被派赴天津考察商务。1860年返沪后掌管洋行的丝楼，兼管轮船揽载事务。同时进入英人傅兰雅所办的英华书馆夜校学英语，始对西方政治、经济知识产生兴趣。他曾充当英商宝顺洋行、太古轮船公司买办，后在上海机器织布局、上海电报局、轮船招商局、汉阳铁厂和商办粤汉铁路公司等任高级职务。其间，他投资兴办了贸易、金融、航运、工矿等企业，是一个从买办转化的民族工商人士。1878年，直隶总督李鸿章札委郑观应筹办上海机器织布局，1880年正式委派其为织布局总办，旋又委其为上海电报局总办。1882年，郑观应与太古洋行聘期届满离职，受李鸿章之聘，出任濒临破产的轮船招商局帮办，任上拟"救弊大纲"十六条，从得人用人、职责相符、赏罚分明、增加盈利、降低消耗等方面提出系列建议并付诸实施。为制止洋行的削价竞争，他亲与太古、怡和二洋行交涉签订齐价合同。在他的治理下，轮船招商局的营业额和股票市值大幅提高。1883年10月，李鸿章擢升郑观应为轮船招商局总办。如此罗列郑氏的履历，旨在说明其提出的以"商战"止"兵战"、变"以农立国"为"工商立国"、发展资本主义经济的思想其来有自。

他提出的"商战"理论，见解独到。郑观应认为西方列强侵略中国的目的是要把中国变成他们的"取材之地、牟利之场"，遂采用"兵战"和"商战"两手来对付中国，而商战比兵战的手法更为隐秘，危害更大："兵之并吞祸人易觉，商之掊克敝国无形。"他主张"西人以商为战，……彼既以商来，我亦当以商往"。强调"我之商一日不兴，由彼之贪谋亦一日不辍"。唯有以商立国，以工翼商，"欲制西人以自强，莫如振兴商务"。

郑观应呼吁商战，言与行俱，他是一位名副其实的实业界先驱。他对近代实业的开拓、管理，以及由此积累的经验，是先行商务实践的体悟，升华了其商战理论，使他的理论更接地气，从而更具底气。

先导："富强救国"，鞠躬尽瘁

郑观应的"先导"，既具勇立潮头的风采，又以使命感的精神，展现播种者的英姿。

《盛世危言》问世，可谓恰逢其日，正值其时。洋务干将张之洞读完《盛世危言》，评点道："论时务之书虽多，究不及此书之统筹全局择精语详。""上而以此辅世，可谓良药之方；下而以此储才，可作金针之度。"朝野人士争相赠阅，求书者络绎不绝，以至一印再印，仍不敷需求，连科场考试也常以书中所谈时务为题目。礼部尚书孙家鼐将此书推荐给光绪皇帝，光绪读毕赞叹不已，诏命分发大臣阅读。这部著作不仅影响了当时的思想界，而且惠及后世，康有为、孙中山也颇受此书影响，毛泽东年轻时也经常阅读《盛世危言》。

以史为鉴，可以知兴替；以人为镜，可以知得失。不可忽略的是，近现代史上的两位中国伟人孙中山和毛泽东，都从《盛世危言》中吸取了思想营养。该书问世期间，孙中山亲自携带《上李傅相书》赴上海，诚请郑观应润色并代为推荐。1936年，毛泽东向斯诺回忆道："我读了一本叫做《盛世危言》的书，这本书我非常喜欢它。作者是一位老派改良主义学者，以为中国之所以弱，在于缺乏西洋的器械——铁路、电话、电报、轮船，所以想把这些东西传入中国。""《盛世危言》激起了我想要恢复学业的愿望。"

可以想象，在甲午战败这一特殊的年头，救亡成了国人共同的心声，而《盛世危言》导引了多少热血志士，历史难有记录。但是，它导引起救亡的热潮，这是不容置疑的。

近代中国，多灾多难，濒临深渊。华夏民族于万劫之中得以复生，正是因为有一批批的郑观应。他们先天下之忧而忧，以爱国、救国、担当、牺牲为己任，以使中华民族跻身世界民族之林为使命，前赴后继，百折不回，从而唤醒了国民，激励了国民，实现了愿景。先贤们的先驱精神品格，乃是中华民族最为宝贵的文化遗产，正是我们中华复兴的精神力量。

1894 年前后的孙中山与郑观应

李吉奎[①]

　　1894 年，孙中山开始登上中国政治舞台。其标志性行动，先是上书李鸿章，上书目的未能达到，随后赴檀香山组织革命团体兴中会，从事民族民主革命，从此揭开了中国历史的新篇章。一般而言，因上书失败，深感失望，转而要推翻清王朝，这也是顺理成章的事；然而，孙中山在其论著、演讲中，完全回避了这次上书和与上书有关的重要人物郑观应。由于孙、郑二人都不谈对方，长期以来研究孙中山的这段历史，只能依靠第三者提供的资料。自从 1980 年沈渭滨在《辛亥革命史丛刊第一辑》刊出《一八九四年孙中山谒见李鸿章一事的新资料》以后，人们对这次上书有了较为全面和深入的了解。尽管如此，在 1894 年前后，孙中山与郑观应两人的关系仍然不甚清楚，值得深入发掘研究。

　　向社会名流、权贵上书，以求提携，是中国士人的传统。孙中山入世之初，也不例外。在上书李鸿章之前，1890 年，孙中山曾致书退休在家的郑藻如[②]。就我们目前所了解的情况，孙中山上书郑藻如，是通过郑观应完成的；而孙中山认识郑观应，则是通过陆皓东的介绍。1886 — 1892 年间，长期在上海活动的郑观应，回到南方，大体上是在澳门、广州养病或著述，偶尔也处理一些有关招商局的事项。陆皓东的嗣孙后来谈到：郑观应曾与陆皓东的父亲陆晓帆合资经营生意。陆皓东

[①]　李吉奎，中山大学历史系教授，研究方向为中国近代史。

[②]　郑藻如（1824—1894），中山市濠头村人，1881年出使美国、西班牙、秘鲁三国。1886年因患病请辞回国。

离开翠亨后，曾在上海电报局任译员。而郑观应曾参与创办上海电报局，又是上海广肇公所重要成员，因此对陆皓东知之有素。1890年，陆皓东自上海电报局请假回乡结婚，此时郑藻如也在香山。郑观应编撰《盛世危言》准备付刻，请郑藻如加以订正。机缘巧合，郑观应在认识孙中山后，将其介绍给郑藻如，并转交了孙中山写给郑藻如的信。这封信，对受函人在乡改良农桑、禁烟等业绩大加赞扬，并劝他利用自己的地位，发展教育，以为各地楷模。郑藻如对此函有何表态，如今已不得而知；此函是否经过二郑润色，亦无从了解。不久此函被刊载在澳门《濠头月刊》第14、15期合刊上。① 此时孙已从香港西医书院毕业，在澳门当医生。

孙中山有关效西法，振兴农桑、禁烟、发展教育的主张，在1891年前后，又在《农功》一文中继续阐述。关于《农功》是否为孙中山所写，说法不尽相同。据戴季陶说，孙中山在生前曾对他说过，《盛世危言》曾收录他的两篇文章。陈少白相信其事，并指出其中一篇论及农业。到了冯自由那里，《农功》为孙所作已是板上钉钉，所以黄彦在编《孙中山全集（第1卷）》时，予以收入，详加解说，认为它最初当是由孙中山执笔，再由郑观应酌加修改后辑入《盛世危言》。不过，事情并未了结。夏东元认为，孙、郑在富强救国问题上基本同调，在中西医学方面也有共同语言，"因此，郑观应的《盛世危言》所收《农功》篇中，对这位'孙翠溪西医'就很推崇，说孙中山'颇留心植物之理'，'犹恐植物新法未精，尚欲博学欧洲，讲求新法，返国试办'。郑观应并且热心地给予帮助。1894年6月，孙中山要到总理衙门办护照出国考察，并打算乘便上书李鸿章，幻想通过李鸿章来实现他的救国主张。郑观应写信把孙中山介绍给盛宣怀请求转荐。"② 这段文字虽然没有展开论述，但实际上否定了孙中山与《农功》的写作关系。夏教授的学生易惠莉女士在其师观点的基础上予以展开，上升到著作权的高度，"认为《农

---

① 孙中山.孙中山全集（第1卷）［M］.北京：中华书局1981：1—3.
② 夏东元.郑观应［M］.广州：广东人民出版社，1995：143.

功》篇当系郑观应所作"。她还指出，"从《易言》三十六篇本及《盛世危言》五卷本的编辑体例看，非郑观应本人作品均以附录辑入，郑观应没有必要对《农功》篇作例外处理"。[①] 否定孙中山作《农功》，但并不否认孙郑往来，及某些观点彼此间有相互影响的可能性。至于其他说法，更不值得一提了。[②] 用郑观应方面的资料来说明《农功》完全出于郑观应手，自是有理，但完全漠视孙方资料，从辩论角度来说，是坚持一面之词了，事实上并不曾解决问题。在双方都无法找到新的证据的情况下，最好的办法是参照1917年出版的《中国存亡问题》，孙中山、朱执信各自的文集都可以收进去，并行不悖，世人亦不必费辞。

说到郑观应在《农功》篇对孙中山的介绍，两种版本提法不同，值得注意。《盛世危言》1892年2月在广州成稿；1894年春，由宏道堂刻成五卷本；1895年，在增加篇数后刻成十四卷本。在提到孙中山时，五卷本称："今吾邑孙翠溪西医，留心植物之理。"十四卷本则谓："今粤东有业西医者，留心植物之理。"如果不参比，一般人不会注意它们的不同，为什么会有这种改动？笔者臆测，十四卷本《盛世危言》开刻《农功》时，即使尚未发生广州起义之举，郑观应也知道这位孙医士要出事了。为什么？据陈少白所记，孙中山从檀香山回到香港后，成立香港兴中会，准备在重阳发动起义，"在正月十几，（孙）又要我到上海来找郑陶斋（指郑观应），当时还有一两个人也找回去帮忙。"[③] 孙中山邀请郑观应回广东，是参加反清起义，这是要杀头抄家的勾当，郑观应还有不害怕的？其自保之道，

① 易惠莉.郑观应评传［M］.南京：南京大学出版社，1998：434.
② 如《近四十年世风之变态》中称："《盛世危言》一书为皖人吴汉涛所撰。吴昔与孙逸仙交，其书半皆成于孙。后吴应郑之请，故执其说，以售之获多金。"（《国民日日报汇编第三辑》，见《辛亥革命前十年间时论选集第一卷》下册，第741页）这则记载，可信程度可说为零。这位吴汉涛，当是1894年孙中山在上海（或上海郑宅）认识的一个人。1895年3月孙为发动重阳起义到香港日本领事馆求助，孙与中川领事谈判，革命领导集团成员之一，便有前驻神户领事吴汉涛。（《孙中山年谱长编》上，第82页）
③ 陈少白.兴中会革命史要.《辛亥革命》中国近代史资料丛刊（一）［M］上海：上海人民出版社，1957：29.

便是与孙中山切断联系。所以再刻"危言"，文字上便不能不检点。"吾邑孙翠溪西医"，变为"粤东有业西医者"也就不难理解了。

在 1894 年 6 月赴天津上书之前，孙中山是下了一番工夫的，这便是准备上书文稿找门路，以及托人写介绍信。介绍信是请在广州赋闲的原澳门海防同知魏恒写的，此前孙医士曾治好他的痔疮。介绍信是经"沪堂教习唐心存交盛宣怀的堂兄弟宙怀转交的。到了盛宣怀案头的，除了魏恒和盛宙怀这两封信同一封套外，尚有郑观应给盛宣怀的推荐信。以上三封信，盛宣怀在两个信封上分别注'孙医士事'"。可见他是看过这三封信的。比较起来，郑观应的推荐信写得最为热情明白。信的主要部分如下："敝邑有孙逸仙者，少年英俊，曩在香港考取英国医士，留心西学，有志农桑生殖之要术，欲游历法国讲求养蚕之法，及游西北省履勘荒旷之区，招人开垦，免致华工受困于外洋。其志不可谓不高，其说亦颇切近，而非若狂士之大言欺世者比。兹欲北游津门，上书傅相，一白其胸中素蕴。弟特敢以尺函为其介，俾其叩谒台端，尚祈进而教之，则同深纫佩矣。"又补充道："孙逸仙医士拟自备资斧，先游泰西各国，学习农务，艺成而后返中国，与同志集资设书院教人；并拟游历新疆、琼州、台湾，招人开垦，嘱弟恳我公求傅相，转请总署给予游历泰西各国护照一纸，俾到外国向该国外部发给游学执照，以利遄行。想我公有心世道，必俯如所请也。"① 按理说，孙中山赴上海之前，陈少白曾帮忙修改《上李鸿章书》，了解此行的重要性，但在他的回忆中，完全不提请魏恒开介绍信之事，却讲到孙中山在上海找到郑观应，并在郑宅遇到了王韬，王韬帮忙修改上书，并写信给李鸿章幕府的"老夫子"（文案），托他转呈上书。他未说这老夫子是谁，后来有人明指为罗丰禄、徐秋畦，但未详写资料来源，是真是假，无法判断。但是，可以肯定的是，有了盛宙怀、郑观应的介绍信、推荐信，

① 辛亥革命史丛刊（第一辑）[M].北京：中华书局，1980：90—91.

可以由盛宣怀直转李鸿章，孙中山还用得着其他人吗？所以，孙中山到天津上书，其经过仍有许多不明之处。

根据陈少白记载，这篇上书李鸿章是否看过，就不得而知了。不过后来李鸿章说，"打仗完了以后再见吧"①。从当时形势来考察，李鸿章是否花时间看过这篇上书都成问题，更遑论接见了。所以陈少白接着便说，孙中山听了这句话，知道没有办法，闷闷不乐地回到了上海。但是民国以来，有几个材料言之凿凿地说，孙中山见到李鸿章之后，如何如何地谈话，甚至连严肃的历史学家黎澍先生也认为："因此孙中山在中日甲午战争前夕以上书求见为名，劝他参加造反，而他鉴于年老力衰，不能大有为，还说'幸君努力为之，中国前途惟君是赖，余必为君之后援'云云，是完全可能的。"②问题是，孙李并未见面，怎么会有谈话的内容呢？如果真有李鸿章愿为后援的承诺，孙中山在密谋重阳起义时，就不会不派人去联络，以致失此后援。

对于此次赴北洋上书及其失败的经历，孙中山讳莫如深。早在1892年，港督罗便臣曾将孙中山、江英华推荐给李鸿章，李答复可来京候补，每人暂给月俸五十元，并欲授二人"钦命五品军功"。他们曾到广州领牌，但总署要他们填写三代履历等，方得准领。孙等对此不满，回到香港。据江英华对来访者说："此事外人知之者绝鲜，总理亦不喜对人言。"③事同此理，孙中山对上书之事，不但完全回避郑观应的推介，也完全回避了上书李鸿章之事。而且，故意把上书之事弄得颠倒错乱。他有这么两段记述，可以证明上说非虚。

孙中山在《伦敦被难记》中，讲到兴中会成立后，"此兴中会之所以偏重于

---

① 渠福启. 民国春秋（第一部）［M］. 济南：山东人民出版社，2013.
② 黎澍. 黎澍自选集［M］. 广州：广东人民出版社，1998：278.
③ 罗刚. 中华民国国父实录（一）［M］. 台北：财团法人罗刚先生三民主义奖学金基金会，1988：249.

请愿上书等方法，冀九重之或一垂听，政府之或一奋起也"。等到甲午战败和议告成，清政府禁止变法条陈，"吾党于是慨然长叹，知和平之法无可复施，然望治之心愈坚，要求之念愈切，积渐而知和平之手段不得不稍易以强迫"。① 从上书、兴中会成立，到1897年春《伦敦被难记》出版，也就是两年多一点时间，怎么会有这种错乱记载呢？兴中会成立后，它有什么行动可以证明其"偏重于请愿上书等方法"呢？而且，战争期间是否有过所谓"以是吾党党员本利国利民之诚意，会合全体，联名上书"之举呢？如果真有过这个上书，这个"吾党"也不是孙党，而是康党。

或者有人会说，上述这些话，是说给外国人听的，而且是康德黎写的，他不了解情况。但是，下面这些话，就不能另有说辞了。孙中山在《孙文学说》"有志竟成"中写道："及予卒业之后，悬壶于澳门、羊城两地以问世，而实则为革命运动之开始也。时郑士良则结纳会党、联络防营，门径既通，端倪略备。予乃与陆皓东北游京津，以窥清廷之虚实；深入武汉，以观长江之形势。至甲午中东战起，以为时机可乘，乃赴檀岛、美洲，创立兴中会。"② 郑士良本三合会人物，至于在1894年以前是否联络过防营（省防军），既无资料可以证明，也无资料可资否定。至于在澳门、广州行医是否已可作孙中山"革命运动之开始"，因资料缺失，难以证明。人们所知的是，这时他亟于上书求见李鸿章，欲"一白其胸中之素蕴"。这"素蕴"，郑观应是了解的，所以不惜函介，以期玉成。恰好，孙中山在这段文字中"忽略"了孙中山上书和郑观应函介的事。此前，孙中山已"开始革命运动"了，怎么还要去求李鸿章呢？所以要"忽略"它。孙中山说他去过北京、武汉，1897—1898年间，对宫崎滔天还说他在海州盘桓了七八天，有人相信，也有人认为羌无故实。政治家为追求某些效应，编造一些史实，不足为奇，

---

① 孙中山.孙中山全集（第1卷）［M］.北京：中华书局，1981：52.

② 孙中山.孙中山全集（第6卷）［M］.北京：中华书局，1985.

即与孙中山在前揭文字中，说"至甲午中东战起，以为时机可乘，乃赴檀岛、美洲，创立兴中会"一样，1894 年创立兴中会时，他何时去过美洲，又是何时"中止"的呢？人们所知道的记载是，孙中山第一次美洲之行是在 1896 年 6 月。可见，当事人的记载也未必可信。

陈少白讲到孙上书失败后，闷闷不乐地回到上海，郑观应看见了，就替他想办法，到江海关（上海海关前身）去领了一张护照，请他出国去设法，孙先生也就乘船到檀香山去了。这里说的是郑观应替孙在江海关办护照，赴檀香山是从上海出发。但也有异说，邹鲁的《中国国民党史稿》说护照是总署办的。此说若可信，则上书多少起了点作用。但难道真有两个护照吗？另外，孙科说，兴中会在海外正式成立，系在甲午战争爆发以后，当时总理携同眷属，从香港到檀香山。①这些与陈少白不同的说法，可以说无关宏旨，当然能明确最好，因为它毕竟是孙中山历史的一部分。兴中会成立于 1894 年 11 月 24 日，据《孙文学说》自叙，"在檀鼓吹数月，应者寥寥"。如此说来，离沪赴檀，当在八九月间，方合"数月"一说。

陈少白是孙中山早期从事反清最密切的同志，他的回忆录《兴中会革命史要》，长期以来是研究兴中会历史的主要参考资料。其中一些记述，已有资料证明是不准确的。比如说孙中山离开上海时向郑观应借了四百元钱，并未归还，郑观应去世前将借条烧去之类的话，是否属实，也是问题。但总体而言，研究兴中会历史仍然少不了它。《兴中会革命史要》这个小册子，是陈少白应国民党党史会邵元冲之请而写的，但并未全部用上。

孙中山入世之初，人际关系还比较简单。一个青年人，出于救国济世之心，希望通过改革以振兴社会、寻求知名人士的支持，这是很正常的现象。目的未达，

---

① 孙科.本党之诞生与成长 [M] //中华民国国父实录（一）.长春：吉林人民出版社，2005：272.

对朝廷产生恶感，原来已萌发的反清意识成了思想上的主流，进而结会反清，以图建立新国，这种历程，无疑也是合理的。在这个转变关头，郑观应诚然是一个关键性的人物。但是自孙中山离开上海后，孙郑彼此都不再提及对方；相反，郑观应与康有为、梁启超关系转密。显然，郑观应已将孙中山排除出朋友圈。入民国以后，二人经常同城而居，但也再无往来。这就无怪乎1922年郑观应去世后孙中山无所表态。由交密到视同陌路，个中应有原因，从治史角度而言，仍是值得进一步探讨的问题。

郑观应议院观论析

李振武 [①]

在中国近代民主思想的发展进程中，郑观应是一位领风气之先的人物。早在 19 世纪 70 年代，他即明确提出在中国仿设议院的主张。虽然不能说设议院就是行宪政，但毕竟是开了借鉴西方国家政治体制之长以改造中国传统政治体制之短的端绪。1895 年，郑观应又率先明确提出把"开国会、定宪法"作为救国的主要措施，标志着他正式确立了君主立宪的思想。郑观应在近代中国最早提出制定宪法，限制君权、保障民权，所以，近代中国首倡君主立宪的桂冠应该戴在他的头上。但有一点应明确，肯定其首倡君主立宪的时间不应以他提出开设议院的时间（19 世纪 70 年代）为标准，而应以提出制定宪法的时间（1895 年）为标准。不少论者对此有模糊认识，应予澄清。对郑观应的议院观，应有更全面的认识。

郑观应对议院的认识

在 1874 年完成的《易言》（三十六篇）一书中，郑观应具体比较了中西政体的优劣，明确提出在中国仿设议院的主张。他在《论议政》篇中写道：

> 泰西列国则不然，其都城设有上下议政院。上院以国之宗室勋戚及各大员当之，以其近于君也；下院以绅耆士商才优望重者充之，以其迩于民也。

---

① 李振武，广东省社会科学院历史与孙中山所副所长、研究员、博士，研究方向为中国近代政治史、孙中山研究等。

凡有国事，先令下院议定，详达之上院，上院议定，奏闻国主。若两议院意议符合，则国主决其从违；倘彼此参差，则或令停止不议，或复议而后定。故泰西政事，举国咸知，所以通上下之情，期措施之善也……即此一事，颇与三代法度相符。所冀中国，上效三代之遗风，下仿泰西之良法，体察民情，博采众议，务使上下无扞格之虞，臣民泯异同之见，则长治久安之道，有可预期者矣。①

有论者认为："所谓'上效三代之遗风，下仿泰西之良法'，就是要中国实行君主立宪制度。这是近代中国第一次明确提出以君主立宪制度代替君主专制制度。"② 其实，通读《论议政》全文，会发现郑观应心目中的"泰西良法"，是指西方政治中以议会为载体的公众议政形式，他对君主立宪制度的本质并未有清楚的认识。郑观应主张中国仿设议院，并不是要改变中国的专制皇权政治制度，而只是要借助西方议会政治中公众议政所体现出的长处，来破解中国现行政治中存在的上下情隔之弊，是对君主专制制度的修残补漏，并未涉及君主立宪制度的实质内容。也就是说，在19世纪70年代中期，郑氏仅仅萌生了以西方政教经验改革中国政治的思想倾向，他的要求只是政治领域的局部之变而非根本制度之变，只是期望执政者要"体察民情，博采众议"，设立一个让民众自由表达意愿的舆情机构，以达到"固本"和"宁邦"的政治目的。他只是想借泰西之"良法"来改善中国不和谐的君民关系，争取民心。也就是说，他要的是"治民"而非"民治"。

① 夏东元编.郑观应集（上册）［M］.上海：上海人民出版社，1982：103.
② 熊月之.中国近代民主思想史［M］.上海：上海人民出版社，1986：121—122.

郑观应议院观的本质

（一）没有提出制定宪法

近代意义上的君主立宪制度是资产阶级民主政治的一种政体形式，是资产阶级与封建阶级妥协的产物。所谓君主立宪，系指资本主义国家的君主权力受到宪法限制。君主立宪，关键在"立宪"二字，即制定宪法。资本主义国家的宪法产生于推翻封建统治、建立资产阶级民主制度的过程之中。为了取得政治上的民主自由，动员人民参加反封建斗争，资产阶级提出"主权在民""法律面前人人平等"以及代议制、普选制各项主张。革命胜利后，他们就用宪法来确定这些民主原则。民主是宪法的内容和前提；宪法是对民主的确认和保障，是民主制度化和法律化的基本形式。宪法规定了资产阶级和人民群众所享有的民主自由权利。在君主立宪国家，宪法也规定了君主在国家中的地位和职权，君主权力受到宪法的一定限制，其行为不得超出宪法规定的范围，否则即属违宪，故君主立宪亦称"有限君主制"。换言之，君主必须按照资产阶级的意志，在有限的范围内行使权力。君主立宪与君主专制最根本的区别，就在于有无资本主义性质的宪法限制君权，保障人民的民主权利。仅有国会而无宪法（包括成文宪法和不成文宪法），君主权力不受限制，则君主仍为专制君主，可以随时剥夺民权，甚至将国会解散。所以，单纯主张设立议院，而不提制定宪法，限制君权，极而言之，只能说初步产生了向君主立宪过渡的思想，而不能说就是主张实行君主立宪。郑观应此时还不曾提出制定宪法，因而他尚未具有实行立宪的思想和要求。倘若认为要求开设议院就是主张君主立宪，显然忽视了宪法在君主立宪中的决定性意义，没有搞清君主立宪的确切含义。

（二）未把国会视为国家最高立法机关

国会为国家最高立法机关，代表全体国民行使职权，是资产阶级民主政治的主要体现，也是君主立宪与君主专制的主要区别之一。郑观应见不及此，仅把它看作反映民意和沟通君民关系的机构。郑观应所说的设立议院，基本都是从得民心、通上下之情、集思广益、办事公平的考虑出发的，其中包含有古代的民本思想，也包含有资产阶级民主思想。此时他对西方议会的认识还是初步的，尚未把它视为立法机关，把握住民主政治的精神实质。人民没有立法权力，当然谈不上君主立宪思想。

（三）不是真正的资产阶级议院，不能实现向君主立宪的过渡

实行立宪，比较理想的办法是先成立国会，由国会制定宪法，限制君权，确立人民的民主权利。郑观应认为西方的议院"猝难仿行"，只"宜变通其法"。如此一来，就使得他设计的议院与西方的议院大相径庭。郑观应所设计的议院，不仅缺乏资本主义议院的阶级实质和民主内容，甚至也不具备起码的形式。享有议政权的不是民，而是官和绅。所谓"君民共治"，实际上是君臣共治。如此之议院，不能进而提出制定宪法，限制君权，扩大民权，实行君主立宪，当无疑义。

到 1895 年，郑观应才正式提出君主立宪思想。这一年，他明确提出应把"开国会、定宪法"作为救国的主要措施。在 1895 — 1897 年的诗作中，他主张"议院固宜设，宪法亦须编"，并猛烈抨击了不定宪法之害："宪法不行专制严，官吏权重民太贱。妄谈国政罪重科，上下隔阂人心涣。"同时表达了对民权和平等的向往："粤稽上古达民权，尧舜无为重择贤。平等自殊专制政，普天企望大同年。"1898 年 3 月，《胶澳租借条约》将成之际，他又上书孙家鼐，提出"亟宜开国会，定宪法，固结民心，同御外侮"。正因郑观应最早提出制定宪法，限制君权，保障民权，近代中国首倡君主立宪的桂冠理应属于他。但肯定其首倡君主立宪的时间不应以开设议院为标准，定在 19 世纪 70 年代，而应以制定宪法为标准，定于 1895 年。

但是，郑观应一方面是思想上的巨人，另一方面却是行动上的矮子。1895 年，中国在甲午战争中惨败，空前的民族危机激起了轰轰烈烈的维新变法运动，但郑观应对变法表现得非常冷淡。1906—1911 年，清廷进行预备立宪，各省纷纷成立立宪团体，建立了咨议局，也未见郑观应有何表现。为什么郑观应在政治思想与行为上呈现出如此巨大的差异，个中原因，值得今人深入探析。

（四）将以开议院为表征的宪政作为救亡的工具

和其他早期维新思想家对议院的看法相似，郑观应设议院的目的在于救国："故欲行公法，莫要于张国势；欲张国势，莫要于得民心；欲得民心，莫要于通下情；欲通下情，莫要于设议院。中国而终自安卑弱，不欲富国强兵，为天下望国也，则亦已耳；苟欲安内攘外，君国子民，持公法以保太平之局，其必自设立议院始矣。"[①]

郑观应批判专制主义造成了君民隔阂的局面，使得君恩难以下逮，民间疾苦无从上闻，其结果是"政失于上而不知，乱成于下而不悟"[②]。因此，在政治上"去塞求通"就成了"重民"的基本内容。求强、求富成了设议院的目的。

揆诸西方历史可以发现，西方的宪政是基于西方的文化传统所内生的一种现象，是西方社会、文化自然演进的结果。西方宪政文化自始至终都是类似于中国文化中属于"道"的那种东西，不是预期而设的用来解决国家和民族生存发展的一种工具。

为什么郑观应等早期维新思想家不能见及宪政的本质呢？这与近代中国所遭际的悲惨命运有着密切关系。近世中国面临的主要问题是救亡图存，中国人对国家与民族生死存亡深怀忧虑，对西方宪政的学习就做不到发其端、竟其绪，只能用"截取"的方法，首先从最易和最大功用处下手。同时，要把这种完全异质于

---

① 郑观应.议院［M］//盛世危言·卷一.1898.

② （清）邵作舟.危言·忧内［M］.

传统的东西移入本土，自觉或不自觉中首先要打破它原来的文化联系，建立起一种符合中国需要的新关系。

事实上，由生存危机所引发的对国家富强、民族复兴的关切，是先进的知识分子能够越出器物一端，实用地接受西方宪政最为重要的思想资源。西方的强大富足蕴藏在西方的宪政及其文化之中，这是郑观应等早期维新思想家体察西方所得到的最为牢固的信念。以此为动源，他们便把西方宪政文化的研究转化成在宪政与富强之间探寻因果关系的实用性思考。他们看到西方立国与中国的不同在于前者有议院，议院能集合众议，消除君民间的隔阂，达到"君民共主"的新型关系。有了这种新型关系，君民就能彼此协调一致，共同向国家富强的目标使劲。正是在此种意义上，他们坚信议院是西方各国能强兵富国、纵横四海的根本原因。他们提出的"君民共主"还算不上是后来中国人所理解的民主，所推崇的也并非西方的代议制，但他们在国家富强与宪政之间所建立的那种利害关系，则是近世中国对宪政思考、探究的基本特征。

（五）鲜明的民本思想色彩

郑观应等早期维新派思想家深厚的中学素养与较为丰富的西学知识，使他们能从制度层面上观察到西方政治上的新型君民关系与中国传统的"三代之治"的民本思想间的逻辑联系，他们企图用"重民说"作为中西文化的契合点改革中国的专制政治。"重民说"是早期维新思想家探索中国自强新路的一个不可忽略的前点。

中国文化是早期维新思想家观察、体认西方宪政制度最重要的文化资源。他们确乎是戴着中国文化的古老眼镜去看待西方宪政文化的。他们把西方的议会制从西方文化中剥离出来，放在政治这个手术台上加以解剖，发现了它与中国儒家传统中的民本思想的逻辑联系，并把它与传统的民本思想加以调适，整合为带有中国文化意味的"重民说""君民共主论"。他们试图以"民"作为范畴,构建一种"非中非西""即中即西"的政治学说。这样一来,在西方原本带有文化意味的"议会制"由他们变换成一个纯粹的政治问题。这一变换为以后的中国宪政文化的生成、发展带来了双重结果:一方面,"重民说""君民共主论"为中国移进西方宪政文化从"文化"意义上架起了一座桥梁,并为之找到了与中国本土文化相融合的契合点。一种外来文化若不能找到与本土文化融合的契合点,那么这种外来文化是没有生命力的。当然,这并不意味着他们已经有了宪政思想,或是已经开启了中国近代宪政文化的航程。事实上,"重民"不等于民权,"君民共主"也不等于民主,从前者到后者还有很长一段距离。但同样重要的是,"重民"不等于"民主","君民共主"也不等于专制,从"民本"到民权,从专制到民主之间有很大一片空白地带,早期维新思想家就站在那里。另一方面,因为他们"误读"了西方宪政,所以也为中国近代宪政文化传达了一个"错误的信息":西方的宪政就是西方富强的本源,它的功用就在于解决"君"与"民"的关系。他们看不到或者忽略了西方议会制背后所隐含的个人与国家、人权与国家权力、法律与权力的对立和调适这更深一层的文化意蕴。

他们所关注的,主要在于上下相通、君民不隔,下情得以上达,民瘼得以解除,政令得以贯彻。这些既是促使他们能够迅速断定西方宪政在诸多方面优越于中国的直接动源,也是阻碍他们进一步深入认识和把握西方宪政的精神实质的重要因素。他们注意到了西方宪政所呈现出来的上下相通、君民不隔、民情不隐等为中国所急需的巨大功效,同时他们又从中国传统的民本思想这一文化资源去体认"议院"这一新物在中国落地生根的可能性。中国传统民本思想是他们认识西方宪政的"主导观念",他们对之深信不疑,甚或有一种文化本能式的爱恋和执着,中国本土文化的"主导观念"使他们对西学移情别恋,为其架起了一座亲近、赞赏、借取西方宪政制度的桥梁，也同时成为他们"误读"西方宪政文化的文化根源。

　　总之，有理由作出这样的判断：郑观应等早期维新思想家没能开启中国宪政文化的航程。尽管他们在向西方学习的过程中，目光的犀利、心智的敏锐、胸怀的宽广、气度的博大都是前人所不及的，但他们在价值观念上仍未有根本性的突破和转变，仍是在传统政治、法律文化的阵地上寻觅生存的根基和资源。

郑观应曾向国人提出经济思想的新武器
——纪念郑观应诞辰175周年

张晓辉 [①]

郑观应是中国近代最早具有完整维新思想体系的理论家、启蒙思想家，其一生经历了政治、经济、社会的剧烈变革。行动上，他积极投身于时代浪潮，办工商实业求富图强。思想上，他著《盛世危言》鼓吹改革。他的思想和活动在中国近代历史上留下了深刻的痕迹，并对后世产生了重要影响。

顺应中国近代经济发展的主题：工业化

工业化是经济发展和社会进步的必由之路，是社会生产力发展到一定阶段的重要标志。中国工业化思想的产生，可以追溯到 19 世纪中叶，从鸦片战争开始，中国的先进分子就一直在寻找中国的工业化之路。进入 20 世纪，工业化成为中国的"主流经济思想"。[②]

从鸦片战争到 20 世纪 20 年代初，是中国工业化思想的萌芽、孕育期。中国的工业化思想以"边破边立"的方式，从魏源的"师夷长技"思想开始，到以康有为的"定为工国"与孙中山的"民生主义"为代表的思想，主体地位逐渐明确。

"重本抑末"是中国封建社会经济思想的三大教条之一。针对鸦片战争后出

---

① 张晓辉，暨南大学历史系教授、博士生导师，研究方向为中国近现代社会经济史及粤港澳区域史等。

② 赵晓雷. 中国工业化思想及发展战略研究 [M].上海：上海社会科学院出版社，1995：16.

现的新情况，魏源修正了传统的"重本抑末"论，提出了"缓本治标"论。在此思想的指导下，他提出了"师夷长技"的中国工业化模式雏形。"师夷长技"是魏源的核心思想，成为后来洋务运动的直接思想依据。

第二次鸦片战争后，初期资产阶级改良派提出了重商主义的经济思想，这是一种商业先发的工业化战略。重商主义的代表人物有马建忠、薛福成、郑观应等，其中以马建忠和郑观应的思想最具代表性。

郑观应的重商主义思想独具特色。1. 他把商业尤其是对外贸易看作带动整个国民经济发展的部门，认为："士无商，则格致之学不宏；农无商，则种植之类不广；工无商，则制造之物不能销。是商贾具生财之大道，而握四民之纲领也。"[①]商即"握四民之纲"的国民经济主导部门。基于此，他提出"以商立国"的主张，这是对传统经济思想"以农立国"的否定，意味着与传统经济思想的决裂。2. 他提出了独具特色的"商战"论，认为"习兵战不如习商战"，[②]资本主义的经济侵略比军事侵略更加厉害，"兵战"只是"治其标"，只有加强"商战"才能"固其本"。与列强"商战"，必须破除以农为本、以商为末、重本抑末的成见。3. 他提出"机器兴利"论，认为机器能够"既事半而功倍，亦工省而价廉"，"论商务之源，以制造为急；而制造之法，以机器为先"。[③]

广东省曾是中国民族资本家的摇篮，由于较早睁眼看世界，领先与外国人接触，粤地成就了一批推进中国近代对外贸易和工商业发展的人物。其中洋务运动的重要人物唐廷枢、徐润、郑观应等，利用丰厚的买办资本，投资于新式企业，直接催生了中国的近代工业文明，成为我国民族工商业的先驱者。有学者评价，

---

① 郑观应著，辛俊玲评注. 盛世危言［M］. 北京：华夏出版社，2002：307.

② 郑观应著，辛俊玲评注. 盛世危言［M］. 北京：华夏出版社，2002：339.

③ 郑观应著，辛俊玲评注. 盛世危言［M］. 北京：华夏出版社，2002：320.

香山人在洋务运动的关键领域发挥了重要作用，推动了中国早期现代化的进程。[①]

之后，康有为提出中国"定为工国"；梁启超提出"以工立国"；孙中山主张落后的中国必须走工业化之路，工业化的第一步乃以机器生产代替手工之操作，实现工业革命。

中国近代"以农立国"和"以工立国"之争论直至20世纪40年代初才结束，最终后者完胜，工业化道路取得经济发展主导地位。

提出独具特色的经济思想新武器：商战

郑观应是甲午战争前后风靡一时的"商战"理论的主要代表者，"商战"理论乃其经济思想的核心。

19世纪末，洋务运动失败，"师夷长技"的工业化模式终结。1894年，体现郑观应成熟而完整的维新体系的《盛世危言》横空出世，书中系统地阐发了"商战"理论。

郑观应向国人提出了新的思想武器——"商战"。早在1880年，郑观应在反映其改良主义思想的著作《易言》中提出了一系列以"国富"为中心的内政改革措施，包括：向西方学习，组织人员将西方富国强兵的书籍翻译过来，广泛传播于天下，使人人得而学之。主张采用机器生产，加快工商业发展，鼓励商民投资实业，鼓励民办开矿、造船、铁路。对华洋商人税赋不平等的关税政策表示了强烈的不满，主张"我国所有者轻税以广去路，我国所无者重税以遏来源"的保护性关税政策。1894年，郑观应在《易言》的基础上完成《盛世危言》。书中写到，西方列强侵略中国的目的是要把中国变成其"取材之地、牟利之场"，于是采用"兵战"（军事侵略）和"商战"（经济侵略）的手段来对付中国，而商战比兵战的手法更为隐秘，危害更大，所谓"兵之并吞，祸人易觉；商之掊克，敝国无形"。

---

① 虞和平.香山买办：洋务运动的中坚［N］.中山商报，2006-09-26（A4）.

他主张"西人以商为战，……彼既以商来，我亦当以商往"。既然"我之商务一日不兴，则彼之贪谋亦一日不辍"。只有以商立国，以工翼商，"欲制西人以自强，莫如振兴商务"。① 至此，郑观应完成了他"初则学商战于外人，继则与外人商战"的转变。②

如上所述，郑观应首次提出了"兵战"不如"商战"，认为中国在反侵略方面应该把反对经济侵略放在比反对军事侵略更为优先的地位。他强调"以商立国"，即主张发展资本主义，要求政府实行护商政策，包括收回海关、保护关税、裁撤厘金、自由投资等。

《盛世危言》是中国思想界中一部较早认真考虑从传统社会向现代社会转变的著作，书中的革新观念和"商战"理论，对中国近代思想史和商业发展有深远的影响。据说，光绪皇帝看过书后，下旨"饬总署刷印二千部，分送臣工阅看"。此书被当时人称为"医国之灵枢金匮"，推动洋务运动的张之洞亦评"上而以此辅世，可为良药之方；下而以此储才，可作金针之度"。由此可窥见其对治理国家之价值。

受《盛世危言》影响的不仅有维新派的代表人物康有为、梁启超，还有革命者孙中山、毛泽东等。中国民主革命的先行者孙中山突破"重农抑商"的传统，以农为经、以商为纬，率先接受西方经济学的思想，与郑观应的思想也有一脉相承的关系。毛泽东在 1936 年回忆自己青年时阅读该书的感想说："这本书我非常喜欢。作者是一位老派改良主义学者，以为中国之所以弱，在于缺乏西洋的器械——铁路、电话、电报、轮船，所以想把这些东西传入中国。"③

---

① 郑观应著，辛俊玲评注.盛世危言［M］.北京：华夏出版社，2002：339—344、313.

② 郑观应.商务.盛世危言后篇［M］.台北：台湾大通书局，1968：43.

③ ［美］埃德加·斯诺.西行漫记［M］.董乐山，译.北京：生活·读书·新知三联书店1979：109.

注重商战之魂：经济竞争

"竞争"，这是中国传统素来缺乏的观念。大量的个案表明，早期受雇于洋行的买办，往往同时又是一名独立商人。买办在为洋行服务的过程中，不仅感受到华洋之间的不平等，也亲见国家利权的大量流失，其民族意识逐渐觉醒，郑观应就是典型代表之一。他走"实业救国"之路，与洋商竞争，为国家的强大和民族的振兴而努力，表现出可贵的民族精神。

郑观应是一位见多识广、经验丰富的企业经营家。1858年，郑观应放弃科举，到上海学商。约20年时间，他先后在英商的宝顺洋行、太古轮船公司担任买办，又自营贸易，开设商号、钱庄，投资轮船公司。1880年后，李鸿章先后聘其为上海机器织布局总办，轮船招商局帮办、总办，上海电报局总办，其间他渐渐脱离洋行，结束买办生涯。1896年任汉阳铁厂总办，1906年任粤汉铁路公司总办。

执意追求创新的意识，在郑观应身上反映得非常充分。他自谓"曩时总理宝顺和太古轮船公司事务，嗣又与洋人创办公正轮船公司及各口揽载行三十余载……于中外商务利弊，颇知梗概"。[①]他曾偕官商先后创设及总办上海和各地厂矿、电报、轮船等公司，均有劳绩。[②]

发展现代工商业，必须有一大批具有近代素质的企业家与行政管理者，必须建立近代企业制度，按照确定的通行规则行事。传统华商往往采用合伙经营的方式，集资范围和经营规模都受制约，旧的经营方式不适用于近代企业形态。郑观应的企业创新主要表现在开创新的行业、企业并建立健全制度，率先将西方法律思想和一系列的竞争机制、股份公司制、保险机制、核算机制、用人机制以及科学技术等，纳入企业的经营管理体系之中。他主张企业商办，提倡民主管理，实

---

① 郑观应著，辛俊玲评注.盛世危言［M］.北京：华夏出版社，2002：332.
② 汪敬虞编.中国近代工业史资料（第2辑下册）［M］.北京：科学出版，1957：969—970.

行多元化经营，还将合同法和有限责任等新概念与中国诚信守诺的传统相结合，按法规办事，勇于任事，工作尽职尽责，表现出企业家应有的精神风范。

正因为郑观应具有优良的业务素质，依靠企业创新，进行高效经营，故能畅游于商海，不惧强大的竞争对手。他和唐廷枢、徐润主持经营轮船招商局，不仅转亏为盈，还与庞大的外商轮船公司相抗衡，迫使英商怡和、太古洋行妥协，签订齐价合同。甚至还收购了美商旗昌轮船公司，书写了中国近代企业经营史上的经典范例。

外国银行在中国的设立和发展，激发了中国人自办银行的想法。19世纪末20世纪初，我国工商界有识之士已深悉银行的重要性，郑观应著《盛世危言》中有"银行"专文，将银行视为"商务之本"和"百业之总枢"。[①]1907年10月，上海商务总会有发起创办中国华商银行之议，新加坡、广州等埠的商会迅速表示赞同，要求参与发起之列。其他海内外商会代表对此亦有浓厚的兴趣。至1910年6月底，海外各埠认股金额达570万元，国内各埠亦有400余万元。[②]遗憾的是，由于当时金融恐慌和时局动荡不安，筹备了数年的中国华商银行终未能成立。

郑观应在《盛世危言》中提出举办世博会，是中国有此主张的第一人。书中的《赛会篇》集中反映了郑观应对世博会的理解，谓："故欲富华民，必兴商务；欲兴商务，必开会场。欲筹赛会之区，必自上海始。上海为中西总汇，江海要冲，轮电往返，声闻不隔。"[③]

粤汉铁路南段是岭南最重要的铁路运输路线，北通京、汉，南抵广州，同海运连通衔接，为我国南部的铁路中枢。在近代历史上，列强企图通过借款筑路等

①　郑观应著，辛俊玲评注. 盛世危言［M］. 北京：华夏出版社，2002：260.
②　徐鼎新、钱小明. 上海总商会史（1902—1929）［M］. 上海：上海社会科学院出版社，1991：108—110.
③　郑观应著，辛俊玲评注. 盛世危言［M］. 北京：华夏出版社，2002：355—356.

手段，控制此段路权。1901 年，根据与清朝政府达成的协议，美商合兴公司开始建筑粤汉铁路，但之后又违约向比利时大量抛售股票，使股权发生转移。1904 年，湘、鄂、粤三省绅商要求废除与美商合兴公司签订的出卖粤汉铁路合同，收回利权，集资自办。次年，清政府在民众的强大压力下，将粤汉铁路赎回，交由鄂湘粤三省自办。我国铁路收回利权之举，实以此为嚆矢。同年 8 月，广东商民筹股 4000 万元，成立全省粤汉铁路总公司，以郑观应为总理，继续筑路。次年 9 月，广东段自广州黄沙开工，其办理为当时三省之最有成效者。

中国内地商人的竞争意识甚为淡薄，郑观应作为轮船招商局帮办，稽查长江沿江各分局时，探索了轮船招商局在长江上竞争不过英商怡和、太古两洋行的原因，并在日记中作了较详细记载。[①] 如 1894 年 4 月 22 日，轮船在四川夔州附近停泊，郑观应与字号"王茂昌"的新会葵扇商相逢，谈及商务，得知其从香港包载直至汉口，仅完子口税，到万县每包给经手用钱 2 分，挂旗虽通例银 5 两，然而太古洋行私下通融，只需给半即行。香港有普源公、广源亨、震源祥三家揽载，专包揽各口货物，商务利权悉归西人掌握。重庆为长江上游地区重镇，5 月初，郑观应抵渝，与当地人士谈及商务。郑观应注意到本地商人除渝帮外，又有外省八帮，"每帮各有董事，生意大小不等，而皆不足与洋商抗衡"。他鼓励四川商人购机仿制玻璃、火柴等洋货，与洋商公司竞争。他还主张利用中外条约满期之机，对有碍我国自主之权者进行更改，提高进口税税率，以保护土产。[②]

历史地位与影响

鸦片战争和中英《南京条约》签订后，香山因邻近澳门、香港及广州，中外

---

① 郑观应. 长江日记［M］. 上海：上海古籍出版社，2010：23、27、32—33、81、107、151—153、157、207—209. 郑观应有个嗜好，即每次重大的工作考察，都要撰写一部日记。1894 年 3 月底至 6 月上旬，时任轮船招商局帮办的郑观应乘"江裕"号轮船溯江而上，稽查沿江各分局，写下了《长江日记》。

② 郑观应. 长江日记［M］. 上海：上海古籍出版社，2010：123、129、139、145、167.

贸易和商品流通迅速兴盛。香山境内的石岐、小榄、前山等地，因商业繁荣而成集镇，精通中外贸易业务和外国语言的买办应运而生。上海开埠通商，外国商人和广州、香港的洋行纷纷抢驻上海。曾与他们有过长期合作和交往，又熟悉英语的香山人很自然地成为上海洋行的第一批买办。中国近代三大买办唐廷枢、徐润、郑观应是香山籍买办的突出代表，他们相互提携与合作，以上海为中心，建立起庞大的商业网络和人际关系体系，成为19世纪中国工商界的头面人物。

郑观应机智聪颖，敢于担当，有高度的家国情怀和责任感。时人歌舞升平、浑浑噩噩，而他却有自觉的忧患意识，世人皆醉唯他独醒，先天下之忧而忧，写出惊世巨著《盛世危言》，超乎常人。他努力克服盲目性，观察和了解世界，认真探索问题的症结，力求做到知己知彼。他有大无畏精神，勇于接受外界的挑战，敢于应战。当今盛世，实亦有喜有忧，我们应当继承和发扬郑观应遗留的思想与精神财富，居安思危，面对复杂多变的形势，时刻保持清醒的头脑。

郑观应的思想具有先进性，应作为早期改良主义思潮代表人物之一而予以肯定。他顺应了中国近代经济发展的主题——工业化，走在时代前列，具有前瞻性，是观念不断更新的思想家。之所以说郑观应"先进"，是因为其思想与时俱进，体现了中国社会发展所迫切需要的近代化（或称早期现代化）。在中国早期现代化进程中，他是一位从事近代实业开拓、经营、管理的实业界前驱；在中国启蒙运动发展中，他义名副其实地是一位最先全面触及启蒙思潮各项基本问题的启蒙运动前驱。

郑观应的思想具有创新性。他首次提出了"兵战"不如"商战"，向国人提出了新的思想武器——"商战"。郑观应还提出"机器兴利"论，主张扶植民营企业、国人自办银行、中国举办世博会等，都表现出超前意识。

郑观应注重商战之魂——竞争。直至数十年后，才有著名经济学家章乃器于

20 世纪 40 年代进一步提出，中国既要防止不合理的国际竞争，然而又必须接受合理的竞争。

《盛世危言》堪称中国近代社会极具震撼力和影响力之巨著，郑观应的新思想为后人变革提供了理论依据及策略原则，深深影响了康有为、梁启超、孙中山、毛泽东等几代伟人和广大民众，从而改变了中国历史发展的方向。

郑观应不仅为我们贡献了真知灼见，还努力付诸实践，其"忧患意识""超前意识""创新意识"及"竞争意识"可谓无价之宝。郑观应做到了知行合一，其思想与活动不仅留下了历史经验，也有重要的现实启迪意义，永远值得我们认真学习、研究和弘扬。

郑观应的商业认知与政治眼光

刘炜茗 [①]

郑观应是个具有浓郁民族情结的爱国主义者，从他的著述中可以轻松得出这个结论，这一点是毫无疑问的。而在与西方长期打交道及商海沉浮的过程中，他对商业在国家与社会中的重要地位有更深的认知，这使他有别于其他同时代的政治思想家，也是郑观应个人价值非常独特的一面。

和与他同时代的人一样，郑观应有着矛盾的一面，既有因国力孱弱所带来的强烈屈辱感，又寄希望于清王朝的自新图强。作为政治思想的集大成者，《盛世危言》一书的书名颇值得玩味。盛世，显而易见，这在此书写成的年代，是并不恰当的，上到皇帝、王公大臣，下到平民百姓，都不会相信当时的中国会处于盛世。列强环伺，带着坚船利炮而来，两次鸦片战争，数不清的不平等条约，中国面临三千年来未有之变局，清王朝都快走到尽头了，怎么可能是盛世？以郑观应对现实的认知，更不会信，但书名要这么写，是戴一个大的帽子，因为要上呈给朝廷，要给王公大臣们一个虚幻的概念，让皇帝龙心大悦之后接纳他后面要说的"危言"。这是一个传统的儒生，或者说读书人，忠君爱国的概念深入其骨髓，《盛世危言》也就有进谏的意味，有"以天下为己任"的意味在里面。所以，郑观应有现代思想，但骨子里仍是传统的，是儒家社会出来的变革者、思想者。

郑观应政治思想的最大功用，是真正认识到商业对一个社会、对清王朝的巨

---

① 刘炜茗，南方都市报文化副刊部主任，近年主要研究方向为中国近现代史。

大作用。这一点，让他有别于其他的晚清思想者：他是一个有前瞻性的政治思想家，能看到中国社会发展中的本质，进而深入到对政治体制的思考，触及核心问题。

中国的传统社会中，读书人才拥有话语权。儒生治国，免不了有一种读书人的优越感，不大看得起商人。所谓"士农工商"，士排第一，商在最后。农民能种地，提供粮食，解决了最基本的生存问题，是对社会有贡献的。商人呢，是赚取流通环节中的差价，被认为是不劳而获的，是寄生虫。在这种意识下，商人是不可能有什么社会地位的。虽然到今天还残留有这种认识，但社会的价值观可以说已经很不一样了，马云、王石等企业家可以成为受整个社会尊崇的人物，某种程度上说，这是社会的进步。

郑观应之所以有这种眼光，和他的人生阅历有关。郑观应不是地道的儒生，他没有入仕，他长期和洋人打交道，做买办，积极学习外语，可以说是在这个过程中，摆脱了传统话语体系或者价值观的束缚。这种摆脱传统束缚的人，对中国社会的认知，就拥有了一种新的视角。他是商人，所以比一般人更清晰了解到商业在这个社会的重要性。他用了五章的篇幅来写商务，然后写保险、修路、银行、开矿等该如何如何，具体而微，面面俱到。

那么，商业对一个国家究竟意味着什么呢？意味着财富的流动，意味着更多的就业机会，意味着社会的生机，意味着有秩序、有规则。郑观应说："商务者，国家之元气也；通商者，舒畅其血脉也。"这是非常清醒的认知。

他进一步说："泰西各国以商富国，以兵卫商，不独以兵为战，且以商为战，况兵战之时短，其祸显，商战之时长，其祸大。"

郑观应的这个观察仍适用于现在的世界，国与国之间的竞争，最终都是经济的竞争。

商业的重要性，其实并不单单在经济领域，可以说是贯穿于整个社会。我们知道，中国几千年来都是小农经济，是熟人社会，你所接触到的人，都是你所认识的，或者有千丝万缕联系的人。那么，你们之间需要的是什么？是血缘关系，是师生关系，是抬头不见低头见的熟人关系，是一种无形的、暧昧的、大家心照不宣的东西，不需要明文规定。用今天的话讲，是责、权、利不明晰，法制不健全。

反观西方，我们知道，西方文明的源头在希腊，它所处的地中海地区，是海洋的、外向的、商贸的。相互之间打交道的，都是陌生人，彼此是互不信任的，就要求大家有契约，有法律精神，有对不遵守法律的制约机制。这是商业背后的逻辑。可惜在很多年里我们中国人都认识不到这一点。

郑观应认识到了。这点非常了不起。他说：

> 欲攘外，亟须自强；欲自强，必先致富；欲致富，必首在振工商；欲振工商，必先讲求学校，速立宪法，尊重道德，改良政治。

商业的目的是致富，要致富就必须振兴工商业；要发展制造业，建设工厂，那就必须加强教育，就要立宪法，要政治改革。这里面的逻辑非常清晰，非常具有前瞻性。在1894年这样一个时代背景下，郑观应说到了解决中国问题的核心层——立宪法，政治改良！

回到当时的一个语境，作为一个买办，一个在野身份的知识分子，能有这样的认知和胆略，非常了不起。所以，郑观应是一个有实干精神、有梳理国政的详细计划的政治思想家。

政治家或思想家一定要有超越常人的前瞻性。当然，因为有前瞻性，他可能很难被同时代的人真正认可。从这个角度来说，郑观应提出的观点关照到了现实性。他被诸多朝廷要员所认可与推荐，并且产生了重要影响；他的《盛世危言》被彭玉麟等重要官员上呈给光绪皇帝，从这一点来说，他是非常幸运的。一个政治思想家如果没有得到时人的赏识，而只是沉睡在历史典籍里，那是非常悲哀的事情。

感悟郑观应家国情怀的当代意义

梁金玉 [①]

晚清时期，西方多国以武力等方式侵占中国，迫使中国签订不平等条约。中国近代维新思想家郑观应为挽救国家，努力钻研救国良方，最终集成名作《盛世危言》。他提倡推行"商战"，指出"习兵战不如习商战"，"用官权以助商力所不逮"，"国既富矣，兵奚不强？"国富兵强则外人不敢轻易挑衅，"此之谓决胜于商战"。他呼吁共御外侮，并且身体力行，"初则学商战于外人，继则与外人商战。"在事业、著作、慈善、家庭教育等方面，郑观应皆展现强烈的家国情怀。爱家乡，爱国家，关心家人及国民，郑观应的家国情怀不仅为清末民初时期的中国开拓了新的路向，在世界形势复杂的今天，亦具有启迪意义。

"商战"救国

郑观应出生于广东省广州府香山县（今中山市）三乡镇雍陌村，后居于澳门，上海是他进行"商战"的阵地。19世纪时，上海的商业发达，集中了二百多家外国人开设的商行。郑观应17岁到上海，初时在洋行做杂务，外商有一套规范的运作模式，他认真学习；英语是必备的语言工具，他用心掌握。奋斗多年，他终于拥有自己的事业。由于熟谙华洋商务，观察到外商从中国夺取大量利益，他极力主张通过商战维护国家的权益。

---

① 梁金玉，公共管理硕士，澳门近代文学学会理事长，中山市郑观应文化学会会员。

当时西方国家"借和约为兵刃",掠夺经济利益,待中国"精华销竭,已成枯腊,则举之如发蒙耳"①。中国在军事上及经济上皆处于落后状况,长此以往,终会衰亡。郑观应预见国家的危机,认为"习兵战不如商战","我之商务一日不兴,则彼之贪谋亦一日不辍"②。因此,他建议国家"用官权以助商力所不逮",以期堵塞漏洞,发展工商业,增强竞争优势。竞争优势是商战中重要的后盾,郑观应曾任多家民族工商企业的领导,每次上任,他都会迅速诊断企业的问题并提出改善方案,从战略、策略、管理、人才等各方面为企业输入新思维,激发活力,增强竞争优势,推动了中国近代工商业的进步。他构思整套增强国家竞争优势的方案,在《盛世危言》的111篇文章中,论述商战及有利工商业的建议共32篇:《学校上》《学校下》《西学》《游历》《交涉上》《交涉下》《条约》《税则》《厘捐》《停漕》《商战上》《商战下》《商务一》《商务二》《商务三》《商务四》《商务五》《商船上》《商船下》《保险》《铁路上》《铁路下》《电报》《银行上》《银行下》《铸银》《圜法》《开矿上》《开矿下》《纺织》《技艺》《赛会》等。

在实践"商战"救国的历程中,郑观应是"初则学商战于外人,继则与外人商战"。1880年,他开始将商务经验应用于商战。他选译外国通商章程十条,寄予时任轮船招商局会办叶廷眷,以备采用。章程述及商税、行船、商律、挂旗、厘捐、驾驶、验船、用人、保险以及总商会等,考虑十分周全。同年,他参与拟订《电报局招商章程》和《详定大略章程二十条》,以实际行动积极推动工商业的进步。

1881年,郑观应同时兼任上海电报分局总办及上海机器织布局总办。中国第一条纵贯南北的电报电线津沪线的架设,他负责购买电线及电报机等。当时电报在中国是新科技,为丰富各电报分局工作团队的电报知识,改善电报局的发展条

---

① 夏东元.郑观应集·盛世危言(下)[M].北京:中华书局,2013:360.
② 夏东元.郑观应集·盛世危言(下)[M].北京:中华书局,2013:360.

件，他翻译《万国电报通例》及《量电浅说》，并且协助制定《电报局招商章程》。此外，为推进织布生产现代化，他筹备购买机器，订立织布机器合同。1882年，郑观应离任太古轮船公司，到轮船招商局任职帮办，从此全心全意为民族工商业打拼，践行商战救国的志愿。上任不久，他立即进行广泛的调查访问，再结合自己多年的船务经验，上书通商大臣李鸿章，指出轮船招商局问题及应对办法。

1883年，郑观应偕同唐廷枢与怡和轮船公司、太古轮船公司签订6年的齐价合同，约定三方不得跌价竞争。轮船招商局与洋商斗争取得成果，股票价格迅速上涨。同年，郑观应升任为轮船招商局的总办，随即到南洋游历考察，搜集第一手资料。他深入调查各埠的通商情况，发现小吕宋、暹罗、西贡、新加坡、槟榔屿等埠的客货往来甚多，而轮船招商局却没有办好当地的揽载业务。面对正在流失的商机，他从全方位分析，指出问题及补塞漏卮的办法。到南洋游历本为商务考察，却让他观察到华人在南洋被外人虐待和欺负的情形。他甚感悲叹，在向李鸿章禀告南洋各岛的通商情况时，亦报告了华人的遭遇，力促官方给予关注及保护。他对国家和人民的感情深厚，希望华人的生命安全得到保障，不再受到欺凌。他在诗歌《南游有感》中描述了当时华人在外地遭到的欺侮和无助："招工来厦汕，满载如猪畜。船鸟客货稀，吕西例最酷。人店皆抽税，华民同奴仆。欺吾无领事，弱为强之肉。愿睹汉官仪，藉以保宗族。"①

1892年，怡和轮船公司、太古轮船公司掀起削价竞争，轮船招商局股票大跌。郑观应获邀再入轮船招商局任职帮办，以从事整顿，增强竞争力，并筹划怡和、太古、招商局三家公司和局一事。郑观应掌握商战制胜之道，对达成和局成竹在胸。他在《郑观应致盛宣怀函（光绪十八年五月二十四日）》里指出，"古云：战而后能守，能守而后能和，未有不能战不能守而遂能和也。善夫公法有云：势均力

---

① 邓景滨. 郑观应诗类编 [M]. 澳门：澳门近代文学学会，2012：221.
"厦汕"原注：厦门、汕头。"吕西"原注：吕宋、西贡。

敌而后和议可久。"他到轮船招商局上任之后，马上向督办盛宣怀提出《整顿招商局十条》。结合盛宣怀的意见后，他向李鸿章呈交《上北洋大臣李傅相禀陈招商局情形并整顿条陈》，以期尽快展开整顿措施。翌年，怡和、太古、招商局三公司重订齐价合同，轮船招商局赚取的运费增多，股票价格又大涨。郑观应再次协助轮船招商局渡过危机，扭转劣势。

1896 年，汉阳铁厂改为商办，郑观应获委任为总办。虽然他之前长期从事商务工作，但经营铁厂还是第一次，而且是在全国最大的钢铁企业任职总办。事实证明，他是杰出的企业领导，一上任立即调查研究，针对问题，很快就拟订《整顿汉阳铁厂条陈四十八款》，全面分析汉阳铁厂在原料、技术、生产、运输、市场、人员、薪金、管理等各方面的问题。此外，他提出借鉴美国通过重税进口钢铁等货物的措施，以保护本国工商自制之货。他关心汉阳铁厂的持续发展，致力为铁厂吸纳有才干的人，认为聘请洋匠应谨慎选才，以免贻误大局。他特别重视栽培本国人才，强调应聘请有专业执照及经验的"华匠"，主张"选已通洋文之华匠往外国机器书院读，入厂学习机器及矿师"。他还提议成立汉阳铁厂大学堂，供学生半工半读，"上午读书，下午入厂学习机器"。

郑观应具有商战的思维和远见，立志通过商战救国。总结他的实践经验，主要采取了以下措施：1. 引进外国机器设备、外国通商章程及科技知识，推动中国工商业的现代化；2. 与洋商交涉，签订齐价合同，阻止恶性竞争，挽回我国利权，改善营商环境，让民族工商业获得有利的发展条件；3. 保持敏锐的商业触觉，发现了南洋的巨大商机，主张拓展南洋的业务，补塞漏卮；4. 善于调查研究，亲身搜集第一手资料，实事求是，致力消除企业的弊端；5. 通过制定规章、吸纳资金、增购设备、培养人才等一系列整顿措施，提升企业的竞争优势；6. 重视栽培本国人才，倡议开办半工半读的大学堂。另有一点值得强调，郑观应救国的最终目的是救民，他坚信"民为邦本，本固邦宁"，即使在外国的华人，郑观应也非常关心他们的安全和权利，力促官方给予保护。

力御外侮

郑观应一向主张商战救国，但是当国家形势危急时，他果断放弃事业上的高位，到军营工作，协助军方执行任务，力御外侮。

1882年法军进攻越南北部，企图侵占越南后，继而侵入中国西南部。1883年，中法战争已箭在弦上，郑观应奉醇亲王奕譞之命购械兼探军情。[①]他顺利完成任务，在《禀复神机营醇亲王扎委定购枪炮事（光绪癸未年）》函中指出："各国外交固要侦探，而军务尤为紧要，故中西名将均云：知己知彼，百战不殆。"他在函中仔细分析中国军务上的三项弱点：1."我国政府不知各国情况，致中外交绥往往失败。"2."我国所用枪炮皆是老样，且多购自外人。"3."我国将官非学堂出身，陆军镇台可升海军提督。"同年，郑观应就职轮船招商局总办，并到南洋考察商务。1883年冬，中法战争爆发。郑观应曾游历南洋多国，熟悉洋务，因而能够就增强军事实力等方面提出精辟的意见，为国家出谋献策。他向粤防大臣彭玉麟提议组织乡团，武装乡民迅速进行团练，发动民间的力量抵抗外敌的入侵。此外，向北洋大臣李鸿章呈交《防法条陈》十条，指出中国与法国开战前须做好的准备工作。1884年，粤防大臣彭玉麟为在抗法战争中实行"围魏救赵"之计，甚至向清帝呈密折推荐郑观应到南洋进行"合纵抗法"的工作。[②]

同年，郑观应获委任为广东军营营务处会办。接获任命，他迅速交代上海机器织布局事宜，辞去轮船招商局、上海机器织布局的职务，为广东军营效力，抵御法国入侵。他赴南洋侦察敌情，联络抗法志士的情况，在《南游日记》中有清

---

① 夏东元.郑观应年谱长编（上卷）［M］.上海：上海交通大学出版社，2009：155.注：奕譞是清道光皇的第七子，也是清光绪皇的生父。

② 夏东元.郑观应年谱长编（上卷）［M］.上海：上海交通大学出版社，2009：164.

楚的记载。在自序中他指出法国二十年来的侵略野心，"阳与邻邦和好，阴怀兼并之心。暹罗、缅甸各岛，不知合从，徒堕彼族彀中。苟能幡然变计，同事中国，力御外侮，非独法不足惧，而英亦不敢雄视南洋矣。"他认为只要各国联合抵御，就不会受外人欺侮。

完成南洋的任务后，他被委派到香港购运军械支援台湾。1884 年 10 月，法国海军司令孤拔率军攻打台湾，巡抚衔领台湾军务大臣刘铭传大力抵御，法军大败，孤拔战死。其间郑观应尽力为援台事而忙碌着。[①]

在这段时期，国家处于危急的时刻，郑观应充分展现了至诚爱国之情，在行动、战略和策略等方面全力投入保卫国家的事务。

写作救世

郑观应的著作很多，内容和形式多样，涉猎范围甚广。当中，《救时揭要》《易言》和《盛世危言》充分反映其忧患意识和救国思想。

1872 年，他在《申报》发表《澳门猪仔论》，批评西方国家以不人道的手段，拐骗和贩卖华人到外地做苦工。这种贩卖华人的买卖被称为"卖猪仔"，当时"被骗出洋而死于难者，每年以千百计。"郑观应义愤填膺，以强烈的情感，对国民处于水深火热的苦难表现出极度的痛心，有关言论获得了国内和国际的广泛关注。这篇文章成为《救时揭要》的第一篇文章。《救时揭要》于 1873 年刊行，共 24 篇文章，内容主要是批判贩卖华人、救灾恤贫、劝人行善等。

《易言》是郑观应维新思想的雏形，三十六篇本于 1880 年刊行，论述国家不同范畴的事务，为国家出谋献策。郑观应在自序中表达对国家大局的忧虑："内之积感于寸心，外之眷怀于大局。目击时艰，无可下手，而一言以蔽之曰：莫如自强为先。"他认为国家必须自强，励精图治，在法律、税务、工商业、运输、

---

① 夏东元.郑观应年谱长编（上卷）[M].上海：上海交通大学出版社，2009：176.

通信、农务、金融、军事、外交、廉洁、教育、社会事务等各方面进行改革。

《盛世危言》是在《易言》的基础上写成，是维新思想的先锋。这部巨著影响很大，前后约20个版本，根据最具代表性的版本，综合为111篇。这部著作奠定了郑观应维新思想家的地位。1894年《盛世危言》五卷本出版，1895年增订为新编十四卷本，1900年再增订新编八卷本刊行。其内容涉及哲学、政治、经济、商战、军事、外交、文化、教育、社会管理等。郑观应根据国家的发展形势、当时所面对的问题，不断增订篇章，反映出他终身肩负着救国的使命，不断为国家提出全面、系统、创新及前瞻性的改革建议。他为民族工商企业制订的改革方案，以及向官员提出的建议，亦贯彻《盛世危言》的观点，致力落实他的救国构思，体现出将理论与实践相结合的一面。

郑观应对国家和人民有深厚的感情，在世局变幻莫测的环境，国家和人民的危难深深地触动他的心灵。这使得他的著作深具感染力，尤其是他的诗歌，倾注满救世之情。邓景滨的《郑观应诗类编》指出，搜集到的郑观应诗歌有368题726首，[①]当中大量诗歌以时事、御侮、维新、实业、志向为主题。郑观应"希望能将诗歌作为唤醒国人推动社会变革的重要武器"[②]，他在诗集的自序中谈到其诗歌"寓意规谏，大声疾呼，以其上下一心，重见唐虞盛世"。

他在诗歌《鸦片吟》里描述鸦片对本国人的毒害："一自饵中华，吾民偏嗜欲。约计将百年，贻害何峻酷。烟管呼作枪，杀人乃削竹。""苦海茫无涯，自愿寿限促。予久具婆心，长歌劝污俗。待集同志人，广设戒烟局。"在《读〈管子〉有感》中点名"富""强"二者之间的辩证关系："非富不能强，非强不能富。富强互为根，当国宜兼顾。""武备固讲求，工商亦保护。贵以民为天，教养无弗具。"在《保主权》中慨叹列强对中国的压榨："昔如狼虎今狐狸，变相又复施狐蛊。

---

① 邓景滨.郑观应诗类编［M］.澳门：澳门近代文学学会，2012：4.
② 邓景滨.郑观应诗类编［M］.澳门：澳门近代文学学会，2012：7.

或用猛力或阴谋，我国利权思尽取。"在《客卿》中的诗句有："客卿竟用我，非我用客卿。所以聘顾问，各国无不争。干预我政事，反说因交情。""同胞如知耻，发愤练民兵。"

郑观应的忧患意识和救国思想，透过其写作充分表现。他的著作非常感人，高度浓缩其爱国爱民之情。他在写作初期发表不少关于导人向善的著作。随着知识和经验的积累，他以更全面及理性的角度分析问题，并提出全面、系统、创新及前瞻性的改革建议，终于成为维新思想的先锋，开创国家发展的新路向。

慈善救济

郑氏家族一向乐善好施，郑观应继承郑氏家风，有怜悯之心，热心公益慈善活动。当发生天灾时，他感同身受，十分担忧灾民的困苦，积极推动捐款赈灾，并通过撰写文章劝人捐款。19世纪70年代中国多省发生严重天灾，郑观应热心推动社会各界赈灾，筹得大笔善款，成果引起社会各方的注目。1876年江南旱灾及1877年山西大旱，郑观应与上海知名人士筹款赈灾，1878年筹得善款67000两银，1879年筹得142800两银，救济了大量灾民。他发表的《陶斋志果》《富贵源头》《救灾福报》《成仙捷径》《十可省歌》《广譬如歌》等，有效地推动人们解囊救助灾民。其中《富贵源头》是1878年出版的笔记小说，选辑了汉代至清代救荒福报的故事99则，迎合人们希望长生富贵的心理，指出赈灾行善能长寿、富贵、登科、得子、免祸。该书在社会上起到很大的作用，在出版后的40年，每逢发生天灾，都有善心人重印，用来推动赈灾。而《十可省歌》则劝人节省各种娱乐及铺张的开支，用于救济灾民；《广譬如歌》描述了饥民的惨况，劝人们怜悯饥民，减少浮费，捐钱救灾。《十可省歌》及《广譬如歌》内容贴近大众生活，用字简明，朗朗上口，催人泪下，很有感染力。以下为《广譬如歌》的部分内容。

北省遇奇荒，流离千万户。粮断罗掘空，人肉登食谱。

饿殍日以多，田园半无主。闻已沛甘霖，几人归农圃。

枵腹待秋成，缓急不相补。所以劝善人，赈捐毋或阻。

——试譬如，念念饥民苦。譬如入茶坊，念彼旱干苦。

譬如上酒楼，念彼枵腹苦。譬如斗花牌，念彼借贷苦。

譬如收古玩，念彼变卖苦。譬如制华服，念彼褴褛苦。

譬如兴土木，念彼露宿苦。世界日繁华，浮费难悉数。

何罪出灾区？何福居乐土？善始期善终，源源助赈举。

或捐钱捐箑，或输金愿簿。为广十譬如，涕泣代陈叙。

何地不销金，岂特苏与沪！天下温饱人，请各鉴斯语。

乐善好施的郑观应，通过赈灾筹款，以及撰写劝人行善的笔记小说和诗歌，有效地推动人们解囊，救济了大量灾民。经过多次赈灾的实务经验，他深刻地体会到防灾与赈灾同样重要，于是写了《善举》《旱潦》《治河》《论救水灾》《备荒裕农议》等文章，强调治本的重要性，进一步探索灾难发生的原因，研究如何预防危机，减少灾难的发生，提出从国家政策的层面达到更大的善。

家训传承家国情怀

郑观应很重视家庭教育，尽管在外地工作十分忙碌，仍时常写信教导弟弟和子侄，尽力做好兄长和父亲的角色，他特别注重培养良好的品格和习惯。

郑氏先祖于公元前2300年发源于河南省，有深厚的历史渊源和良好的家风。得益于父祖辈优良的家庭教育，郑观应的家训顾及做人的各方面。同时，他的家训强调做人是根本，道德是做人的核心。他训诫儿女做人第一重要是修身，培养良好的品格，立志发奋上进，志在救世，不贪富贵，有能力就帮助人，做到孝、悌、忠、信、礼、义、廉、耻八个字，以及真诚、有恒、勤俭、立志、气节、知足、珍惜、慈善、包容、和睦等十项品格特质。第二是保持良好的生活习惯，不得沾染不良的陋习。第三是交友、用人、办事必须清楚及谨慎，审慎保障自己，不要轻信别人。第四是做人要务实，学习谋生本领，能自立，凭自己的实力立足于社会。第五是女子要读书。第六是重视婚姻择偶，选择有品德的人。将来无论求名求利，均当以道德为根据。他的家训既保留中国传统儒家文化的精髓，亦具有新时代的思维。家训的体裁和载体多样化，呈现出以下特点：具有承传性，注重修身齐家、行善积德、勤俭耐苦、立志上进等儒家文化传统；具有发展性，在传统的忠孝仁义的基础上，提出救国的理念，强调为人要有气节、有良心和取之有道；具有适应性，重视学习谋生本领，增强个人的竞争优势，以适应社会的变化；具有先进性，鼓励实践商战理念，树立崭新的办事作风，重视栽培子孙；具有劝谕性，语调温和，态度坦诚率真，或用比喻手法，或用中外名人隽语，或列举事实等，来说明深邃的哲理。

郑观应的家国情怀完全融入其家训中，他将自己做人的理念通过家训传给了孙后代，培养了一代又一代优秀的人才。他指出修身的目的是贡献国家和人民，为此要努力读书，勤俭坚忍，不受引诱，如有能力应行善积德，并且协助国家发展。作为提倡推行商战的实业家，他在家训中亦鼓励家人参与商战，认为"我国多开一矿即外人少涎一矿"，开矿能保护国家的资源免遭外商掠夺。此外，商战要取得成功，必须专心做好所在职位的本分，谨记清廉、谨慎、勤勉，关注细节，严于律己，公私分明。晚年的郑观应，更强调立志、勤学、端品的重要性。他的家训逾26000字，现选录部分，体现他如何透过家训传承家国情怀：

少年读书时，自问立志欲学何等人？如志在修、齐、治、平、扬名显亲，期学第一等人，务须勤俭坚忍、吃苦耐劳、百折不回，方能达其目的。

况古之名贤无不勤俭，因穷守道，忠孝传家。

何谓立志？盖人之生也，各有志向，如学第一等人，须明道理，时存孝、悌、忠、信、礼、义、廉、耻之心是也。

不耐饥寒非志士，能兼气节是全才。英雄自古多磨炼，勿谓艰难志遂灰。

余有生以来，素位而行，惟守清、慎、勤三字。

不贪富与贵，但愿救同胞。

亲探敌营，备历艰辛，不妄取，不强求，盖志在救世，事事期无惭于衾影。

大丈夫得志则兼善天下；不得志则独善其身。

求福莫如积善，积善莫如救人。救人之切而要、广而普者，莫如赈饥。

《易》曰：积善之家，必有馀庆；积不善之家，必有馀殃。

欲承先志耳，是故身历官商两界数十年，凡有善举无不赞助。

近年西学东渐，而矿业渐形发达，我国多开一矿即外人少涎一矿。朝廷百废待举，财力或有未逮，则富商巨贾正宜亟起维持，故兄谓此举关于国计民生者此也。

以下是他将孝、悌、忠、信、礼、义、廉、耻八个字编成的韵句：

一曰孝。先圣垂训，入则尽孝。以之治国，上行下效。古求忠臣，出孝子门。吾徒求学，孝行首敦。

二曰悌。让称至德，悌则友爱。相亲手足，可免祸害。试看阋墙，外侮迭乘。欲求良友，且先敬兄。

三曰忠。食人之禄，忠人之事。士农工商，均应如是。兴亡有责，况在国家。

忠贞报国，振我中华。

四曰信。敬事而信，必坚其约。勿轻于言，千金一诺。大车无辕，其何以行。
久要不忘，斯人可成。

五曰礼。中华文化，开辟最先。曲礼仪礼，著为定编。辞令必顺，容礼必正。
一言蔽之，曰无不敬。

六曰义。庄生有言，义无所逃。古之义士，任侠风高。见危授命，身不受辱。
亦有豪情，脱骖赠粟。

七曰廉。人能不贪，乃无后悔。至公无私，辞金却贿。布衣蔬食，儒士何嫌。
四字铭坐，俭以养廉。

八曰耻。知耻近勇，行己进德。由于一身，以及家国。茫茫禹域，国耻谁知？
洗此国耻，在我男儿。

在良好的家庭教育熏陶下，郑氏子孙勤奋学习和工作，人才辈出，不乏单位
领导、教育工作者、艺术家等担负起振兴中华的崇高使命，为国家的进步作出贡献。

郑观应家国情怀的意义

郑观应自幼接受中国传统教育，父亲教导他儒家文化中修身、齐家、治国、
平天下的道理。他继承郑氏家风，爱家乡、爱国家，具有强烈的家国情怀。他立
志救世，通过商战、著述、慈善救济以及协助军务等途径，挽救国家和人民，并
通过家庭教育栽培子女为国家作出贡献。

在救国救民的历程中，郑观应遇到很多困难，但他坚持不懈，立定志向，努
力钻研学问，汲取新知识，实事求是，协助国家挽回利权，推动了中国近代工商
业的进步。他乐善好施，坚信"民为邦本，本固邦宁"，通过赈灾筹款，劝人行善，
救济了大量灾民，并提出从国家政策的层面达到更大的善；他热心栽培本国人才，

亦关心国外华人的安全和权利，力促官方给予保护。在国家处于危急的时刻，他充分展现了至诚的爱国之情，在行动、战略和策略等方面全力投入，力御外侮。他的著作唤醒国人，是维新思想的先锋，开创了国家发展的新路向。他的家国情怀透过其事迹及家训传承给后人，他的子孙后代人才辈出，担负起振兴我中华的崇高使命，为国家的进步作出贡献。晚年时，郑观应总结做人的心得为：立志、勤学、端品。这是郑观应家训的精华，亦是他的写照。

郑观应对国家和人民的重大贡献，深刻地阐明家国情怀对做人处世产生的巨大作用，为当代的人才栽培和选用提供了启示：家国情怀将人们的立足点提升至一个高度，能使人以宏观的角度分析问题，为国家出谋献策；并能发挥人的潜能，竭力克服艰难险阻，立定志向，努力钻研学问，为国家的繁荣富强、为人民的福祉作出贡献。

长生、济世及一统：郑观应与近代道教

马平安[①]

问题的提出

一提起郑观应[②]，人们多马上将他与晚清的实业界及思想界联系起来。诚然，晚清近代化实业的起步，如轮船招商局、机器织布局、上海电报局、汉阳铁厂的草创与早期发展，均与郑观应有着莫大的关系。尤其是他的《盛世危言》一书的问世，"天子嘉叹，海内传诵。当世贤豪士夫无不知陶斋其人矣"。[③]因是之故，长期以来，学术界将他的身份定格为洋行买办、洋务实业家、早期改良派、民族资本家，认定郑观应是中国早期近代化的倡导者与实践者、初期资产阶级改良派的主要代表人物。这几乎成为定论。不过，多年来，学术界在研究郑观应时，却忽视了他的另外一个重要的身份，这就是，郑观应是一个虔诚的道教俗家弟子。郑观应说他"行世七十八，求道六十年"。[④]一个人孜孜矻矻、访真求道六十余年，老而弥坚，道教信仰贯穿一生，这不是一件容易做到的事情。从某种程度上可以说，郑观应是晚清民初实业界与思想界中终身服膺道教，热衷追求仙道，既具有实修

---

① 马平安，历史学博士，中国社会科学院近代史研究所研究员。

② 郑观应（1842—1921），广东省香山县（今中山市）雍陌乡人；本名官应，又名观应，字正翔，号陶斋，别号杞忧生，中年以后别名罗浮偫鹤山人。"偫鹤"，郑观应常写为"待鹤""待雀"。

③ 盛宣怀. 罗浮偫鹤山人诗草·盛宣怀序［M］//夏东元编. 郑观应集·救时揭要（外八种）（下）. 北京：中华书局，2013：326.

④ 郑观应. 陈抱一祖师命式一子传谕一济到扬入室志感.同上：539.

经历，又具有自己独到的道教观的为数不多的几个士大夫之一。他"虽蹭蹬仕途，奔驰商界，与当代名流晋接，日不暇给"①，经世却不过是他外在的一种面相，他是商人兼士大夫阶层的道教徒。他又是近代民间道教徒中最能入世、最能适应社会转型，通过经商与学问去弘扬、传承传统道教的实业家和思想家。道教信仰真实地反映了他的内心世界。

近年来，学界开始有文章探讨郑观应的道教信仰与宗教思想。②这是件可喜的事情。不过，关于郑观应在中国近代道教史上地位及作用的研究与探讨还不尽如人意。目前的研究，还多停留在表层阶段，无论是史料的发掘，还是研究的深度等都亟待进一步加强。尤其是，纵观目前出版的各种涉及近代道教的学术著作，均未发现郑观应在其中应该占有的地位。这无疑是一种缺陷。将郑观应纳入近代道教史的视野与研究范围，用宗教学、历史学、文化学的研究方法进行探讨，以郑观应为个案来研究士大夫阶层在近代道教传播史上的作用并总结近代道教衰落之原因等，无疑都具有十分重要的价值与研究意义。缘此，本文拟从郑观应所追求的长生、济世与一统梦三方面进行探讨，以期说明他在中国近代道教史上应该占有之地位，同时揭示清末民初道教衰落的原因。

长生梦：实修中的艰涩

晚清以降，传统道教愈发衰落。不仅有欧风美雨的打击、太平天国运动的破坏，

---

① 郑观应. 重刻《陈注关尹子九篇》序［M］//夏东元编. 郑观应集. 盛世危言后编·一. 北京：中华书局，2013：152.

② 涉及郑观应与道教关系的文章，公开发表的主要有王煜：《郑观应的道教思想》，《宗教学研究》1996年第3期；杨俊峰：《改革者的内心世界——郑观应的道教信仰与经世志业》，《台大历史学报》2005年第35期；张秀莉：《论郑观应的道教信仰与经世实务之关系》，《史林》2007年第6期；孙启军、张英姣：《论郑观应的求道救世思想》，《五邑大学学报》（社会科学版）2007年第2期；潘慎：《清末诗人郑观应的改良主义与道教信仰》，《太原师范大学学报》（社会科学版）2009年第4期；欧良德：《郑观应宗教思想刍议》，《湖北社会科学》2009年第10期；吴国富：《郑观应学道经历探幽》，《中国道教》2012年第3期等文。

更重要的是，清统治者对道教的抑制政策也越来越严。早在鸦片战争前的1821年，清政府就停止了历代天师来京朝觐的活动，中断了中央政府与道教的一切联系。此后的数位统治者，"不废其教，亦不用其言，听其自生自息天地之间"①。在失去统治者政治、经济上的有力支持，地位急剧下降之后，道教传播开始转向民间，进一步走向世俗化，并在少数经济活动活跃的城市和沿海地区有所渗透。其时，道教界鱼龙混杂，良莠不齐，江湖术士乘间混迹其中，扰惑民众。郑观应寻道自救救人的思想与实践即发生在这样的一个环境中，他的思想及行为不免留有这个时代的烙印。

郑观应一生学道不辍。他的同乡黄瑞勋言他"夙有本末，尤慕神仙，有出世之志"。②其晚年业师万启型亦曾这样评价道："郑君夙具慧眼，幼知向道，于兹五十载未尝须臾离，所著《盛世危言》正续编、《中外卫生要旨》《鹤山房诗钞》，以及道书数十种久已流布寰区，脍炙人口。"③

1898年，57岁的郑观应，曾经对他半生修仙、追求长生的艰涩历程有过如下总结：

> 浮生若梦，富贵靡常。风灯草露，石火电光。不修大道，终落空亡。参同悟真，警世谆详。观应童年，愿学老庄。寻师向善，艰苦备尝。所闻小术，语半荒唐。不入空寂，便是邪狂。徒劳精力，心命惶惶。初师东海，筹置丹房。未经入室，已致倾囊。④

---

① 黄钧宰.金壶七墨［M］//笔记小说大观（第2编）（第7册）.台北：新兴书局，1962：3999.
② 黄瑞勋.重刊《盛世危言》增订新编序［M］//夏东元编.郑观应集·盛世危言（下）.北京：中华书局，2013：708.
③ 万启型.万序［M］//（明）陆西星著，盛克琦编校//方壶外史·上［M］.北京：宗教文化出版社，2010：8.
④ 郑观应.罗浮偫鹤山房谈玄诗草自序［M］//夏东元编.郑观应集·救时揭要（外八种）.北京：中华书局，2013：487.

这段文字至少为我们提供了如下信息：

（1）作者感到浮生若梦，人生易老，认定唯有早修大道，才可免"落空亡"，这是他一生信仰道教的内在缘由。

（2）作者很早就与道教结缘。"观应童年，愿学老庄"，就是很好的注释。在后来给家人的信函中他也多次提到自己"少年多病，爱读仙经养生之书"①的事情。

（3）作者半生以来，一直访真求道，艰苦备尝，但多所遇非人，大多是江湖术士，因而才会留下"所闻小术，语半荒唐。不入空寂，便是邪狂"的感叹之语。

（4）由于半生辛苦追寻无所收获，作者"徒劳精力，心命惶惶"，因而显得心神不定，流露出不太甘心之意。

郑观应自幼生活在宗教活动氛围浓厚的广东香山地区，并有润物细无声的家庭信道氛围的影响，他自童年即种下道缘，亦在情理之中。香山地近澳门，是明清以来中西文化交流的门户，无论西方宗教或是传统儒释道三教都很早就在这里发生碰撞、对抗与交流。当地开放的文化传统无疑在潜移默化中渗透于郑观应早年的心灵深处，影响到他此后的人生道路。同时，郑氏家族的好道环境也对童年时代的郑观应有着重要的影响。郑观应的父亲郑文瑞"丹铅殆遍，澹于进取，敝屣科名""乐善好施"。②父亲热衷道教的性格在郑观应早年精神信仰的形成过程中同样具有无可替代的作用。不过，外部环境毕竟不是最根本的因素，具体到郑观应个人来看，他早年信道是因为治疗身体疾病的需要。至于寻觅长生仙术，则应是郑观应年长后才渐渐在心中树立起来的不懈宏愿。由于郑观应年少体弱多

----

① 郑观应.致月岩四弟书并寄示次儿润潮［M］//夏东元编.郑观应集·盛世危言后编·一.北京：中华书局，2013：133.
② 郑观应.先考荣禄大夫秀峰府君行状［M］//夏东元编.郑观应集·盛世危言后编·四.北京：中华书局，2013：1498、1499.

病，年长后又长期为哮喘病所折磨，因而他为求丹治疗疾病，很早就开始研习道术。这说明他对道学的痴迷，与其孱弱的身体状况有着直接的关系。郑观应在《吕纯阳、张三丰两祖师仙迹诗选序》中曾经提及他早年学道的诱因：

> 官应弱冠时撄疾病，自念人为万物之灵，岂有寿不如龟鹤。锐志求道，凡三教经诗、诸子百家、占卜术数之学，靡不研究。及长，谋食市廛，奔走南北，数十年来，闻有抱道高人，必厚礼虚心叩以性命之学。[①]

这说明，治病与追求长生是郑观应早年走上道教信仰与实修之路的重要原因。

成年后的郑观应对道教的痴迷程度，远远胜过他的幼年时期。这很可能来自下面两个方面的因素：一是壮年时期事业上遭遇挫折以及人事上的诸多不顺；二是疾病的常年困扰以及个人对长生的持久渴望。事业上的失意，主要是1883年因上海经济风潮的冲击以及此后太古洋行案带来的巨大债务的压力，进一步强化了郑观应访仙求道的欲念，此后他曾经一度隐居澳门，并将道教修行作为自己精神世界的寄托。尽管他在渡过债务难关后又回上海投身于商界实业，但访仙求真、拜师求经、护师入室、寻求长生大丹等实修活动从此占据他此后人生的很大部分，而且愈到晚年，这一比重愈向修道方面倾斜。

但是，郑观应满怀热忱、虔心修仙求道、追求长生的结果，却是不断地"因求道而受骗"。[②]"观应自童访道以来，于兹五十载，遍游海岳，变产力行"[③]，

---

① 郑观应. 吕纯阳、张三丰两祖师仙迹诗选序［M］//夏东元编. 郑观应集·盛世危言后编·一. 北京：中华书局，2013：74.

② 郑观应. 致张静生道友书［M］//夏东元编. 郑观应集·盛世危言后编·一. 北京：中华书局，2013：129.

③ 郑观应. 重刊《古书隐楼藏书》序［M］//夏东元编. 郑观应集·盛世危言后编·一. 北京：中华书局，2013：117.

"所遇非兀坐孤修，即涉于采补，甚有以符箓黄白等术愚人。其蓄奸行骗者，则巧言如簧，所在皆是。官应迭经护师入室潜修，丹财不足，复求助于道侣，竭力经营，竟无效果。有如昔贤抱元子破家产、弃妻子，贻亲友之笑矣"。[①]1883年，郑观应在道观习静时，目击当时道教宗风扫地的状况，十分心伤，为此他特作《〈辨道诗〉并引》。在《辨道诗》的序言中，郑观应客观记述了他当时的所见所闻：

> 癸未习静于道观，往来谈元者甚多，大半习闺丹炉火之术。又有伪托仙传诈称佛降，借长生为骗局，假财色以愚人，惑世诬民莫此为甚，招灾惹祸到老无成。竟有妄诋名真，狂排上乘，宗风扫地，一至于斯。[②]

妻子的不满、亲友的贻笑、求丹梦的不顺、江湖术士的欺骗，皆给郑观应以沉重的打击。这无疑是他在求道过程中，心理上布满了重重阴云的重要因素。幸而他"夙志不回，自维德薄魔重，逆来顺受"，[③]才能够对道教信仰坚定不移，益加勉励向善，"求道之心百折不回，务达其目的而后已"。[④]

关于郑观应求道实修的苦涩经历，下面三段史料很能说明情况。

一是《上张三丰祖师疏文》。在此文中，郑观应曾有如下较为详细的记述：

> 待鹤求道已五十年，凡有道之士靡不执贽求教，指示迷津；凡有善事无

---

① 郑观应.吕纯阳、张三丰两祖师仙迹诗选序［M］//夏东元编.郑观应集·盛世危言后编·一.北京：中华书局，2013：74.
② 郑观应.《辨道诗》并引［M］//夏东元编.郑观应集·救时揭要（外八种）·下.北京：中华书局，2013：511. 。
③ 郑观应.吕纯阳、张三丰两祖师仙迹诗选序［M］//夏东元编.郑观应集·盛世危言后编·一.北京：中华书局，2013：74.
④ 郑观应.致张静生道友书［M］//夏东元编.郑观应集·盛世危言后编·一.北京：中华书局，2013：129.

不尽力倡助，冀消魔障。奈凤孽重、德行薄，虽不惮跋涉，北至京、奉，南至闽、浙，东至芝罘，西至巴蜀，曾经护师入室：江西万先生三次，四川廖先生二次，江苏徐先生潜修十年，江苏丁先生，四川陈先生、徐先生，云南杨先生，福建彭先生，敝省苏先生，均已行功数月或年余，小有应验，无大效果，不能如金丹真传所论立竿见影：行之五月而体貌异，九月而丹成。竟失所望。更有自称广华山剑侠者，因公受累，所亏数千金追索甚急，求待鹤解救，愿将剑术等法传授，藉以救世。待鹤力薄，曾邀张道友相助。其所试有形剑术小法，不甚奇异，均不愿学。彼尚纠缠，贻人笑柄。可知世上借道骗钱者多，岂上苍故令群魔煅炼我心所致耶！然年老多病，心益惶惶。久已黄粱梦醒，不贪世间名利；屡拟出外从师，为病所阻，又苦无真师提拔，故刊《丹经剑侠图传》。访道曾遇法师云峰山人，许授长生符水活人之术，并携资代为择地筑室同修，约于乙卯年春，偕耿师祖来传符法，并赐神丹以除喘病。待鹤以为奇逢，可继宋朝罗浮真人所赐八十老翁苏庠之神丹，服后大病立除，须发再黑。不料逾期已久，渺无音信，又不知云游何处。[①]

二是《焚香祷告老祖师火龙真人疏文》。在该文中，郑观应同样吐露出其求道过程中的艰辛和上当受骗的苦酸：

待鹤自幼好道，博览丹经，长复遍游海岳，备尝艰苦……欲以术延命，曾经护师入室，毫无功效……曾遇两法师，均云仙术治病，以心为法，以神如符，以气为水，斯无投之不灵。一谓必先为其出资解难而后传，一谓必先

① 郑观应. 上张三丰祖师疏文［M］//夏东元编. 郑观应集·盛世危言后编·一. 北京：中华书局，2013：60—61.

出资代为择地筑室而后同修。虽均如所嘱，不料逾期未临。①

三是《陈抱一祖师命式一子传谕一济到扬入室志感》。在这首诗中，晚年的郑观应对求仙过程中上当受骗的一些经历仍然耿耿于怀：

行世七十八，求道六十年……遍处寻仙侣，北还复入川。忆遇两术士，自称道法全。约我同修炼，索造丹房钱。誓词应无假，如何信渺然。护师三入室，亦非获真诠。自惭德行薄，叠遇野狐禅。②

上述三段史料，内容丰富全面，无疑是郑观应不平之气抑郁多年的心语吐快，对我们了解郑观应的求道访仙的历程具有重要的参考价值：

（1）诗文比较清楚地告诉了我们郑观应开始习道的日期。"行世七十八，求道六十年"，说明郑观应自己认定开始习道的时间是他18岁的时候。郑观应的寿数是81岁，说明他一生求道学仙的时间长达63年。

（2）在《上张三丰祖师疏文》中，郑观应说自己求道已经50年，说明他写作《上张三丰祖师疏文》的时间应该是在他68岁之期。郑观应68岁时是1909年。此时他已年近暮年，求仙不成，疾病缠身，心情消沉，但对修道长生依然执着。

（3）78年来，为寻道访真，郑观应的足迹北至北京、奉天，南至福建、浙江，东至山东芝罘，西至成都、重庆，行迹在空间上几乎遍及中国南北各地。

（4）他的求道之路并不孤单，有一群道友相随相伴，大家经常一起切磋或者书信往来，共修长生之道。

---

① 郑观应. 焚香祷告老祖师火龙真人疏文［M］//夏东元编. 郑观应集·盛世危言后编·一. 北京：中华书局，2013：88.
② 郑观应. 陈抱一祖师命式一子传谕一济到扬入室志感［M］//夏东元编. 郑观应集·救时揭要（外八种）·下. 北京：中华书局，2013：539.

（5）求道过程中屡屡上当受骗的辛酸经历深深地伤害了他。

细读《郑观应集》，在郑观应求道访仙的生涯中，有四个人对他影响较大，可以由此清晰地反映出他在求道过程中心路历程的变化。

一是上海的杨了尘道长。郑观应说："忆壬午年（1882年）在沪遇杨了尘道人，授《金笥宝箓·冲虚外篇》。"[①]1882年，郑观应在上海因缘遇到杨了尘道长，杨了尘赠送郑观应道学宝典并传授他修行之法，这对郑观应影响较大。

二是罗浮山道人彭凌虚。1886年春，郑观应访道罗浮山，缘遇彭凌虚。彭传授郑炼精化气、炼气化神、炼神还虚口诀。郑观应曾详细记载这件事情：

> 丙戌岁（1886年）游罗浮，遇彭师凌虚，蒙将其师李真人所传炼精化气、炼气化神、炼神还虚三步口诀一并传授。观应犹恐遗忘，复书小本，切嘱珍藏，千万勿泄，要俟自己成道后，方准传人。并将《慧命经》讲解一遍，谓：欲修仙佛之道者，其下手贵在不着尘缘，一意记住下田，即心下、肾上之中，朗朗彻彻，不有不无，活活泼泼，不即不离，常存如是而已。且夫仙佛之所以为仙佛者，至简至易，无非性命双修。究其源不过一味先天炁非有他故也。然所以先要不着尘缘者，盖先天一炁，从虚极静笃中而来，与今日何合藏祖师命卢教智先生所传之先天口诀大旨相同。然卢先生只传炼精化气工夫。曾问年老气衰，活子不生，如何救护，据说当炼气化神，倘有所疑，嘱问何祖师。[②]

对于彭凌虚的传授与教诲之恩，郑观应念念不忘，晚年他在《罗浮待鹤山房谈玄诗草自序》中还专门提到这件事情。他说："罗浮访道，复叩彭张。讲活子时，

---

① 郑观应.《还丹下手秘旨》序［M］//夏东元编. 郑观应集·盛世危言后编·一. 北京：中华书局，2013：211.

② 郑观应.《还丹下手秘旨》序［M］//夏东元编. 郑观应集·盛世危言后编·一. 北京：中华书局，2013：211—212.

返照回光。先天祖气，药中之王。"①

三是匡庐山观妙道人戴公复。戴公复是郑观应求道实修过程中一个很重要的人物，可谓是郑观应修炼内丹的重要引导师。戴公复在为郑观应《盛世危言后编》所写的序言中称"自少好道，幸遇异人，获授真传于南派，用功已三十余年"。戴公复推崇明人陆西星的道家学说，认为儒释道三教从根本上看是一个道理，"三教之道一而已矣。生天、生地、生人、生物，同一道之所为"。他主张内丹性命双修之功，不赞成烧炼炉火的外丹之道，指出内丹大道核心在于"性以道全，命以术延，圣修之能事而性命之极至也"。②他在引导郑观应实修内丹之道的同时，对于郑观应热衷外丹烧炼之事曾给过慎重的提醒。郑观应在《致观妙道人书》（庚戌后稿丁巳补刊）中提到了这一点。郑观应说："前函论点化服食事，未尽所言。查古今来以炉火炼金石为丹，非但不能点化，而且服食受病，医药莫救，诚如《妙解录》所云：实破家戕生之捷径也。《丹诀论》有云：八石三黄非长生之药石，硫磺有软铜铁之功，矾石有杀虎豹之能，岂有服食而不为物所害哉！又有用曾黄、雌黄、雄黄杀水银令死成丹，亦非服食之药。元阳子《还丹歌》云：'君看前后烧丹客，误杀千人与万人。'所以往年四川鲍春霆爵帅为方士所惑，曾费十万金大修炉火，已炼数载无效。"③由郑观应回函的内容来看，他是同意戴公复的意见的，尽管他愈到晚年愈渴望获得长生的仙丹。

四是江西丰城人万启型④。郑观应晚年曾告诉自己的弟弟和儿子说他终于找

① 郑观应．罗浮待鹤山房谈玄诗草自序［M］//夏东元编．郑观应集·救时揭要（外八种）·下．北京：中华书局，2013：487．

② 戴公复．《盛世危言后编》匡庐山观妙道人戴序［M］//夏东元编．郑观应集·盛世危言后编·一．北京：中华书局，2013：7、5．

③ 郑观应．致观妙道人书（庚戌后稿丁巳补刊）［M］//夏东元编．郑观应集·盛世危言后编·一．北京：中华书局，2013：103．

④ 万启型，字雯轩，道号式一，晚清举人，曾任宝应县、甘泉县知县，民国后卸任修道，自称得到仙师陈抱一祖师的真传，在扬州创设修真院，广招修道门徒。

到了真人，得到了真传。他所说的真人就是万启型。郑观应曾邀万启型为《盛世危言后编》写序，并特地将它放在序首以示尊崇之意。万启型在序中说他"迨甲寅（1914年）季秋，以奇缘得遇仙师陈抱一先生，授以天元秘旨，嘱为广传大道。四方之士踵门而求道者纷纷不绝。陶斋先生闻之喜而不寐，亟托观妙道人为之介绍。乙卯（1915年）春间，陈师降临，首授先生以玄科秘旨，嘉叹无已，甚惜相遇之太迟。自是先生来扬州受诀，始得一亲德范，而论次之间，倾心吐魄，毫无所隐，乃知先生真道德中人。"① 这说明两人相识是因为郑观应听闻万启型得到了仙师陈抱一的真传，为得到长生仙诀请戴公复介绍。对于万启型所谓以奇缘偶遇陈抱一获天元秘旨的说法，郑观应深信不疑，晚年他把自己得到长生的希望全部寄托在万启型的引导实修上面。在《呈万式一先生》一诗中，郑观应乞求万启型赐给他神丹妙药，并为他今后的道修指明方向，其中言语极为恳切。

　　　　清净无功服食难，不得已乞女金丹。昔年承教应如是，老须借此救衰残……非师指示不能醒。势迫干渎救垂危，故将苦况诉天知。如蒙怜悯无药产，不赐灵丹赐玉芝。②

　　因为相信万启型得到了陈抱一的真传，郑观应一直视万启型为自己的"度师"。对于万启型经济上的所有要求，无论是修造扬州修真院、购置道产，或是刊印道书、开坛法事等，郑观应无不倾囊相助。但对于郑观应亟想得到的所谓能够治病及延年益寿的"神丹大药"，万启型却总是以各种理由搪塞。即使为敷衍塞责而给予的一点符水与丹药，郑观应服后并没有产生什么明显的效果。对此，郑观应不做

---

① 万启型. 盛世危言后编·序［M］//夏东元编. 郑观应集·盛世危言后编·一. 北京：中华书局，2013：3.
② 郑观应. 呈万式一先生［M］//夏东元编. 郑观应集·救时揭要（外八种）·下. 北京：中华书局，2013：541—542.

他想，而是一直虔诚地在自己身上寻找失败的原因，坚定地认为这一切是因为自己修行太晚、修炼不够、魔障太多等因素所致。这从郑观应在《致扬州修道院同学诸道友书》《致张静生道友书》等信函中可以得到证明。

在《致扬州修道院同学诸道友书》中，郑观应称：

> 昨在九江，万师临行手谕："观应入室两月以来，关窍幸开，玉液已还，可以救护老残，虽遗精可以采补。此功效之著也。惟龙虎大丹未得，终非上品。"弟心甚急，故屡次用法行收，而年高德薄，每升火则承受不住，非是遗精即肝火旺，只好缓缓培补。待九、十月间来扬，当设法图之，并请陈师指示遵行。今接万师自扬来谕："秋燥不能收丹，须待至冬至后方可收丹。如即来扬，只可养性"等语。两谕之意，体贴下情，殊深惭感，自应遵谕循序而行，冀邀天眷，不敢奢望。[①]

在《致张静生道友书》中，郑观应流露出了同样的心情：

> 前岁幸我度师万雯轩先生怜予苦志，代禀陈抱一祖师，传授玄科口诀，行已三年。今夏复蒙准予入室，忻幸无极，以为指日可得还丹。不料入室百余日，只通关窍，尚未得丹，不能追随同学，联袂而上，累师操持，实深惭感。若谓恐非累行积德，动有群魔作障。[②]

就在郑观应满心希望地追随万启型修道，乞求祛病长生之际，万启型却突然

---

① 郑观应. 致扬州修道院同学诸道友书［M］//夏东元编. 郑观应集·盛世危言后编·一. 北京：中华书局，2013：142.
② 郑观应. 致张静生道友书［M］//夏东元编. 郑观应集·盛世危言后编·一. 北京：中华书局，2013：129.

于1919年暴病身亡。这位号称得到陈抱一与张三丰两位仙师庇护的，且获得真经秘旨能够炼得仙丹的"度师"，不但让笃信长生的郑观应在晚年耗费了大量金钱，更重要的是，万启型之死在心理上浇灭了郑观应希望通过性命双修追求长生的梦想。郑观应在《登吕祖阁有感》中苦涩地写道：

访道寻真数十秋，东南西北独遨游。苦心毕竟天开眼，得诀归来雪满头。悟彻色空登彼岸，难忘花月下扬州。驹光如驶囊如洗，叩罢仙师怅倚楼。[①]

一个"怅"字，真实地道尽了郑观应在求道过程中所遭遇的种种酸甜苦辣。

晚清民初，西风东渐，传统文化出现瓦解之势。传统道教活动由大型教团开始转变为松散的民间信仰活动，道教自身的缺陷更导致其走上了近代衰落之路。道教在民间传播的过程中，一批江湖术士借传道敛财骗钱，这远远背离了传统道教的基本精神与原则，败坏了道教信仰的神圣与庄严。"今方士假此骗人财宝，且有资身之法，或有一方而能医奇病，或有一银方而造假银，或推托寻铅觅砂，延捱岁月。其伪术多方……学者谁敢致疑而识其诈？"[②]郑观应学道求法，本欲长生，却"迭遭狡徒诳诳"，落得个"业经破产，室人交谪，子丧家贫"[③]的窘境。在这样"旁门外道世何多"[④]的大环境下，除了感叹"感慨寻真受坎坷，旁门曲

① 郑观应.登吕祖阁有感 [M] //夏东元编.郑观应集·救时揭要（外八种）·下.北京：中华书局，2013：492.

② 郑观应.致观妙道人书（庚戌后稿丁巳补刊）[M] //夏东元编.郑观应集·盛世危言后编·一.北京：中华书局，2013：104.

③ 郑观应.上通明教主权圣陈抱一祖师表文 [M] //夏东元编.郑观应集·盛世危言后编·一.北京：中华书局，2013：126.

④ 郑观应.辨道诗（并引）[M] //夏东元编.郑观应集·救时揭要（外八种）·下.北京：中华书局，2013：511.

径何其多"①，发出"自惭德行薄，叠遇野狐禅"②，"惟近日邪术借法敛财者颇多"③的无奈叹息外，他又能做些什么呢?

济世梦: 致力于世间功德

郑观应一生笃信道教，"庄周不仕休征辟，救世心存学剑仙"④。他不仅希望通过学道延年益寿，而且更在乎通过修道成就他成仙救世的恢宏梦想。

郑观应认为，"以剑仙一流于世为宜、于用为切"⑤。为此，晚年他将学道目标寄托在通过求道学得仙术，进而凌虚步高、剑诛妖邪上面。这种宏愿，在《郑观应集》中多处都有表露。他在《致天津翼之五弟书》中说: "兄志大才疏，恨无实际，少时有三大愿: 一愿学吕纯阳祖师得金丹大道，成己成人; 二愿学张道陵天师得三甲符箓之术，澄清海宇; 三愿学张三丰真人得黄白之术，令各州县多设工艺厂以养贫民，并设格致学校以育人材。"⑥在《致万雯轩先生书》中，郑观应说他的夙愿是: "官应立愿: 继火龙老祖师以符水活人，云游五洲，积德立功。至名利二字，久已看破，等诸过眼之浮云矣。"⑦如果说，上述史料还不足以说明这一问题的话，下面这段材料则可进一步佐证郑观应的内心深处确实存在以仙

① 郑观应. 醒世 [M] //夏东元编. 郑观应集·救时揭要 (外八种)·下. 北京: 中华书局，2013: 512.

② 郑观应. 陈抱一祖师命式一子传谕一济到扬入室志感 [M] //夏东元编. 郑观应集·救时揭要 (外八种)·下. 北京: 中华书局，2013: 539.

③ 郑观应. 致吴君剑华、何君阆樵书 [M] //夏东元编. 郑观应集·盛世危言后编·一. 北京: 中华书局，2013: 77.

④ 郑观应. 得罗星潭观察陈次亮部郎手书 [M] //夏东元编. 郑观应集·救时揭要 (外八种)·下. 北京: 中华书局，2013: 439.

⑤ 郑观应. 致吴君剑华、何君阆樵书 [M] //夏东元编. 郑观应集·盛世危言后编·一. 北京: 中华书局，2013: 77.

⑥ 郑观应. 致天津翼之五弟书 [M] //夏东元编. 郑观应集·盛世危言后编·四. 北京: 中华书局，2013: 1450.

⑦ 郑观应. 致万雯轩先生书 [M] //夏东元编. 郑观应集·盛世危言后编·一. 北京: 中华书局，2013: 107.

剑术济世度人的梦想。

> 盖时际内哄外侮，是非颠倒，赏罚不公，有强权无公理，趋炎附势，不顾廉耻，无道德，无法律，视苍生贱如马牛，哀黎遍野，凄惨可怜。且各国杀人火器日出日精，近有四十二生的大炮，有毒炸弹，有飞行机，有潜水艇，动辄杀人流血千里，伤残惨酷，为自有战史以来所未见。然欲挽浩劫而靖全球，非应龙沙会之谶，有多数道成法就者广施仙术，不足使至奇极巧之火器销灭于无形。盖神仙身外有身，散则成器，聚则成形，出入水火，飞腾云雾，万里诛妖，一电光耳。剑仙虽是符箓之法，亦不缺内功，所谓静则金丹，动则霹雳，凌虚隐遁，除暴安良。故吕祖师赠剑仙诗有云："三清剑术妙通灵，剪怪诛妖没影形。飞腾万里穷东极，化作长虹下北溟。"待鹤下德之士也，太上谓："下德为之而有以为。"有为者，以术延命之谓也。既未能以术延命，自应内养欲，于洞府修炼，学符箓三五飞步之术，以救哀黎。①

在郑观应的求道之路上，之所以特别青睐剑仙一类人物、存剑仙济世之梦，与他生活的背景和思想的变化有着很大的关系。他早年一腔热血，以道德济世，主张商战立国，复又主张变法改良，冀图改变中国积弱积贫的面貌，然而现状却是世界发展日新月异，而中国"政府不知发愤，各科学不讲，各实业不兴"，"诚上无道揆、下无法守，有强权而无公理"。面对如此混乱不堪的时代，郑观应感到绝望，有"思缓难济急"之感，产生用神仙法术快速解决种种乱象，"冀求速效"②的想法自然就不难理解。

---

① 郑观应.上张三丰祖师疏文［M］//夏东元编.郑观应集·盛世危言后编·一.北京：中华书局，2013：61.

② 郑观应.致王君静山书［M］//夏东元编.郑观应集·盛世危言后编·一.北京：中华书局，2013：339.

对于仙剑救世之道，郑观应是有一定认识的，这在他《致曹一峰先生书》中有清晰的表述：

> 查剑术源流，考其教略，分三乘：炼气者为上，谓积累三光，招致五气，以成无形之剑，可以驭气凌空，顷刻万里，比于飞仙，故为上乘，名曰剑仙；炼剑者次之，以数寸之剑，或以小匣祭炼而成，列于中乘，名曰剑侠；炼艺者下乘，名曰剑客。凡是三乘，古今以来其得道而成者不知凡几……待鹤凤慕剑仙能除邪扶正，时深向往。①

郑观应的求道济世思想萌芽于内忧外患的 19 世纪后半期。他认为，求真修仙有助于人心向善，人人积善成德，这样就可以拯救社会、拯救人世。在郑观应看来，宗教皆以救世度人为己任，只是各教深浅难易有别，有的注重修身成己，有的注重济世度人。郑观应曾打算修道成仙后再入佛门，仙佛修成后再穷究天主教、耶稣教、伊斯兰教之理，一统天下各教为一教，以达到统一天下世道人心的目的。单从这个角度来看，在中国近代道教的传播与思想发展史上，郑观应的道教思想就不是可有可无，而是理应占有一席之地。

大致而言，郑观应以道济世的途径与实践主要表现在下列五个方面。

1. 以道教徒的济世之心积极倡导和主办近代化实业

近代以来，列强接踵而至，中国面临蚕食鲸吞、瓜分豆剖之危局，救亡与富强成为摆在中国人面前的主要课题，仁人志士无不在用各种方式希冀寻求挽救危亡之道。在这种环境中，国人多将注意力集中在寻求富强良策上面，却忽视了文化传统中固有的内在价值的发掘。二者不平衡的发展，最终必然会导致中国社会

---

① 郑观应.致曹一峰先生书［M］//夏东元编.郑观应集·盛世危言后编·一.北京：中华书局，2013：176.

的畸形发展。郑观应很早就认识到了这一点。他不仅是一名以道教救世的坚持者，还是中国早期近代化的倡导者和实践者。他常年潜心钻研经世之学，将平生经验陶铸为传世名句："国非富不足以致强，亦非强不足以保富……有国者苟欲攘外，亟须自强；欲自强，必先致富；欲致富，必首在振兴工商；欲振工商，必先讲求学校、速立宪法、尊重道德、改良政治。"从郑观应的思想与实践来看，他一生都在崇奉道教、研习道术；同样，他一生也都在创建中国近代化企业，寻求国家富强的良方。他一边"言道术，即正心修身、穷理尽性"，认为它是"至命之学"，践行、传播中国道教文化，一边又在"言治道，即齐家治国、安内攘外"，认为此为"自强之说"，因而极力主张学习西学，引进西方国家的富强之术。东西方文明在他身上并相体现、互相促进，这可谓近代思想界与道教界的一大奇观。他认为"道德为学问之根柢，学校为人材之本源"，"非兵强不足以保国，非商富不足以养兵，而商战之利器在农工"。他主张"标本兼治。道德固与富强等量，富强亦与道德齐观"，^① 即精神文明与物质文明同时建设。正是在这样认识的基础上，他一生在践身修行道教、弘扬与传播道教文化的同时，也积极投身于中国早期的许多重要实业的创建。郑观应一生办过多种实业，如商业、矿业、轮船、铁路、电报等，其特色皆十分明显。在中国早期近代化史上，他有筚路蓝缕、开拓草创之功。这种经世之念、草创之功，是郑观应对传统道教积修外功在晚清民初大时代下的遵循与兑现，充分体现了道教文化中的包容、开放、注重实践等优秀品性。

2. 主张在僧道两界汰浊留清，整顿改革

晚清时期，僧、道两门中弊病重重，很多和尚、道士表面上宣称"明心见性""修真炼性"，"实则利欲熏心，豺狼成性""疏懒为真，食色为性"。他们"失志则打包云水，乞食江湖；得志则登坛说法，聚众焚修"。这些逞其才智的不道德

---

① 郑观应. 《盛世危言后编》自序［M］//夏东元编. 郑观应集·盛世危言后编·一. 北京：中华书局，2013：13、16、13、14、16.

之徒，或者"募化十方，轮奂而居，重裀而坐，膏粱而食，锦绣而衣"，或者"附托权门，夤缘当路，通声气，市权利。或且聚狂徒，逞邪说，窝盗寇，干法令"，"只知建醮超幽，敛人财物，未闻有行一善举如耶稣、天主教士设学校以教人、创医院以治疾者"。尤其是"僧、道两门所聚徒众不下数十万，或众至百万人"，已经成为了社会上极不稳定因素。郑观应认为这是"弥勒、白莲、金丹诸教匪因风吹火、乘势蜂兴"，民间动乱的重要原因。对此，他主张"沙汰僧道"，整顿二门，廓清教风，以利于社会稳定与经济的正常发展，并提出了具体解决办法。（1）对于僧道两界"年老力衰、多病残疾、幼弱未成丁者，改各州、邑大寺为恤贫院以处之"。（2）对"劝之不改，汰之不去"者，"革其衣冠，配其男女"，"以布施之庄田，为计亩授耕之用"。（3）对真心崇奉仙、佛，遵从戒律者，允许其"深山穴居，茅棚独处，任其高遁"，"惟断不得创宫观寺院，召徒众，募布施，蓄财货，登台说法，衣冠歧异，以惑斯民之视听"。[1]（4）鉴于"今之道流不从事内功，而徒科法是恃，且符箓虽真而未获师传，神不守舍，宜其毫无灵应，舍本逐末"的现状以及"又有学术未精，借小术以愚人，受其愚者往往至破家亡身而不悟"的现实情况，他"悯后学不识本末，因而受害"[2]，特别刊印一系列道教宝典于世人学道者。此问题后有详论，此不赘述。

3. 整理与刻版道教经籍

郑观应自幼喜阅道教典籍，求道寻真以来，他有感于自己在求道过程中屡屡遭受那些异端旁门及一知半解的江湖术士的欺骗，虽虔诚向道却耗费资财而皓首无成的实际情况，发愿广泛搜求、解读、辨伪与整理出版道家典籍，以便于真心向道的道友们学习与参悟。郑观应云："余访道天涯，备尝艰苦，幸蒙师授，语

① 郑观应. 僧道［M］//夏东元编. 郑观应集·盛世危言（上）. 北京：中华书局，2013：311、310、312、313.

② 郑观应.《道法纪纲》序［M］//夏东元编. 郑观应集·盛世危言后编·一. 北京：中华书局，2013：76.

契丹经。自愧福薄，未克下手，敢将秘传先圣所述内外丹药次序不同之处，备载于此，愿与有道之士同受其福。"①对于整理与刻版道教经籍，传播道教文化一事，郑观应在晚年曾经有所总结。他说：

观应慕道已六十年矣，曾览《道藏全书》《道藏辑要》及未入《全书》《辑要》等书，觉所论命理玄奥，语多譬喻，隐而不露，未得诀者莫名其妙。于是凡遇有道之士，无不虚心请教，证以丹经，始知成道者不外清净、同类、服食三大端……传道者果得真传，则不索赞金多寡，不论学者贫富。盖大道无亲，惟传善人，否则必遭天谴也。无如异端旁门及得一知半解以惑人者日甚，致令后学往往倾家荡产，蹉跎岁月，皓首无成。爰将《黄帝龙虎经》、《阴符经》、吕纯阳祖师、张三丰祖师、圣僧济祖师诗文及群仙歌诀、金丹真传，分为八卷，付诸手民，名曰《道言精义》。然读者未得诀，仍然不晓，乃续刊《唱道真言》《多心经》《清静经》《金华宗旨》《金笥宝箓》《三一音符》《天仙心传问答》《七真灵文》《方壶外史》《慧命经》《金仙证论》《陆约庵就正篇》与《林奋全书》、陈抱一祖师《参同契注释》、闵小艮先生《琐言续》《古法养生阐幽》、刘止唐先生《大学古本》、莫月鼎真人与王天君《内炼口诀》等书，交书肆照本发售。于兹已三十余年矣。②

在总结了出版道学典籍的基本原因及已经刊印的一些主要书目后，郑观应又进一步补充道：

① 郑观应. 重刊《金仙证论》序［M］//夏东元编. 郑观应集·盛世危言后编·一. 北京：中华书局，2013：41.

② 郑观应.《还丹下手秘旨》序［M］//夏东元编. 郑观应集·盛世危言后编·一. 北京：中华书局，2013：208—209.

年来蒙陈抱一祖师传授玄科口诀，何合藏仙师传授先天口诀，爰手辑吕纯阳祖师《百句章百字篇》、陈抱一祖师《训释道黑幕文》《咏道诗》、张三丰祖师《打坐歌》《道要秘诀歌》及《删正樵阳经》《玉液还丹秘旨》、抱仁子《重订玉液还丹秘旨》、李含虚真人《收心法》、希一子《补天随功候篇》《太微洞主授郑德安玄关口诀》、尹真人《添油凝神入窍法》《神息相依法》《聚火开关法》《治心法》《筑基全凭橐籥说》《元性元神说》《归根复命说》、邱祖师《秘传大道歌》、太虚真人《道程宝则》、止唐先生《论道四则》、陆潜虚真人《内外药论》。以上各篇借重人元之学，而所编不厌重复，历引诸真之言，互相引证，庶免读者疑惑，并录文先生《易学歧途辨》、陈真人《翠虚吟编》为一册，名曰《还丹下手秘旨》，皆扫除譬喻，直露真诠，用以自镜，并愿与同学者均知尽性以至命，勉力行善，内外兼修，先行却病延年工夫。①

以上所引仅仅是郑观应在一篇序言中所胪列的由他亲自编辑刊行的道学宝典，计有40余种之多。在这篇序言中，郑观应说他"今已年将八秩"，说明这份材料应是他离世前两三年时整理的，文中所列的书目显然是经过他精心挑选，因而具有十分重要的参考价值。这些典籍内容宏达精深，基本上涵盖了道教教义的核心与全部的修炼要点。由此看来，如欲探讨和总结郑观应的道教人生，对这份史料的深入解读与研究应该是一件十分必要且有一定价值的事情。

除此之外，郑观应还编辑出版有《剑侠传》《道法纪纲》《海山奇遇》《龙门秘旨》《真诠》《梅华问答编》《青华秘文》《金宝内炼丹法》《玉清金笥》《新解老》《神功广济先师救化宝忏》《陈注关尹子九篇》等重要的道学典籍。

---

① 郑观应. 《还丹下手秘旨》序［M］//夏东元编. 郑观应集·盛世危言后编·一. 北京：中华书局，2013：209.

为了便于女子向道者修炼道术，郑观应还专门从《古书隐楼藏书》中摘取重印《西王母女修正途》《女宗双修宝筏》。他在重印序言中指出："今因女界中多有殷殷访道者，特择全书中二种合印为一卷，俾修真女子借此寻师质证，不致堕入旁门。""《古书隐楼藏书》全部中《女修正途》《女宗双修宝筏》二种，专为女士指引迷途，言简意赅，意精而透，洵为不可不读。"[①]

作为一名以积德行善为成仙大药的道家弟子，郑观应集后半生之精力，持之以恒地整理与出版道教宝典，这在晚清民初道教式微的历史大背景下，无疑独树一帜。此举对弘扬、保存、继承与传播道教文化具有重要意义。因此，他在中国近代道教传播史上的作用与地位理应引起学界重视。

4. 发道心之力，积极募捐赈济灾民

赈灾慈善在中国有着悠久的历史传统，这与中国传统文化有着密切的关系。儒道佛三教都有劝人行善以积累功德的传统。道教文化大力推崇积德行善，提倡人们行善除恶，认为"积德立功尤为求药之大本"[②]，是获得自身"金丹大药"的必要条件。积善立功因此与长生、修仙紧密联系起来。《玉钤经中篇》即云："立功为上，除过次之。为道者以救人危，使免祸，护人疾病，令不枉死，为上功也……若德行不修，而但务方术，皆不得长生也。"[③]郑观应对举办慈善事业十分热衷，"凡有公益善事，力为赞助"[④]，这应是他深受道教文化中积德立功观念熏陶的结果。

1870 年，郑观应刊印《陶斋志果》，其重要目的是规劝人们戒恶向善。郑观应认为："《志果》一书，言非无稽，事皆征实，于世道人心不无小补，窃愿怀

---

① 郑观应. 重印《西王母女修正途》《女宗双修宝筏》序 [M] //夏东元编. 郑观应集·盛世危言后编·一. 北京：中华书局，2013：182.

② 郑观应. 答曹一峰先生书 [M] //夏东元编. 郑观应集·盛世危言后编·一. 北京：中华书局，2013：54.

③ （晋）葛洪著. 抱朴子内篇全译 [M] //顾久译注. 贵阳：贵州人民出版社，1995：76.

④ 郑观应. 上通明教主权圣陈抱一祖师表文 [M] //夏东元编. 郑观应集·盛世危言后编·一. 北京：中华书局，2013：127.

道德之君子广为传播，俾善知劝而恶知惩，则种花得果，左券可操。"①

1877 年，郑观应与经元善、谢家福、严作霖等在上海创办筹赈公所，赈济山西灾荒。此后扩大到河南、直隶（今河北）等省。郑观应在"直、东、晋、豫、苏、皖等省灾赈，募资助办，为数甚巨，最著勤劳"②。其间，郑观应将友人所写《十可省歌》《铁泪图歌》《广譬如歌》等诉说灾民苦况的文章汇刻，以事劝募。③

1878 年，郑观应又刊行《富贵源头》《成仙捷径》，目的仍然是为了募集赈灾款项。郑观应在《〈成仙捷径〉序》中疾呼："苟非积德以求，又安能成圣成仙成佛也哉！夫修道者以能尽性命为功，而积德者以能救性命为行。欲救人性命则莫大于荒年赈饥。""愿与天下有志之士广修至德，以凝至道，相期跃出凡流，同登圣域，洵成仙之捷径，亦仆生平之厚望也。"④

在募捐赈灾慈善活动中，郑观应既注意汲取传统宗教中的劝善助弱思想，同时又结合他对西方社会救济思想的了解，根据时代特点提出了自己新的救助主张。他不仅十分推崇西方各国"以兼爱为教，故皆有恤穷院、工作场、养病院、训盲哑院、育婴堂"，认为"其意美法良，实有中国古人之遗意"，而且积极介绍德国工人养老、工伤、疾病等社会保障制度，认为"利己利人，莫善于此，而水火、盗贼诸险，可由此而推矣"。⑤

郑观应注重践行道教的扶危济困的主张，在日常生活中关注弱势群体，主张尽力救助难民、灾民、流民、失业者、鳏寡孤独废疾者以及其他生计艰难阶层。

① 郑观应. 重刊《陶斋志果》序 ［M］//夏东元编. 郑观应集·盛世危言后编·四. 北京：中华书局，2013：1497.

② 吴尹全. 佽鹤山人事略 ［M］//夏东元编. 郑观应集·救时揭要（外八种）·下. 北京：中华书局，2013：577.

③ 夏东元编著. 郑观应年谱长编·上卷 ［M］. 上海：上海交通大学出版社，2009：83.

④ 郑观应.《成仙捷径》序 ［M］//夏东元编. 郑观应集·盛世危言后编·四. 北京：中华书局，2013：1318.

⑤ 郑观应. 善举 ［M］//夏东元编. 郑观应集·盛世危言·上. 北京：中华书局，2013：300、302.

他不满"哀鸿满中泽，百日天悠悠"[①]的状况，不仅积极参与办理救赈公所，出任善堂、广肇公所董事，而且还兼任中国红十字会特别名誉会员。在郑观应看来，"修行功德之事，不以茹素诵经为修行，不以建坛设醮为功德"，[②] 而应当把金钱与力量实实在在地用到该帮助的人身上。针对当时普遍的溺婴状况，他提出在城乡各地建立保婴会。"其法：各就乡隅集一善会，或以十里为限。凡地方贫户生女，力不能留养者，准到局报明，每月给白米一斗，钱二百文，以半年为度。半年之后，或自养或抱送，听其自便。实则半年之后，小孩已能嬉笑，非特不忍溺，亦必不忍送堂矣。且贫户既以得所资，而易于留养。彼稍堪温饱之家，亦必心生惭愧，感动必多。此法简便易行，可大可小，可暂可久。一经提倡，全活必多。愿与天下有心人共起图之。"[③]郑观应反对妇女裹足，认为"此事酷虐残忍，殆无人理"，[④] 主张严令禁止。他反对官宦富贵人家虐待婢女的行为，为此专门写有一篇《虐婢歌》，指出"万物人为贵，国家当教育……暴虐必招殃，上天报应速"。[⑤]实则是用宗教神灵在背后监督的说法来劝诫虐待婢女的不法人家。这种天地之间人最贵、离地三尺有神灵的观点，明显带有道教文化劝善惩恶的痕迹。

组织道德会、崇真院、丛林修真院，养育人才

上海道德会是清末民初以宣扬道德为宗旨的一个会社组织。最初由湖南、四川等地的道人为宣化救世、挽回道德人心而提倡，尔后经王新甫举荐、郑观应出

① 郑观应.筹赈感怀［M］//夏东元编.郑观应集·救时揭要（外八种）·下.北京：中华书局，2013：368.

② 郑观应.论广东神会梨园风俗［M］//夏东元编.郑观应集·救时揭要（外八种）·上.北京：中华书局，2013：35.

③ 郑观应.劝诫溺女［M］//夏东元编.郑观应集·救时揭要（外八种）·上.北京：中华书局，2013：39.

④ 郑观应.女教［M］//夏东元编.郑观应集·盛世危言·上.北京：中华书局，2013：65.

⑤ 郑观应.虐婢歌［M］//夏东元编.郑观应集·救时揭要（外八种）·下.北京：中华书局，2013：473.

面号召组织而建立。会所定在上海牯岭路延庆里，由杨海秋等主持修真论道事务，兼以符水治病。崇真院、修真院则是郑观应倡导成立的专事培养道教人才的机构。两者中较有特色的是七教丛林修真院，这是郑观应在近代社会发生剧变与转型大背景下企图以道教融合他教以救亡图存的一种新尝试。郑观应认为，"欧战虽停，内讧未已，中原逐鹿，南北分驰"，列强各国对中国"众虎环伺，各逞其并吞割据之谋"，国内又"政府失权，军党只知争私人之利"，中国"分裂不远，殆所谓危急存亡之秋、三期浩劫降临之日"，"欲挽此劫，非得内圣外王之才如轩辕太公者，固未能平治今之天下也"。这是郑观应极力主张建立修真院的根本原因。他的构想是：集众道友之力，合力"捐资四十万元，提十万元购地三十亩，分地十亩建设七教丛林一所，分地十亩建设男修真院一所，分地十亩建设女修真院一所……限取善男子二十人，善女子二十人……既入院修持，不成道不能出院"。郑观应特地拟定简章九条，乞求"各教主、众仙佛赞成，并蒙玉旨恩准"。郑观应乐观地设想："如二十人中得成道者十人，则教昌之五大愿可冀陆续举行，五大洲可享太平之乐。"① 郑观应希望得到吕洞宾、陈抱一、张三丰、何和藏等仙师的支持来创办七教丛林修真院、培养人才、挽救衰世的愿望当然不可能实现，但这种坚定的道教信仰与探索精神无疑值得肯定与探讨。

一统梦：以道教融摄各教的乌托邦

晚清以来，道教益加衰微，面对此种窘境，郑观应忧心忡忡。为此，他不断在理论上思考与探讨，力图打通儒、佛、道三教。他同意道友刘止唐提出的"三教虽异，其实同源"的说法，认为三教"均于心上做起，于心上收功，诚澈始澈

---

① 郑观应.上吕纯阳祖师、陈抱一祖师、张三丰祖师、何和藏祖师禀［M］//夏东元编.郑观应集·盛世危言后编·一.北京：中华书局，2013：340—341、344.

终工夫"，①在终极关怀层面道理相通，皆旨在"穷理尽性至命"②，从而将人的道德精神升华为一种普世价值。郑观应认为三教各有所长，应该取长补短，相互借鉴。在继承、总结历史上儒、佛、道三教合一思想的基础上，郑观应提出了"七教统一"的新主张。

郑观应所谓的"七教"，从狭义上是指儒、道、佛、回、耶稣、天主、希腊各教；从广义上看则是指天下万国各教派。郑观应把通晓七教教义作为统一各教的起点："观应原拟仙道成学佛，佛道成再穷究天主、耶稣、回教之理，道通各教、法力无边之后，即商前辈高真，会同奏请上帝施恩饬行。"③郑观应从同源、同道、同心三个方面会通中国传统三教，致力在思想和理论上找到七教统一的契合点。为此，他大量阅读与研究外国宗教书籍，以增强自己对西方各教的认识和了解。郑观应认为：

> 泰西基督一教，流派分而为三：一曰耶稣教，日耳曼国之所演也，英吉利、德意志、美利坚、丹麦、荷兰、瑞典顿、瑠威、瑞士等国从之；一曰天主教，传自犹太，盛行于罗马，意大利、奥斯玛加、比非利亚、法兰西、日斯巴尼亚、葡萄牙、比利时等国从之；一曰希腊教，希腊为西洋文字之祖，亦缘饰基督教之说，别树一帜，小亚细亚、欧罗巴之东、俄罗斯、希腊等国从之。其教或分或合，有盛有衰，名目不同，源流则一，略本《摩西十诫》。耶稣基督自命为上帝之子，创立新约，以罪福之说劝人为善，其初意未必遽

---

①　郑观应.答曹一峰先生书［M］//夏东元编.郑观应集·盛世危言后编·一.北京：中华书局，2013：98.

②　郑观应.再致扬州修道院同学诸道长书［M］//夏东元编.郑观应集·盛世危言后编·一.北京：中华书局，2013：145—146.

③　郑观应.上通明教主权圣陈抱一祖师表文［M］//夏东元编.（丁巳年元旦上张三丰祖师表同），郑观应集·盛世危言后编·一.北京：中华书局，2013：126.

非，而千百年来，党同伐异，仇敌相寻，人民苦锋镝，原野厌膏血，别分门户，遂酿干戈，变本加厉，实非教主始念所及。①

郑观应对回教亦有一定的认识。他说："独不见夫回教乎！彼族虽奉其教，诵其经，而人伦执业不异四民，日用衣冠悉遵王制，惟不食猪肉等事，彼教自伸其私禁。故在上者亦安之而已。安见处二氏②者独不可以如是治之耶？世有通人留心治术者，当不河汉斯言。"③

在近代中国，对西方宗教有所认识者凤毛麟角，有融通宗教各门之愿的志士更是寥寥无几，郑观应则是其中一名敢于担当者。作为一名道教徒，郑观应能够站在中和的立场，冲破当时人们对西方宗教片面而又极端的认识，以开放的心态和包容的胸怀容纳各种宗教，极力寻找它们与中国传统宗教上的相同之处，这是难能可贵的。他之所以有这样的高度，完全来源于他"尝读各教经书有年，颇知各教主皆以救世度人为心。惟所著之书有深浅，有譬喻，或修身，或治世，后学不知道无二致，各树一帜，互相倾轧"而已。正是认识到宗教有救世度人的价值以及各教具有共同性特点，郑观应才坚信他能够以道教融摄其他各教，以宗教的统一来实现人类世界的统一，最终确立"大同之基础"。④

1917 年初，郑观应在《上通明教主权圣陈抱一祖师表文》及《上张三丰祖师表文》中，提出了他的气势宏伟的救世五愿。

第一愿：统一天下万国宗教。"合各教为一教，除治世行政之书归各国因地

---

① 郑观应.传教［M］//夏东元编.郑观应集·盛世危言·上.北京：中华书局，2013：183.
② 二氏，指佛、老两家。郑观应曾言："二氏者，佛、老之名也。学佛者僧之徒，学老者道之徒。"（见《僧道》［A］.夏东元编：《郑观应集·盛世危言·上》［M］.第309页。）
③ 郑观应.僧道［M］//夏东元编.郑观应集·盛世危言·上.北京：中华书局，2013：313.
④ 郑观应.上通明教主权圣陈抱一祖师表文［M］//夏东元编.郑观应集·盛世危言后编·一.北京：中华书局，2013：125、127.

制宜自行修改外，拟即将各教主论道之书，选其精义，分为顿、渐两法，编辑成书，庶学者易于入门。并将未成道者所著之书合理者存，不合理者毁，免为伪书所惑。"在世界各国"设圣道总院，供奉各教主圣像，令人瞻仰。该院监督必须由各教主公举，非已成道有六通者不能胜任。既有法力，又能前知，则后学自无纷争矣"。

第二愿：由各国圣道总院培育人才，以适应各国圣道分院传道之需。"各国圣道总院，应招考是真心修道、誓守院规合格者方准入院潜修。俟道成后，由院监督派往各埠各院当教长……凡各国各埠有天主堂、耶稣堂、清真堂、孔教堂者须设圣道分院……每星期该教长必须对众演说修身、齐家、治国之道，使妇孺咸知。"

第三愿：消灭各种伤人火器。"由仙佛法力慑服乱世魔王，消灭各种火器……凡创造伤人之火器，即治其罪，以期四海升平，共享大同之乐。"

第四愿：发展经济，富国强民。"以点金术所成黄白，限制若干分交各分院教主，选聘公正绅商，创设贫民工艺厂、各学校及开矿、开垦等事，务使野无旷土，国无游民……不分畛域，不分种族，无论何国一视同仁。"

第五愿：由得道圣贤管理与监督教育、经济、民生诸事务。"圣道总院之监督，由各教主公举，而各分院之教长由总院监督选派该处士人已成道而有六通者方合格。"对于经济、教育、民生诸事，由总院监督派已成道有六通能者，定期到各地工艺厂、学校、矿山、开垦地考察，以决定奖惩措施。

概括起来，上述五愿，主要集中在"合各教为一教"这一核心内容上面。郑观应希望用道教来融合天下万国各教，而实现之法，一是求吕洞宾、张三丰、陈抱一等道教仙师广施法力，一是在世界各国设立圣道总院，在各地设立分院，作育人材。

对于自己提出的救世五愿，郑观应充满信心、激情满怀，并不断憧憬与设想着未来。他自信"其第一、第二愿成则圣贤日多,第三、第四、第五愿成则政治良、风俗美、人心正",如此就可以"重见三皇以上之世,气象祥和,民安国泰,岂不伟欤!"[①] 他在给道友伍廷芳的赠诗中,幻想着一统梦实现后的美好情景:"我倡各教统一议,已蒙上帝准行矣。尚祈各教统一心,协力同心急奋起。大同世界泯战争,民康物阜万国宁。不分畛域无强弱,专崇道德重文明。"[②]

很明显,郑观应提出的救世五愿,企图用道教来融摄、统一天下各教的主张,带有康有为所讲大同世的味道,也具有近代西方空想社会主义乌托邦的影子。这种愿望的初衷和目的是明确与美好的。他认识到宗教具有正面作用,并对其正能量给予充分的挖掘,企图凭借这个方案来挽救世风日下的世道人心。这对于弥补当时社会道德严重缺失的状况、重振道德精神、改变清末民初道德日益式微的面貌,无疑尽到了他作为一个虔诚的道教徒该尽的一份责任。不过,郑观应企图通过统一天下宗教来统一天下人心,进而实现人类大同的主张与愿望明显有着幻想的成分。各种宗教的出现,皆有其产生、发展的独特历史,有人文、社会、风俗、政治、经济等背景,各自有其存在的合理性与异质性,人为的一刀切的统一模式是不现实的。尤其是郑观应实现五大愿的手段是乞求吕洞宾、陈抱一、张三丰、何和藏等几位道教历史上的仙师广施法力,用今天科学的眼光来看,根本就没有实现的可能。郑观应的宗教一统梦,只能注定永远是一个不可能实现的超越现实的乌托邦之梦。

结语:寻梦的意义

近代以来,道教因多重因素的影响而日趋式微。

① 郑观应.上通明教主权圣陈抱一祖师表文 [M] //夏东元编.郑观应集·盛世危言后编·一.北京:中华书局,2013:125、126.

② 郑观应.伍秩庸先生辞总裁仍护法巩固共和赋此志喜 [M] //夏东元编.郑观应集·救时揭要(外八种)·下.北京:中华书局,2013:543.

中国文化与宗教，在清朝中叶以后，概受西洋文化思想输入的影响，一蹶至今，尚未重新振起。自十九世纪以来，正式代表道教的胜地观宇……虽然还保有道教观宇与若干道士，仿效佛教禅宗的丛林制度，各别自加增减，设立规范，得以保存部分道教的形式，但已奄奄一息，自顾不暇，更无余力做到承先启后，开展弘宗传教的事业了。何况道士众中，人才衰落，正统的神仙学术无以昌明，民间流传的道教思想，往往与巫蛊邪术不分，致使一提及道教，一般观念便认与画符念咒、妖言惑众等交相混杂，积重难返，日久愈形鄙陋。①

在这样一个道德驰坠、争名逐利的大历史环境下，作为一名道教的俗家弟子，郑观应并没有悲观消极，而是力所能及地担当起自己对于道教振兴的一份责任。郑观应的一生几乎是与中国近代道教的传播历史相同步，他的修道人生可谓晚清民初士大夫阶层道教活动的一个典型缩影。他坎坷的求真路以及冀望通过道教来实现的长生梦、剑仙济世梦及一统天下宗教梦的破灭，无疑也是对近代中国道教衰落内在原因的一个很好的诠释。

有清一代，道教不受重视。"全国中男子之优秀者，概为八股文所牢笼；女子之聪明者，又为旧礼教所束缚。神仙学术，非但不敢验之于身，并且不敢出之于口。"② "上级社会，大都以儒学为依归，而旁参佛学之哲理；下级社会，始有神道之信仰，则以释、道、回、基督四教为著，若犹太教则微末已甚矣。"③

① 南怀瑾.中国道教发展史略［M］.上海：复旦大学出版社，2011：137.
② 陈撄宁.与朱昌亚医师论仙学书［M］//胡海牙、武国忠主编.陈撄宁仙学精要（下）.北京：宗教文化出版社，2008：455.
③ 徐珂.清稗类钞.第四册［M］.北京：中华书局，2010：1938.

清人钱咏直言："天地能生人而不能教人，因生圣人以教之。圣人之所不能教者，又生释、道以教之。故儒、释、道三教并行不悖，无非圣人同归于善而已。孔子曰：中人以上可以语上也，中人以下不可以语上也。盖圣人之教但能教中人以上之人，释、道不能教也。释、道之教但能教中人以下之人，圣人亦不能教也。"①在这种歧视观念的影响下，一般士大夫都不会公开承认自己信仰道教。郑观应则不然，他敢于公开表明自己的道教信仰，坦言自己"视富贵如浮云，欲修身以济世"。②他在世七十九年，寻道问真六十余载，行迹几乎遍及中国的大江南北。晚年他还明确宣称自己"夙慕神仙事业，曾读南派、北派、东派祖师丹经数十种，遍求丹诀已五十余年。自愧德薄，勉力行善，虽遭魔障、备尝艰苦，仍锐志向前，不敢稍懈"③。他虔诚向道的态度与勤奋务实的修炼实践，即使是一个寻常的在观道士也往往难能望其项背。另一方面，我们也应该看到，在中国传统宗教文化中，道教既有为众生准备祛病延寿的修炼门径，同时又有教化天下的济世利人精神。祛病长生是郑观应追求仙道修炼的一个重要原因，但在这个原因的背后，潜伏着他济世救人的更高层面的目标与理想。郑观应"且念积德为入道之门，苟不至德至道不凝，诚恐前生孽重，故见义勇为，扶危济困，甚至受人所累，变产赔偿，宁人负我，我不负人"。④他将自己修炼道术多年积累下来的经验毫不保留地与道友分享，"用觅知音，同跻圣域"⑤。他数十年如一日，致力搜集、解释、刊行道教典籍，为传播道教文化做了许多有益的事情。更重要的是，他吸纳与借鉴

---

① 钱咏. 履园丛话·杂记上·三教. 卷三十三［M］. 北京：中华书局，1979：601.

② 郑观应. 或问守身要旨［M］//夏东元编. 郑观应集·救时揭要（外八种）·上. 北京：中华书局，2013：52.

③ 郑观应. 致刘和毅真人书［M］//夏东元编. 郑观应集·盛世危言后编·一. 北京：中华书局，2013：109.

④ 郑观应. 复苏州刘君传林书［M］//夏东元编. 郑观应集·盛世危言后编·一. 北京：中华书局，2013：72—73.

⑤ 郑观应. 《道言精义》序［M］//夏东元编. 郑观应集·盛世危言后编·一. 北京：中华书局，2013：124.

其他宗教思想与体制特点，探索改善道教自身组织体系的路径。他积极兴办社会慈善事业，增强道教的入世功能与社会影响。他将道教文化视作当仁不让的救世良药，将道教济世度人的入世功能发挥到了一个极限。他信奉道教的因果报应思想，重视做善事、积阴功，劝善抑恶，"筑基炼己求真我，得药还丹论色身。频刻仙经思普渡，遍求佛法救沉沦。"①他"志在先积阴功，后学神仙"，因而在名利场中四十余年，能够做到"廉政自矢"，"扶危救急，如筹赈、设善堂、施医药、保婴、救溺，皆殚心竭力相助。凡有利可兴，有弊可除，事关大局者，均不避嫌怨。"②由此可见，在道教济世思想的作用下，作为商人兼思想家的郑观应，已经实现了高度的道德自律。可以说，正是信奉道教积德行善和济世利人的圣训，郑观应的访道求仙才具有了值得肯定的可贵价值。他一生虽历任实业界多种重要职务，但能够始终做到克己奉公、尽职尽责，这与他信仰道教有着重要的关系。信道使郑观应的个人才华得到了充分的施展，不仅使得他成为晚清商界、实业界中一位睿智的思想家，而且也使他成为晚清思想界中最具有实干精神的实业家。出世与入世、寻仙与济世，在他身上表现出了高度的协调与统一。晚清状元夏同龢曾这样评价郑观应："香山待鹤山人最富于宗教思想者……崇任侠而明黄老……特神仙家支派有二：有持厌世主义而仅为自了汉者，有持救世主义而自度度人者。如前之说，其人虽仙无裨于世，是方技家而非宗教家也；如后之说，大都由任侠而入于神仙者。纵不即仙，而抱此高尚纯洁之理想，或见之于行事，或著之于寓言，其足以感发当世之心思，而变化其气质者盖不少矣。待鹤山人殆其流亚欤？何其

---

① 郑观应. 感赋七律八章藉纪身世［M］//夏东元编. 郑观应集·救时揭要（外八种）·下　北京：中华书局，2013：524.
② 郑观应. 呈张欧冶真人书［M］//夏东元编. 郑观应集·盛世危言后编·一　北京：中华书局，2013：48.

诗之多杂仙心也。"[①] 盖棺论定，郑观应正是这样一个人：道教徒中一名有作为、有思想的俗家弟子；一位一生坚持了六十多年的仙道实修者；晚清民初民间道教的积极传播者；一个会做梦、敢做梦，勇于通过丹道修炼追求长生，希冀通过仙剑成道救世度人并且幻想用道教统摄天下宗教，以此达到天下大同、万国康宁的宗教乌托邦者。他对中国近代道教史的贡献与作用不容忽视，理应进入中国近代道教史的"凌烟阁"，并在内里拥有一席之地。

---

① 夏同龢.《罗浮偫鹤山人诗草》夏同龢序［M］//夏东元编.郑观应集·救时揭要（外八种）·下.北京：中华书局，2013：330.

所见略同：郑观应和孙中山慈善思想的比较研究

张金超 [①]

探研郑观应、孙中山的慈善思想的学术价值

香山籍名人郑观应和孙中山在中国近代史上均占有显要的地位。前者是中国最早具有完整维新思想体系的理论家、启蒙思想家、实业家和慈善家；后者乃近代中国民族民主革命的伟大先导，思想博大精深。对于两者之间的关系，前人已作了有益探讨。

近年来，慈善史研究方兴未艾。但遗憾的是，系统研究近代广东慈善史、近代广东慈善思想发展（演进）史的专著至今阙如。详论郑观应、孙中山的慈善思想，必将推动中国慈善史、慈善思想史研究的深入和细化。

论文方面，对郑观应的慈善思想，前辈学者着墨相对较多，而专论孙中山慈善（社会救济）思想者较少。据笔者不完全统计（主要依据中国知网、读秀网、维普网），探研郑观应慈善思想的文章有 10 篇左右，论述孙中山慈善（社会救济）思想的成果不过 5 篇。此外，周秋光主编的《中国近代慈善事业研究》、林家有等所著的《孙中山社会建设思想研究》相关专著中亦有所论及。

本文旨在对两人的慈善思想进行归纳，并论述两者的共同特征。

---

① 张金超，广东省社会科学院历史与孙中山研究所研究员、博士，研究方向为孙中山与中华民国史、近代中外关系史等。

郑观应、孙中山慈善思想的核心蕴义

郑观应的慈善思想：1. 观念方面：防灾备荒，重点是预防水灾和旱灾；教养并举、富国强民；学习西方，着力发展民间慈善；保护灾民、流民、无业者、"猪仔"、女婴、妇女等弱势群体等。2. 渊源方面：深受传统救济观念影响，目睹惨烈的社会现状（指出清廷腐败是社会灾害频发的根由），借鉴西方慈善福利制度的先进经验等。

孙中山的慈善思想：1. 理论（观念）层面：深入剖析近代中国社会积贫积弱的根源；确立社会救济乃是政府职能、国家责任的观念，应由国家来为社会劳苦大众提供公共服务，"慈善"是贫苦大众该享有的"权利"，而非为国家的"施舍"和"恩赐"。2. 实践层面：制定系列救荒救灾、优恤伤亡将士等有关规章制度，倡导建立慈善团体和机构。注重官赈和义赈的结合。既充分发挥国内社会各阶层的力量，又怀有国际视野，设法争取国际援助。3. 根源方面：根立传统中国的"民本"思想、大同思想，同时汲取西方社会救济思想。理论基础是民生主义，是其所持的"博爱"观。

郑、孙慈善思想的共同特征

近代以降，随着民族资本主义经济的勃兴和社会的迅猛进步，国人传统的慈善思想受到了冲击，新的思想不断涌现，郑观应和孙中山的慈善思想是新兴阶层中较高水平者。两者内容大同小异，主要表现出如下特征：

1. 同质性。即同源同归。来源基本相同，两者均是来自三个方面：传统社会救济观念的影响、惨苦社会现实引发的刺激和思考、对西方慈善思想有益成分的吸收；目的或出发点相同，即保护弱势群体，体恤民情，关心民瘼。

2. 统一性。即做到理论与实践相统一。两人不仅停留在理论阐发层面，还付诸实践，均取得一定效果。郑观应因之荣获"慈善家"的美誉，孙中山也因之使其民生思想愈加丰富，并通过本人或革命同人的践行，使得革命政府获得更多人的拥护。

3. 开放性。此特质两人均比较明显。即注重引进西方社会的慈善观念、对西方社会的慈善事业赞誉有加、虚心借鉴西方社会的慈善福利制度经验。孙中山长年生活在国外，眼界开阔，耳濡目染，郑观应长年在上海和澳门生活，对此也多有接触。

在中国（广东）近代慈善思想演进史上，郑观应和孙中山都占有重要地位，不容忽视，值得大书特书。从某种角度来说，孙中山继承和发展了郑观应的慈善思想，前者的思想愈加丰富和全面。两者均是留给民众的宝贵精神财富，对后人乃至当下的社会建设，无疑仍具启示、借鉴意义。

郑观应与轮船招商局

邵　雍[①]

郑观应是中国近代早期维新派的代表人物之一，而轮船招商局则是当时中国航运业的翘楚。本文主要揭示郑观应在轮船招商局任职期间对于外资企业、外国管理与技术的态度与对策。

一

郑观应在进轮船招商局之前，就已经从外资企业那里积累了不少相关企业管理与商战的经验。

1859 年，郑观应通过他的姻亲曾寄圃和世交徐钰亭、徐润等人的关系，来到当时第一流大洋行——上海宝顺洋行工作。1873 年太古洋行创办轮船公司，原宝顺洋行的"气拉波"号轮船主麦奎因当上了总船主，于是他力请郑观应到太古总理一切。次年 2 月，郑观应与太古轮船公司签订了三年的合同，受聘为太古的总理兼管账房、栈房等，相当于总买办的地位。[②] 由于郑氏在太古经营得法，在三年合同期满时，又续订了五年合同。

1881 年，郑观应被盛宣怀委派为上海电报分局总办。1882 年 2 月太古合同期满时，由于种种原因他决定不再续订。原因之一就是他为太古揽载吃亏甚重，太

---

① 邵雍，上海师范大学人文学院教授、博士生导师，研究方向为中国近现代帮会及下层社会史、孙中山宋庆龄研究、党史研究、抗日战争研究、上海史研究和朝鲜韩国史研究等。

② （清）徐润著. 徐愚斋自叙年谱［M］. 南昌：江西人民出版社，2012：6.

古却不肯弥补他的损失。因其精通船务，北洋大臣李鸿章于是年邀请郑氏会办招商局局务，3月30日郑接受了李鸿章的委托就任轮船招商局帮办，不久提出了局务改革方案，同时将上海电报分局总办一职交给经元善接任。1883年郑观应被提升为招商局总办。

二

郑观应在轮船招商局任职期间，时常以外资企业特别是太古轮船公司作为比照、学习的对象。

第一是人事制度方面。1881年他在给时任天津海关道的近亲郑藻如的信中写道："所虑官督商办之局，权操在上，不若太古知我之真，有合同可恃，无意外之虑。窃闻宦海变幻无常，万一傅相不在北洋，而后任听信谗言，视创办者如鹰犬。弟素性愚憨，只知尽心办事，不识避忌钻营，更易为人排挤矣！"[①]他告诉郑藻如："洋人所以能事无不举者，以立法必行、毫无假借也。"[②]

第二是企业经营方面。19世纪80年代初期，招商局轮船在各口耽搁的问题十分严重。郑观应向总办唐廷枢指出："查来往天津之船尚属耽搁不久，惟在各口耽搁必须两天，汕头耽搁必须三四天。各家无不私议，太古洋行晏尔吉常引为笑谈。弟询诸同事，平心而论，金称较太古船每次多停半天，在汕头多停一天。然连汕头多停之时，每次船概多停半天，即计每月四次，每年每船已多停二十四天，计少走两次，约虚耗五千金。统通局之船而计，所耗不下十万余金。"[③]郑氏因此力主："轮船开放不可迟留也。凡船在各埠，宜查其开行之日，电报关照以便预揽客货上栈。船到即装，不致停久。"[④]1892年后，他指出："迩来官场各友

①　复津海关道郑玉轩观察书［M］//郑观应集（下）.上海：上海人民出版社，1988：779.
②　致津海关道郑玉轩观察书［M］//郑观应集（下）.上海：上海人民出版社，1988：783.
③　郑观应集（下）［M］.上海：上海人民出版社，1988：792.
④　郑观应集（下）［M］.上海：上海人民出版社，1988：786.

亦来说，我局座舱招呼不及怡和轮船买办周挚，即饭菜一项大半不能入口。果如所言，生意难期起色。"①

第三是企业管理方面。19 世纪 80 年代初期，用煤是招商局的主要成本之一，若能在这方面节省损耗，招商局必能提高利润。因此郑观应力主买煤宜认真稽核："经手买煤者，如不投票以价低者得，恐有弊窦徇情，且载来之煤或湿或夹石，总管车亦迁就，或略减了事，岁计吃亏甚巨。纵每吨扣还经手费多少，亦加在价内，掩耳盗铃，以文其奸。宜仿照太古洋行，先备试煤机炉，凡船煤到，饬总管车到煤船先取舱内之煤数吨，督率送至试煤机炉，验其烧后气力足否，或免作弊。"② 他计算："每船一昼夜节省一吨煤，每月约行十五天，每年可一百八十吨，统计三十船每年可省五千四百吨，每吨四两，合计可多银二万一千余两。"③

第四是资产更新方面。郑氏曾对盛宣怀指出：有股东云"我局公积之款甚巨，应如太古公司岁添二千数百吨之船，不应移款兼营别业"等语，官应亦曾早与我督办谈及，承示本局宗旨，宜用敛字诀，拟开银行为我局将来转输地步。虽是挽回利权之策，然擅拨局款兼办银行，不会商股东，只求直督批准，于商律不合。盖商律凡公司欲营业，必须开股东会，从多数取决方可施行。若使大权操自直隶，无庸商诸股东，日后直隶换人，所委总办假公济私者流，害不堪设想。"④1892 年后，郑观应又向盛氏重提上述建议："年来各公司船日多，本局船日少。且老船不如新船，故太古尝将其旧船沽与日本，得其船价足以抵新造之船费。前经迭陈，亟宜筹款添船，如虑无款，即将所存局股及各种股票无用之出售，又将华栈等地可照前议招股改为公栈，得此巨款，可以添船数只，不宜再迟，恐将来工料价增，

① 郑观应集（下）［M］.上海：上海人民出版社，1988：866.
② 郑观应集（下）［M］.上海：上海人民出版社，1988：787.
③ 郑观应集（下）［M］.上海：上海人民出版社，1988：787.
④ 郑观应集（下）［M］.上海：上海人民出版社，1988：818.

其中吃亏不浅。"①

第五是经济核算方面。1909 年，郑观应揭发招商局弊窦，找出了一系列问题：新造轮船不及怡和、太古，造价却很高。1911 年 9 月 4 日，他从上海出发，乘船西上到重庆，直到 1912 年 1 月 12 日才回到上海。在这四个多月里，他及时提出了不少改进意见。其中有一条，招商各分局负责人须仿照太古公司月造三公司船出口货比较表，以便知己知彼，采取有效的对策。

招商局与太古、怡和在上述五方面的差距是明显存在的。1885 年，马良奉李鸿章命调查招商局在唐廷枢等人经理下的情弊。其报告书也指出："用人之弊，失之太滥。各局船栈，人浮于事，视太、怡行不啻三倍，……洋人言，该处司董以局船为己有，专装私货，无怪公局之亏折也。南洋船主亦言，每船到埠，不准早开，以局董私货未及配载，有停至五六天者，为费不赀。"②这些都证实了郑观应的看法并非故作惊人之语。

三

难能可贵的是，做过太古买办的郑观应清醒地看到外资企业也不是十全十美，同样是有缺点与不足的。

他曾向招商局总办唐廷枢报告说："近闻本局有船私走米麦千余包之多，非独吞匿客脚。虽各船主、大副未必是徇私之辈，然在洋行之船，其买办尚属如是，况本局之坐舱船主安肯破除情面？受贿亦佯作不知。又有报关者与下货人作弊，以多报少，通同分肥。"③他曾"嘱总船主将各船所载重数、吨数列"，以便验货之用。"如其不符，非小工堆放之不齐，即坐舱者走私，或报关者作弊，借可

---

① 郑观应集（下）［M］.上海：上海人民出版社，1988：862.

② 马良.改革招商局建议［M］//中国近代史资料丛刊《洋务运动》（六）.上海：上海人民出版社、上海书店出版社，2000：125.

③ 郑观应集（下）［M］.上海：上海人民出版社，1988：793页.

稽查。"①

郑观应对招商局总船主蔚霞的徇私舞弊尤为不满，指出："因本局定造之船无论在英、在沪，非总船主蔚霞经手不成。盖因所购船中用物，材料均有好佣钱故也。"②他密告盛宣怀："查总船主蔚霞胞兄在英开有造船厂，凡本局所造之船，所买轮船材料、机器、锅炉等物，无不购自其兄之厂，从无照顾别家。或所用材料其兄厂所无者，由其兄转购，所开价值其价虽昂，从无一驳，何怪洋商视蔚霞如招商局督办。观前托祥生厂造之船，蔚霞事事留难，别家寄来出售之船图，多方挑剔，其心可知矣。"③

英国人蔚霞本是旧局总大车，也有一定的本领。轮船招商局督办盛宣怀当年派蔚霞为总大车兼署总船主时，规定："以后调换船主及大修，须商督办；调换船主以下及小修，与局会办商定。"④但这些制度性的规定并没有使蔚霞安分守己，循规蹈矩。正如郑观应所说，此人在轮船招商局里确实干过不少与自己身份不相符的事情。

在郑观应看来，外国人中也不止是蔚霞有问题。郑氏向盛宣怀指出洋人也"因姻亲之故"，"互相庇护"。他揭露说："又查用纪列文监工修船亦讲交情，凡有交情者，均可粉饰事。总船主为本局所造之新船多系老样，即如前将'固陵'船机器更换，靡费多金，不独弄巧反拙，反使船厂得'固陵'之机器，为怡和装一往来汉口、宜昌之船，较（固陵）快而装货多，能与本公司争利。以马眉叔（建忠）观察之精明尚为彼蒙蔽，实因局内护佐有人，又善于说词故也。"⑤

① 郑观应集（下）［M］. 上海：上海人民出版社，1988：787.
② 郑观应集（下）［M］. 上海：上海人民出版社，1988：827.
③ 郑观应集（下）［M］. 上海：上海人民出版社，1988：816.
④ 盛宣怀. 致李鸿章电［M］. 光绪十三年六月十五日申刻到，《李鸿章未刊电稿（三）》。
⑤ 郑观应集（下）［M］. 上海：上海人民出版社，1988：860.

四

郑观应的志向是努力与外资企业竞争，为中国航运企业争一席之地。

1892年12月6日，郑观应从广东到达上海，即到招商局接事。郑观应一进局即会同陈猷等人与怡和、太古洽谈，很快签了第三次齐价合同，股票价格很快回升。齐价合同有着重要的意义，它的签订本身就是对怡和、太古等外资航运企业斗争的胜利。齐价合同原是资本主义航运业的惯例，因航运有固定航线，只要大户联合定价，便可取得垄断利润。以上海到汉口的长江货运为例，在1862年以前是由宝顺洋行的船只垄断，每吨运价高达25两。1867年，宝顺、怡和退出长江，旗昌垄断，一直维持在5两的水平。1872年，太古成立，长江运价一度又降至2两。招商局成立后，外商激烈跌价竞争，其长江运价一直维持在2两水平。1877年太古收购旗昌后，再减为每斤1钱，已无降价空间了。1878年，招商局遂与太古、怡和订齐价合同。

1892年轮船招商局与太古、怡和的第三次齐价合同规定："以船吨位多少共分水脚，招商局着多数。"^① 亲自参与订约的郑观应评价说："商局本华商公司，倘财力雄厚能与洋舶独力抗衡，此策之上者也。且闻欧美各轮船往来中国之公司，有联合会，共分权利，入会者十居其八，惟小公司未即许其入会耳。故本局仿照办理，与怡和、太古调和联合，以免受商战之倾轧，此迫于时势，为营业计不得不然也。"^② 第三次齐价合同明确规定，"倘有别家争衡生意者，必须彼此联络跌价以驱逐之。"这里的所谓"别家"主要指外国洋行企业的轮船，如美国"宝华"轮，麦边洋行"萃利""华利"两船，华昌行"益利""长安""德兴""宝华"四船，马立师行"金陵"轮，和兴公司"飞鲸""飞龙""飞马"三轮等。一言以蔽之，

---

① 庄篆.西行日记序［M］//郑观应集（上）.上海：上海人民出版社，1982：1013.

② 郑观应集（下）［M］.上海：上海人民出版社，1988：950.

第三次齐价合同本身是轮船招商局实力的展示，对招商局的发展是有利的。

郑观应在与外商企业打交道时心思缜密，善于发现问题，提出解决问题的对策。

1893年3月30日，郑观应开始了他西巡轮船招商长江分局之行，5月6日抵达重庆。他将沿途了解的情况，与怡和、太古的斗争情形以及应对对策等，著成《长江日记》。《长江日记》分析了招商局竞争不过怡和、太古的原因：主要是对方加强客货的揽载和水脚打折扣，广为招徕生意。对此他明确提出改变货船挂洋旗免厘金争揽客货的现象，以增加招商局的客货；在用人方面表示了对总船主蔚霞的不信任；并提出把招商局积累的资本用于扩大再生产和发展四川省的经济。

由于招商局要引进和利用外国先进的科技，因此需要付出高昂工资来吸引洋人为招商局服务。郑观应一开始也主张引进人才，但后来他已注意到洋人薪水极高，加上职员受贿、徇私，致使招商局薪酬成本比日本和其他外商轮船公司高，经营成本日增，因而削弱其竞争能力。在这种情况下，郑观应建议"拟设招商局驾驶管轮练船章程"及厘定学堂教学合同式样，设立驾驶学堂来训练华人员工，学习船务技艺，使中国人能大量吸收先进的西方科技。

五

在晚清历史条件下，郑观应学习西方，提倡"商战"，与西方努力竞争，却不受招商局内同仁的待见与认可。郑观应回顾说，1892年"复任后仍不避嫌怨，整顿修船、投标，船上堆工、江船客票银水等事，约共岁有十万两。同事颇嫌多事，而反对者百般恐吓，或声言饱以老拳，或暗以炸弹相对，曾贿报馆记者捏词毁谤，望官应长驻汉阳不回上海而后快"。这里，我们既可以看到郑观应企业经营管理思想的超前性，也可以看到在半殖民地半封建社会中中国企业家的艰难境地。

郑观应的新教育观及其价值

宋德华[①]

在《盛世危言》这部中国近代早期维新思潮的代表作中，郑观应以赤诚高昂的爱国热情、锐意进取的改革精神和广博深厚的文化底蕴，率先提出了许多富有创意和远见的新思想。非常突出的一例，就是形成了居于提纲挈领之位、思虑独辟蹊径的新教育观。这一观念与以议院为核心的新政治观、以商务为核心的新经济观、以西学为核心的新文化观等一道，构成了全书的主干，对随后而起的戊戌变法产生了重要影响，至今仍具有可贵的借鉴价值。

对此新教育观，学界从不同角度作过具体论述，[②]总体把握和深入揭示似尚存不足。作为一种取得了根本性突破的新教育理念，其并不等同于对学校、人才、学问、技能等单项问题的见解，而是对整个教育的基本定位、指导思想和价值取向等作出不同以往的解读。这些解读散见于《盛世危言》各篇章之中，需要发掘、归纳和阐释。

兴学重教关乎国家强弱存亡

对教育的重要性重新定位，将其提升到决定国家前途命运的高度，这是郑观

---

① 宋德华，华南师范大学历史文化学院教授、博士生导师，研究方向为中国近代史。

② 近期论文，有李长福的《简论郑观应的教育思想与实践》，徐文泽的《郑观应教育思想的现代性及其当代价值》，万伟平的《郑观应职业教育观刍议》，赵伟明、容晖的《略论郑观应教育思想的历史地位》，申群喜、肖飞的《论郑观应人才观的时代特色》等，载于尹绪忠主编. 郑观应思想与当代中国社会［M］. 广州：广东经济出版社，2010.

应新构建教育观的出发点和中心点。旧时中国的传统教育，只是科举制的附属物，受到专制王朝的严密控制。科举取士虽受重视，教育本身却无足轻重，既无独立性可言，更囿于"学而优则仕"一途。由此造成的严重后果，就是士人出路的逼仄和各种人才的奇缺，国家之所以贫弱，此实为一大祸根。郑观应对此深有感受，特别是对比西方，思想震动更大，因此当他为国家谋求安危大计之时，对教育地位的高度关注和重新定位，便显得尤为突出。

首先，将兴学育才定为西方富强之本。

兴办学校以培养人才，是教育的基本内涵和主体依托。郑观应在探求西方富强的根本原因时，非常明确地将兴学育才列为其中一项主要内容。他于《盛世危言》自序中这样写道：通过对西方"察其习尚，访其政教，考其风俗利病得失盛衰之由"，于是"知其治乱之源，富强之本，不尽在船坚炮利，而在议院上下同心，教养得法。兴学校，广书院，重技艺，别考课，使人尽其才；讲农学，利水道，化瘠土为良田，使地尽其力；造铁路，设电线，薄税敛，保商务，使物畅其流。凡司其事者，必素精其事，为文官者必出自仕学院，为武官者必出自武学堂，有升迁而无更调，各擅所长，名副其实，与我国取士之法不同"。① 又引用曾任两广总督的张树声的一段话，作为上述论断的补充："西人立国具有本末，……育才于学堂，论政于议院，君民一体，上下同心，务实而戒虚，谋定而后动，此其体也。轮船火炮，洋枪水雷，铁路电线，此其用也。中国遗其体而求其用，无论竭蹶步趋，常不相及，就令铁舰成行，铁路四达，果足恃欤！"②

若仔细分析，便不难发现"议院上下同心，教养得法"这两句话，是郑观应所总结的西方富强之本的纲领。前一句是指议院政治制度；后一句是指作为国家

① 郑观应著、王贻梁评注. 盛世危言［M］. 郑州：中州古籍出版社，1998：50—51.（引者对引文标点有改动。）
② 郑观应著、王贻梁评注：盛世危言［M］. 郑州：中州古籍出版社，1998：51.（引者对引文标点有改动。）

大政的教民养民之策，其中的"教"，指的就是教育。教育以兴学育才为载体，与"养"并称而列其先，甚至单独与"议院"并列，比"养"显得更为重要。此外，管理"教养"等事的各级官员，亦必须受过正规学历教育，终身以所学专业任职，不像中国科举制那样学用判然两途。也就是说，要真正学到西方富强之政的精髓，就要抓住政治、教育和经济这三大要政，尤其要优先注重政治上的君民一体和教育上的人才培养。对教育如此重视，超越了当时一般人的眼光，是郑观应学习西方的最大收获之一。

其次，深度阐释学校的大本大原作用。

兴学育才何以成为西方富强之本，郑观应围绕学校这一中心，作了进一步的论述。他认为："学校者，造就人才之地，治天下之大本也"，[①]"国于天地，必有与立，究其盛衰兴废，固各有所以致此之由。学校者人才所由出，人才者国势所由强，故泰西之强强于学，非强于人也"。[②] 也就是说，有学校才有人才，有人才才有国家的强大；西方之所以强，并不是因为人种强，而是因为学校强和人才强。由此，学校就称得上是立国、强国乃至"治天下"的根本所在。

他追溯历史，指出早在上古时代，先王们就已建立了作为本原的学校制度，"古者家有塾，党有庠，州有序，国有学，比年入学，中年考校。一年视离经辨志，三年视敬业乐群，五年视博习亲师，七年视论学取友，谓之小成。九年知类通达，强立而不反，谓之大成。而又教以弦诵，舒其性情。故其时博学者多，成材者众也"，"先王之意，必使治天下之学皆出于学校，而后所设学校非虚，其法始备，此学所以为养士之要，而上古人才所以出于学校者独盛也"。[③] 这就不仅展示了中国古代学校的完善，而且将其重要性提升到"先王之意"的高度来加以肯定。可惜

---

① 郑观应. 学校上 [M] //盛世危言. 郑州：中州古籍出版社，1998：60.
② 郑观应. 西学 [M] //盛世危言. 郑州：中州古籍出版社，1998：76.
③ 郑观应. 学校上 [M] //盛世危言. 郑州：中州古籍出版社，1998：60.

的是，学校制度在中国后世遭到破坏，结果就使得国家无有用之学和可用之才。①

他清楚地看到，中国丢失了的学校制度，在西方却得到了传承和发展，其宏大精深，远超中国上古。如英、俄、法、德、美等国，小学各有数万所，中学逾千所，大学虽数量少而规模广大，各国对学校皆投入巨额经费，这都是值得学习的榜样。他迫切希望中国能像西方一样，尽快建立起发达的学校制度以培养人才，因为"中国二十三行省，地土之大，人民之多，当此之时，需才之急，较泰西各国犹众"，"如我国能仿俄国或日本，衰弱之时痛除积痼，幡然一变，各省亦援照西法，广开学堂书院，认真讲求……则各艺人才何患不出？自足与泰西争强竞胜矣"。② 可见后世失传、漠视的学校制度，其实非同小可，只有办好学校，中国改变旧貌、赶超西方才有可靠的保障。

最后，将重振"教养之道"作为国家强盛的关键。

在郑观应看来，教育不仅是西方富强之本，而且从"教养"这一更宏大的视野来说，更属于君主和国家最为重大的责任："夫天生民，以教养托之于君，故有国家天下者，其责无过于教养。"③

为了证明这一点，他对当时世界上的两类国家进行了比较：一类是因"教养有道"而勃然兴盛的英、德、法、美等国，它们"崛起近世，深得三代之遗风，庠序学校遍布国中，人无贵贱皆有所教。凡天地万物之理，人生日用之事，皆列于学校之中。……其所教由浅而深，自简及繁。故人之灵明日启，智慧日积，而人才济济，国势以强也。是故人材众则百事兴，举凡机器、制造、轮船、火车皆巧夺天工，日新月盛，而农政、商务亦日增新法，日为推广，市无游民，廛皆食力。如是则士得教而民有养，甚至疲癃残疾、贫老孤婴亦皆有院以周恤之，无一

---

① 郑观应.学校上［M］//盛世危言.郑州：中州古籍出版社，1998：60.

② 郑观应.学校上［M］//盛世危言.郑州：中州古籍出版社，1998：64.

③ 郑观应.教养［M］//盛世危言.郑州：中州古籍出版社，1998：220.

夫不□其所"。① 一类则是因"教养失道"而沦亡的印度、安南、缅甸、暹罗等国，这些□家"上失教养之方，下无奋兴之士，繁法严刑，横征暴敛，无异虐秦。贿赂公行□买官鬻爵，奸恶诈伪，上下相蒙，加之河渠不治，田畴日芜，士无所学，民多好□，农工废业，商贾乏资，百姓流离，盗贼遍野。此其教养失道，国势凌替，而先后□亡如出一辙也"。② 这里所说的"教养"，含义相当宽广，它以民生为主体，涵盖了教□、经济、社会乃至刑法、吏治、赋税等多个领域。在此各领域中，教育的地位□作用又尤为突出。正是因为学校培养了众多的人才，各行各业才得以兴旺发达□各种民生问题也得到妥善解决。因此，在很大程度上，搞好教育是落实教养之道□前提条件。

对照中□，郑观应不禁产生严重的危机感。他回顾人类教养之道的起源，指出中国文明□来在世界上出现最早，唐虞三代之时教养之道已臻于极盛。但三代之后，由于群□争雄、人各自私，特别是暴秦"焚书坑儒，务愚黔首"和明代科举制对天下人□的"锢蔽"，中国教养之道便"渺矣无闻，政治民风江河日下"。时至今日，重□教养之道就成了一个十分紧迫的任务："方今时事日非，国势益促，外有强邻环视，内有伏莽堪虞。倘仍因循苟且，粉饰欺蒙，而不上下一心，力为图治，亟行教养，则他日之事岂忍言哉！夫以上古游猎之时，犹尚教养，况于今日地球之中已患人满，弋猎固无以为粮，而耕牧犹虞不给，教养讵可废乎？"③ 这几乎将中国所有的问题都聚焦于"教养"之上，教养成了治国救国的头等大事。基于前述教与养的关系，可以说对教养的高度重视，也就是对教育的高度重视。

① 郑观应.教养［M］//盛世危言.郑州：中州古籍出版社，1998：221.（引者对引文标点有改动。）
② 郑观应.教养［M］//盛世危言.郑州：中州古籍出版社，1998：221.
③ 郑观应.教养［M］//盛世危言.郑州：中州古籍出版社，1998：221.

格致为本，方能顺应时代转换

兴学重教既然如此重要，那么要将这一崭新而宏伟的事业办好，就不能没有作为基本方针的指导思想。换句话说，就是学生学什么，教师教什么，学校培养什么样的人才，都需要制定整体方略，这样教育才能落到实处。过去在科举制度下，教育只为培养专制王朝所需的各级官员服务，所教所学深受传统经义的束缚，学问与自然之理、社会生活之理严重脱节。针对这一状况，郑观应高瞻远瞩，另辟蹊径，就如何办教育提出了一个非常独特的见解，这就是要顺应时代潮流的变迁，将"格致"作为学校育人才、求学问的根本。

格致在中国近代思想文化用语中，是西方自然科学的代名词。[①] 当时不少中外学者已在介绍和谈论格致，大多限于对科学知识本身的评说。郑观应非常敏锐地察觉到格致的时代意义，将格致与教育方针联系起来，从两方面论证：一方面侧重于理论分析，提出"学校者人才之本，格致者学问之本""西人广求格致，以为教养之方"的命题，并解答这是因为"世运"变迁所致："盖世界由弋猎变而为耕牧，耕牧变而为格致，此固世运之迁移，而天地自然之理也。顾格致为何？穷天地之化机，阐万物之元理，以人事补天工，役天工于人事。能明其理，以一人而养千万人可，以一人而养亿兆人亦无不可。我中国生齿四万万人，人民甲于五大洲，子此元元，可不亟图教养之方哉"。另一方面立足于现实变革，主张以格致改革科举，"今日之计，宜废八股之科，兴格致之学，多设学校，广植人材，开诚布公，与民更始。庶百王之弊可以复起，而三代之盛可以徐复还也。不然，则天生斯民而托以教养之责，不独不能行，反暴敛以困之，势利以诱之，而犹欲以空名自跻于三代之隆，则吾谁欺"，直言中国旧教育的害处在于"士子于诗文

---

① 格致一词源于儒学典籍，最早在《礼记·大学》中，有格物、致知、诚意、正心等语，后世注解甚多，莫衷一是，以朱熹的格物致知说较为流行，大意为穷究事物之理，以获透彻之知。近代西学传入后，中西学者多以格致一词代指自然科学。

小楷而外，罕所讲求。一旦得中科甲，遂目空一切，其实不知国家利弊如何，格致工夫如何，徒有虚憍之气：贱视工商，鄙视武夫，傲视西人。纵见西人教养善法心悦诚服，亦不肯悉心仿办，必改头换面，以为因地制宜。其实吝啬小费，或经办从中渔利，以致所授不全，所学不精也"。①

这些论述篇幅不长，却包含了深刻的思想内容，对于了解郑观应的教育观而言，极为重要，值得细加分析。

其一，郑观应将"格致"的重要性提升到了一个前所未有的高度。它与"世运"联系了起来，像"弋猎"（渔猎）、"耕牧"（农耕）一样，成了一个大历史时代的称号。② 这对于格致的意义来说，是一个很有深度的拓展，本来纯属自然科学的格致，被赋予了极高的社会科学和人文精神的价值。它与天地万物的根本之理联系了起来，被视为洞悉造化、破解万物的要素，这不但彻底摒弃了守旧者的"奇技淫巧"之说，而且使人对其不能不怀有仰慕敬畏之心。它还与"千万人"乃至"亿兆人"的生计联系了起来，只要掌握了"格致"之理，人类的生养这一头等的难题就迎刃而解。郑观应可能没有意识到，他在无意之中，对科学伟力做了一次最具想象力的赞颂。

其二，正是基于格致的重要，郑观应将"兴格致之学"当成了振兴中国的一大枢纽。要实现起"百王之弊"、复"三代之盛"这些极为宏伟的文化理想和政治目标，首先都要从"兴格致之学"及采用"西人教养善法"③ 做起。由兴格致以奠学问之基，到办学校以育所需之材，再到振工商农兵以求国家富强，济贫扶困解难以完善民生，形成了一条相当完整的思路。这种"格致"为本的思想，在

---

① 郑观应.教养［M］//盛世危言.郑州：中州古籍出版社，1998：222.

② 今人通常将"农耕"之后的社会称为工业社会，郑观应则将其称为"格致"社会，其含义已颇为相近，因为工业社会对于"格致"有很大的依赖性。郑观应的说法不但抓住了工业社会的关键，甚至还有点超前的意味。

③ 郑观应.教养［M］//盛世危言.郑州：中州古籍出版社，1998：222.

某种程度上开了后来"科学救国"思想的先河。单靠"格致"或"科学"当然不能强国、富国或救国，但相对于当时中国学习西方大多还停留在器物的表层，而忽略西方格致之学及教养之法，郑观应对"格致"的大声疾呼是很有必要的。从长远看，五四新文化运动的纲领性口号之一就是"科学"，此后科学思想不发达也一直是中国难以实现现代化的一大瓶颈。郑观应如此重视"格致之学"，显示了一种难得的远见卓识。

格致为本的指导思想，还进一步落实到引进西学的主张之上。

对于西学，郑观应作过这样的概括："今彼之所谓天学者，以天文为纲，而一切算法、历法、电学、光学诸艺，皆由天学以推至其极者也。所谓地学者，以地舆为纲，而一切测量、经纬、种植、车舟、兵阵诸艺，皆由地学以推至其极者也；……所谓人学者，以方言文字为纲，而一切政教、刑法、食货、制造、商贾、工技诸艺，皆由人学以推至其极者也，皆有益于国计民生，非奇技淫巧之谓也。"① 又说："论泰西之学，派别条分，商政、兵法、造船、制器，以及农、渔、牧、矿诸务，实无一不精，而皆导其源于汽学、光学、化学、电学，以操御水、御火、御风、御电之权衡，故能凿混沌之窍，而夺造化之功。"② 所谓"极者"，就是说达到最高境界；而能"夺造化之功"，则充满了神奇的意味。这对西学而言是极高的评价，等于包括"政教、刑法"这类政治性的学问在内的西学，做了全盘肯定。格致既是这些西学的一部分，又独居本原或根源的地位，所以显得尤其重要。

他特别强调臻于极致的西学来之不易，是西方"萃数十国人才，穷数百年智力，掷亿万兆资财而后得之"的文化硕果，因此值得中国大力引入。如果能将"西国有用之书"一一译出华文，颁行国内各书院，使人人得而学之，那么，"以中

---

① 郑观应. 西学［M］//盛世危言. 郑州：中州古籍出版社，1998：73—74. （引者对引文标点有改动。）

② 郑观应. 西学［M］//盛世危言. 郑州：中州古籍出版社，1998：73—74.

国幅员之广，人才之成众，竭其聪明才力，何难驾西人而上之哉"。翻译西书时，切不可粗心草率，"译书者不但深通中西文字，尤必于所译一门，精求博考，言之方能透达。若非融会其理，必至语多费解，仅称述皮毛而已"。[①]这些"有用之书"当然不限于格致的范围，但格致之书为重头，格致精神为其内在精髓，是显而易见的。格致为本，学校就能培养真正适应时代需要的人才，不仅可与先进的西学接轨，还要赶超西人。

注重工艺，力求去虚务实

与格致为本的指导思想紧密相连，郑观应对教育的价值取向，也有自己独到的见解，这就是要力戒虚理，重视实学。本来在格致之学中，就已内含了戒虚重实的精神，格致之所以能够为本，就在于能将新（代表先进）、深（揭示本原）、实（讲求实证）三者集于一身。郑观应论格致之时，已涉及戒虚重实的话题，而更多的阐释，则集中于教育体系中应以何种态度看待历来备受漠视的工艺。

工艺也称为技艺，相当于科学技术中的技术部分。在中国传统观念中，工艺的地位极低，与国家富强谈不上有何关系，更难入教育培养人才的殿堂。针对这种偏见，郑观应十分明确地指出，不论是在当今西方各国，还是在中国上古，工艺都是国家富强的根本，受到高度的重视。

他介绍西方说："夫泰西诸国富强之基，根于工艺。"[②]如英国，在西方各国中堪称技艺"最精"。英国设有"工匠学堂"，令学工艺者读工程专书，研究机器之理，然后各就所业，结果就能"变化神明"，使工艺巧夺天工，"小可开工商之源，大可济国家之用"；特开"艺术大会"，对技艺出类拔萃者皆给予文凭以证其学问，对"能造灵妙机器有利于人"者则奏准朝廷奖其才艺，从而使"各

---

① 郑观应.学校上［M］//盛世危言.郑州：中州古籍出版社，1998：62.

② 郑观应.技艺［M］//盛世危言.郑州：中州古籍出版社，1998：389.

人乐从，皆自出才力心思以博荣名"；实行专利制度，凡能创新法有益于世者，皆准其享专利若干年；筹集巨款，专为扶掖、奖赏工艺人才之用，"如心思灵巧能制新物，或累于家贫未能竟业者，并资以经费助其成功"，其厚待人才如此，就使得"民风国运……隆然兴起"。① 又如美国，也像英国一样注重工艺，"艺院日多，书物日备，制造日广，国势日强。凡有新出奇巧之物，绘图帖说，进之当事，验其确有实用，即详咨执政，予以专利之权，准给执照，并将名姓图说刊入日报，俾遐迩周知。所以有美必彰，无求不得，殚精竭虑，斗巧争奇，莫能测其止境也"。②

他还根据西方报刊所载资料，列举了英、俄、德、法、奥、美等六国富强的概况，以具体数据证明六国之所以富强，工艺发达是主要原因之一，而"其工艺之多，土产之盛，国人之富，亚洲远不及也"。③ 这些评价极有说服力，完全颠覆了将工艺视为末务末学甚至"奇技淫巧"的陈腐之见，为国人重新认识工艺的作用打开了眼界。

谈及中国上古，郑观应同样充分肯定"工艺一道，为国家致富之基，工艺既兴，物产即因之饶裕。中国文明早启，向重百工"，由此促成了三代之治，国家兴隆富足，"蒸蒸日上"。这在《周礼》《考工记》等典籍中都有明确记载，可惜后世"固步自封，罕有竭耳目心思以振兴新法者，何怪乎国中贫惰而外侮日乘也"。因此，"欲救中国之贫，莫如大兴工艺"。④

他尤为痛惜中国后世丢掉上古重工艺的传统，对此段历史专门作了批判性的回顾总结："自《大学》亡《格致》一篇，《周礼》阙《冬官》一册，秦汉以后，

① 郑观应. 技艺［M］//盛世危言. 郑州：中州古籍出版社，1998：390—391.
② 郑观应. 技艺［M］//盛世危言. 郑州：中州古籍出版社，1998：391.
③ 郑观应. 技艺［M］//盛世危言. 郑州：中州古籍出版社，1998：393.
④ 郑观应. 技艺［M］//盛世危言. 郑州：中州古籍出版社，1998：394.（引者对引文标点有改动。）

佛、老盛行，中国才智之人皆驰骛于清静虚无之学，其于工艺一事简陋因循、习焉不讲也久矣。夫制器尚象，古圣王之所由利用而厚民也。日省月试，既禀称事，劝工之典，并列九经。乃后世概以工匠轻之，以舆隶概之，以片长薄技鄙数之。若辈亦自等庸奴，自安愚拙，无一聪明秀颖之士肯降心而相从者。无惑乎器用朽窳，物业凋敝，一见泰西之工艺而瞠目咋舌，疑若鬼神也。"①

这些论述以"古圣王"的名义，重新定义了工艺利国厚民的重大作用，并将其置于经典教义的崇高地位；对中国"才智之人"和"聪明秀颖之士"皆不愿研习工艺，以致中国工艺日渐衰落的状况，表示了极大的不满。这种反省，已在一定程度上触及了文化的根底，颇具远见。

郑观应如此注重工艺，不仅源于他从学校育人层面对中西得失所作的比较，更源于他从价值取向层面对中西差异所作的深入辨析。在此方面，他作过多段有代表性的论述。

一是侧重于事与理的角度。中国上古本有"实征诸事，非虚测其理"的传统，可惜后世完全丢弃，"自学者务虚而避实，遂以浮华无实之八股与小楷试帖之专工，汩没性灵，虚废时日，率天下而入于无用之地，而中学日见其荒，西学遂莫窥其蕴矣。不知我所固有者，西人特踵而行之，运以精心，持以定力，造诣精深，渊乎莫测"。② 这就是说，中国之学在科举制的束缚下，由古代优良的实征之学，变成了"浮华无实"的虚理之学，而西学却在中国古学的基础之上，进一步发扬光大。一方面是中学的荒废，另一方面是西学的精深，两者之间反差非常之大。

二是侧重于道与器的角度。中国圣人之学中，本来既有论道之学，又有论器之学，两者本末一体，虚实相宜，完美无缺。但后来论器之学（"形器之学"或

---

① 郑观应.技艺［M］//盛世危言.郑州：中州古籍出版社，1998：389.（引者对引文标点有改动。）

② 郑观应.西学［M］//盛世危言.郑州：中州古籍出版社，1998：75.

"名物象数之学")流入西方并得到很大发展,在中国却反而失传。于是原本浑然一体的圣人之学就一分为二,论道之学与论器之学在中西两地分途演变,出现了道器割裂分离,圣人之学无端被肢解的结局:"我务其本,彼逐其末;我析其精,彼得其粗;我穷事物之理,彼研万物之质。秦汉以还,中原板荡,文物无存,学人莫窥制作之原,循空文而空谈性理。于是我堕于虚,彼征诸实"。如今西学所长者在"器",中学所长者在"道",而西学东渐正可视为"西人由外而归中"。中西结合就可以做到"本末具,虚实备,理与数合,物与理融",如此再过数百年,"其分歧之教必寝衰,而折入孔孟之正趋;象数之学必研精,而潜通乎性命之枢纽,直可操券而卜之矣"。①将道器之学都视为圣人之学,对中国"堕于虚"的论道之学多有批评,而对西方"征诸实"的论器之学多有赞赏,虽仍奉孔孟为"正趋",性命为"枢纽",其价值取向的轻重,还是可以看得很清楚。

三是进一步强调道器必须结合的重要性。一方面,道是器的本源,"器固不能离乎道","器非道则无以资其生";另一方面,器是道的体现,"道又寓于器中矣","道非器则无以显其用"。两者是并立互存、相互一致、缺一不可的关系。他批评道器分离是中国文化的大弊:"溯自三代以上,君师合一,政教并行。三代以降,君师判位,政教殊途,不讲精一执中之旨。名曰教师孔孟,政法唐虞,实则徒托空言,未能躬行实践,岂但失《周官·考工》之政而已哉!"②中国不仅丢失了工艺之"器",而且剥离了其他各类之"器",从而使中学只剩下了"道"的"空言"。这与前面说的"循空文而空谈性理"是同一个意思,不过把话说得更重,对中学之虚的批评也更加直截了当。

综上所论,对教育基本定位、指导思想和价值取向的重新认识,构成了郑观

---

① 郑观应.道器[M]//盛世危言.郑州:中州古籍出版社,1998:57.(引者对引文标点有改动。)

② 郑观应.道器[M]//盛世危言.郑州:中州古籍出版社,1998:58.

应新教育观的主要内涵。他在师法西方近代教育优长、反思中国科举弊端的基础上，将教育的革新与国家的前途命运紧密联结起来，与跟上科学进步的时代潮流联结起来，与去虚务实、道器结合、中西融会的价值取向联结起来，不仅在当时意义重大，而且对后世影响深远。至今国际竞争的核心之一，也还是兴学育才的比拼；时代前进的方向之一，也还是科学的持续发展；文明演化的趋势之一，也还是中外之间的深度交融。尽管今昔变化很大，郑观应当年的思想主张，仍能给我们许多新的启发。

郑观应教育思想的当代价值

宋钻友 [①]

殷忧启圣，近代中国因深重的民族危机，孕育了一大批志士仁人，郑观应无疑是其中卓具影响的代表之一。如何摆脱故国落伍于世界的命运，"振我中华"，是郑观应毕生思考并笔之于著述的重大命题。无论是早期的《救时揭要》《易言》，还是后期的《盛世危言》以及其他大量书函文章，他的思考从来没有离开过"救国"两字。为了救国，郑观应以不畏群言，敢于冲破罗网的精神，对当时的中国提出了系统的改革思想，深深影响了近代中国的历史进程。

在中国近代改革思想史谱系中，郑观应承上启下，具有特殊的历史地位：上承 19 世纪 50 — 60 年代林则徐、魏源、包世臣、冯桂芬等人，将他们的改良思想推向新的阶段；下启 19 世纪 90 年代康有为、梁启超，把中国改良派思想推向前所未有的高度，引领着时代的潮流。

由于教育背景的差异，他的改良思想独具特色。他既不像林则徐、魏源、包世臣、冯桂芬，对传统的儒家经典娴熟至极，能将儒家的学说信手拈来，与改良思想巧妙嫁接，也无法像康有为、梁启超那样对东西方文化作深入的学理探讨，提供系统的改良思想。但郑观应长期处于洋务活动的第一线，与洋人传教士、商人有大量接触，加之懂英语，大量阅读、游历、考察，因此他的改良思想具有很

---

① 宋钻友，上海社会科学院历史研究所研究员，研究方向为中国近代史、城市史、近代上海的商业和社会史等。

强的可操作性。在他的三部代表作《救时揭要》《易言》《盛世危言》中，郑观应对西方商情、经济、政制、法律、文化、习俗进行了大量介绍，论列的题目包括学校、图书馆、新闻、公法、通使、纺织、电报、邮政、银行、铸币、开矿、商务、专利、税则、赛会、商会、农业、垦荒、水利等。

在对西学的转述、宣传之中，郑观应结合大清的国情，提出两个重要观点：一关于商战，一表达了他对于西方议院制度的认识。在 1894 年出版的《盛世危言》中，郑观应全面系统介绍了西方的议院制，并介绍了议院制与西方强盛之关系："泰西各国咸设议院，每有举措，询谋佥同，民以为不可者不必行，民以为不可者不得强。朝野上下，同德同心，此所以交际邻封，有我薄人，无人薄我。人第见其士马之强壮、船炮之坚利、器用之新奇，用以雄视宇内，不知其折冲御侮，合众志以成城，制治固有本也。"[1] 在大清的帝制语境中，宣传西方的议院制，是大逆不道的，公开谈论并赞扬议院制需要不凡的道德勇气，这是郑观应在近代中国思想史坐标上的重要贡献之一。但是晚年的郑观应绝少提国体政制的改革，反复致意的是他的另一重要思想——商战论。郑观应"初则学商战于外人，继则与外人商战，欲挽利权以塞漏卮"，对于所处时代全球的商业竞争态势有着极为清醒的认识。在《盛世危言》的《商战》篇中他尖锐指出："兵之并吞，祸人易觉；商之掊克，敝国无形。"断言"习兵战不如习商战。"主张治国者以日本的变革为鉴，"反经为权，转而相师，用因为革，舍短从长"，以争取商战的胜利。[2]

如何才能在商战中立于不败之地，郑观应思考了一辈子。1914 年，时年 73 岁的郑观应致函挚友伍廷芳，一吐对于国家命运的深切担忧，再次强调商战之重要。但与早期建议设立商会、制订商律、奖励商人，实行重商政策不同，晚年的

① 郑观应. 盛世危言·议院 [M] //夏东元. 郑观应年谱长编. 上海：上海交通大学出版社，2009：226.

② 郑观应. 盛世危言·商战 [M] //夏东元编. 郑观应集（上册）. 上海：上海人民出版社，1982：586、591.

郑观应更强调商战与教育的关系，"所谓兵战不如商战也，然商战人才无一非出自教育。教育为立国之本，国运之盛衰系之，国步之消长视之。"把教育提到如此高度，并非偶然。①

回顾郑观应的一生，教育一直是他最关注的问题之一。早在《盛世危言》之前，他便在《易言》中对西方、日本强盛与教育的关系作了较充分阐述。《易言》之后出版的不同版本的《盛世危言》中，郑观应又将教育与国家振兴紧密联系，作了充分的论述。郑观应关于教育的著述，大致分为两部分，即低端教育和高端教育。

关于低端教育，郑观应向来认为民贫是大清最大的问题，民无恒产便无恒心，要做到人人有恒产，必须人人有职业，这是他强调职业教育的出发点。郑观应服膺日本伊藤博文提出的"国困民穷，当寓生计于教育之中"的观点，即通过完备的职业技能教育，改变民贫状况，缓解"国困"。郑观应不仅有理论，而且有实践，曾参与创办广州工艺学堂。

郑观应认为，光有低端的职业技能教育是不够的，一国要有强大的竞争力，必须大办专业学校，造就大批专业人才。郑观应充分理解专门教育与西方强盛的关系，并一再指出，日本的迅速崛起不仅得益于低端的技术教育，更得益于遍于全国门类齐全的专门学校。此外，长期厕身洋务运动第一线、担任过多次近代洋务企业的主管，亲自参与洋务企业创办的郑观应，对于近代工业革命后发展起来的新技术有着远非普通士大夫所能比拟的知识，对于专业知识的不断细化带来的技术发展有着深刻的理解，深知每一近代生产或商业部门都得益于多种专业知识的集成。他曾举例说，航运就涉及船舶、驾驶、港口、水文、地理、气候等多方面的专业知识，航海技术的进步依靠多个分支学科的发展。中国事事不如人，主要原因是没有强大的专门学校体系，因而近代化所需的大量人才不得不聘自西洋、

---

① 郑观应. 致伍秩庸先生书［M］//夏东元. 郑观应年谱长编. 上海：上海交通大学出版社，2009：782.

日本，靡费大量钱财。唯有建立完备的专门学校教育体系，才能改变这一局面。

可见郑观应并不一般地谈教育，他的教育思想从低端到高端，直接联系强国目标，极具深意。在上述致伍廷芳的信函中，郑观应再次阐述了自己的教育思想：

> 夫日本明治维新后，匪特专门学校林立，且其政府扶持工商，有奖励会，有补助金，故其国上而士夫、下而工商众庶，无不殚竭心力，振刷精神，以图进取。国无游民，野无旷土，故数十年间一跃而登入地球之强国史。以视吾国，上下各怀私利，而无功德心，日荒于嬉，相习成风，奄无生气，不啻如霄与壤之相隔。戊戌变政以还，虽日夕颁示，促各省之兴学，然地方之官与绅又均不能实力举行。纵筹得款项，非饱私囊，则必敷衍粉饰，诸多靡费。以此谋国，而欲争存于二十世纪之上，不犹却步而求及前人耶？故吾国不欲富强则已，如欲富强，非仿法日本先行学校不可。[①]

郑观应教育思想的当代价值是显而易见的。当前我国的扶贫工作正紧锣密鼓开展，党和政府集中全国的力量，力求在最短时间内帮助数千万贫困人口脱贫。扶贫是一项系统工程，物质支援只是一个方面，也是相对容易做到的，关键是帮助贫困人口融入现代经济活动，使他们能够凭借自己的劳动获得生活物资。职业教育正是他们最需要的。郑观应在职业教育方面有大量论述，可以提供一些启发。

郑观应关于专业人才培养将决定一国竞争力的观点尤具当代价值。2004年日本著名战略学家大前研一的《专业主义》强调，在全球化日益加深的时代，国与国的竞争越来越表现为个人、企业之间的竞争，一个个人和一家企业能否胜出更多取决于是否奉行专业主义。《专业主义》对专业技术、专家、专业主义三个词

---

① 郑观应. 致伍秩庸先生书［M］//夏东元. 郑观应年谱长编. 上海：上海交通大学出版社，2009：782.

作了厘正辨析，指出他所认可的专家不是一般的专业技术人员，而是同时兼具很高的专业能力、很强的伦理观念，怀有永不厌倦的好奇心和进取心，并严格遵守纪律。一个企业由这样一批专家构成，才能奉行专业主义。① 大前研一关于专业主义所蕴含的内容显然比郑观应对专业人才的论述更宽，但两人对专业人才、专家的认定并无不同。郑观应提出的要求甚至更高，他曾对轮船招商局公学的学子提出："吾徒求学，纵不敢言内圣，然修身立己，必须取法圣贤。推之任事图功，岂能离却廉耻忠信？""取法圣贤"，这是多高的标准。郑观应曾赠送招商公学学员八个字，即孝、悌、忠、信、礼、义、廉、耻，并编成韵语。"忠"之韵语为"兴亡有责，况在国家。忠贞报国，振我中华。""信"之韵语为"敬事而信，必坚其约。勿轻于言，千金一诺"。"廉"之韵语为"人能不贪，乃无后悔。至公无私，辞金却贿。布衣蔬食，儒士何嫌。四字铭坐，俭以养廉"②。郑观应的八字韵是对一个专业人才最高的道德要求。

郑观应和大前研一围绕专业人才的论述，还有一个重要相似点，即都基于对未来竞争态势的个人判断，只是郑观应面对的未来是 20 世纪，大前研一面对的是 21 世纪。晚年郑观应喜欢用"二十世纪"这个词展望未来。在《慎余堂待鹤老人嘱书》中，如何在 20 世纪立身，是他向郑氏后人子孙循循善诱的主要话题：

> 我知二十世纪觅食维艰，故定家规，甚望我子孙各精一艺。
>
> 是故处二十世纪竞存之世界，优胜劣败，即孜孜惟日，犹恐力有不逮，限于旋涡，而谓自暴自弃，一艺无成，而犹不受天演之淘汰，断乎其难免也。
>
> 然二十世纪婚嫁尤为讲究，……非精一艺者，不能立足也。③

---

① ［日］大前研一. 专业主义［M］. 广州：中信出版社，2006.
② 夏东元. 郑观应年谱长编［M］. 上海：上海交通大学出版社，2009：825.
③ 夏东元. 郑观应年谱长编［M］. 上海：上海交通大学出版社，2009：785、790、791.

在这篇堪称 20 世纪初感人至深的文献中，我们不难感受到扑面而来的新技术以及由此构成的商战新格局带给郑观应的心理冲击。遗嘱的着力点是家，家的背后处处有国，处处散发出对于国家命运的思考。当今世界，新的科学技术正以惊人的速度更新，一个个人、一家企业、一个国家如何在新的商战中立于不败之地，郑观应关于专业教育、专业人才、专业人才道德标准的论述仍然极具启发意义。

简述郑观应家训中的教育思想

刘正刚 [①]

在夏东元先生编纂的《郑观应集》[②] 下册中，收录有郑观应晚年与其家人通信或专门为家人书写的"训"，共计 20 份之多。这些书信及训包括：《致月岩四弟书并寄示次儿润潮》《儿润潮》《训子侄（一）》《训子侄（二）》《训子侄（三）》《与月岩四弟书》《与纪常侄书》《答曜东弟书》《与子侄论商务书》《致天津翼之弟书》《训长男林并录寄月岩弟》《致天津翼之五弟书》《训儿女书》《训长男润林书》《训次儿润潮书》《训妇女书》《致内子叶夫人书并录妇女时报治家格言》《致月岩弟书》《寄示长男润林肄业日本》《训子侄之肄业日本者》等。其中以"训"字开头的就有 9 份，这些训均是针对自己的子女或侄儿辈的；而书信则主要是写给自己的弟弟，还有 1 份是给妻子叶夫人的，给妻子的信中还抄录了治家格言。由于这些信或训属于亲人之间的私密交流，因而更能反映郑观应当时内心的真实想法，我们不妨把这些全部看做是郑观应留给后人的"家训"。这些家训的内容，一方面反映了郑观应一以贯之的商战思想和有感于民族危机的强烈忧患意识，另一方面则明显反映出郑观应对家族晚辈们寄予的殷切厚望。其实，这些家训的内容也典型地反映了郑观应的教育思想，成为中国家风家训文化的重要组成部分，显示一代巨商在忧国忧民的过程中不忘对后代教育的重视。

---

① 刘正刚，暨南大学中国文化史籍研究所所长、教授、博士生导师，研究方向为社会经济史、女性史、海洋史等。
② 夏东元编.郑观应集［M］.上海：上海人民出版社，1982.

竞争之世，适者生存

郑观应以商起家，因为成长于得风气之先的广东，因而在经商的实践中也敢想敢干；又因为处于列强肆意蹂躏中国的特殊时期，因而又有着强烈的忧国忧民意识。他撰写的《盛世危言》一书，使他成为那个时代中国商人关注国家前途、民族命运的最杰出的形象代表，他的言行直到今天也对世人起着警示意义。这种危机意识来源于他与西方人打交道的经验。正是在与西方的商战过程中，他从当时中西交往及世界发展的复杂局势出发，多次在信函中教育晚辈在竞争之世中，唯有适者，才能生存，才能自立强大，"处适者生存之时代，而不为天演所淘汰者，首贵自立。然能自立矣，离群索居则不免有孤陋寡闻之诮，是又在得贤人以相助为理也，故择交不可不慎。"① 他说："仰人恤者不如自恤，求人救者不如自救。自恤自救之道何如？勤与俭而已。勤于读，名必成；勤于耕，利必倍；俭于衣，则不寒；俭于食，则不馁。居家处世宜悉力于勤俭"②。他特别强调要自强自立，"非自己猛省用工，旁人终难着力，是又不如农工商贾各成一业，反不致有无成之叹也"。③

在竞争之世中人心叵测，尔虞我诈，"况当此竞争之世，人心叵测，稍有不慎，即堕人机陷中"④。因此在自立的同时，还要提防小人。他在《训长男润林书》中说："当此竞争之世，有强权无公理，君子道长，小人道消，多有口诵尧舜之言，而心行桀纣之行，若不细心体察，必为彼辈奸佞所欺陷也。"

他在《与子侄论商务书》中说："今之世界，一商务竞争之世界。商务盛之国则强，商务衰之国则弱。我国商务不能及泰西各国者，固由于缺商本、无商学、

---

① 训儿女书［M］//夏东元编.郑观应集（下册）.上海：上海人民出版社，1988.
② 训子侄［M］//夏东元编.郑观应集（下册）.上海：上海人民出版社，1988.
③ 训子侄［M］//夏东元编.郑观应集（下册）.上海：上海人民出版社，1988.
④ 训子侄［M］//夏东元编.郑观应集（下册）.上海：上海人民出版社，1988.

乏商才，其彰明较著也。然其中不及西人之点颇多，兹就人之所忽而易犯者例有十二条亟为录出，非惟汝辈所当知，即凡经商之人亦不可不知也"。如第八条："凡办一事，空论过多，于办事上无甚益处。欧人不尚空谈，其书函往来，于主要事件以外决不杂陈他事，其在事务室时，彼此接洽事务语亦简明，客至于应议各事外无多言"。第十条："欧人最重公德心，虽行中一纸一笔之微细，不肯浪费，时以公司之经济为念"。第十二条："事务所非公事不会，如有紧急私事，即会晤仅谈数语而已，诚恐延误公事"。郑观应之所以罗列十二条，目的是告诫自己的子侄，要想在商务活动中取胜，必须遵守应有的商业准则，"以上十二条，我国商人多不遵守，亦商战失败之原因也"。他还将中国商人在商战中失败的原因之一归结为纳妾，"凡月中入息稍丰者恒置一妾"。男欢女爱、恣情纵欲，往往会影响事业。他在《致月岩弟书》中说："尝览古今中外情史，觉各国之人无不钟情于女子，虽大英雄亦不能免。然女子亦无不钟情于男子，每见男子年少貌美，遂粘如胶漆，不复知人间有羞耻事。此无他，贪双方交媾之乐也，岂知人之生业由淫欲而来，而其死也亦多由淫欲而去，此自然之道也。"

在处世时，适者既要智慧与道德兼备，又要根据具体的形势能屈能伸，"惟当此黄金世界，有强权无公理，顾非势均力敌不能与争。如事无大碍，宜坚忍勿辨。大丈夫得志则兼善天下，不得志则独善其身"，如此才能在竞争中脱颖而出。在大是大非面前，必须以国家利益为重，他在《致天津翼之五弟书》中说："昨闻吾弟在奉天购有金矿，亟宜报部注册领照，以免争占，宜与外人合办，惟与外人合办，必先询明政府合办章程，须将合办合同并公司招股章程呈部核定方可施行，庶无交涉有丧失利权之责也。"又说："吾人献身社会，凡力能福国利民，不妨请自隗始，但奉天为日、俄觊觎上物，割之裔之惟所欲，故鄙见与洋人合办，弟能于此兴办矿业，是亦争回利权之先机也。"

他在《致天津翼之五弟书》中所"定家规"说："凡读书毕业者，男则自谋生路，如无资入专门学堂肄业，即入税务学堂、电报学堂、医学堂均可。若未毕业急欲谋生路者，是自暴自弃，父母亦可自此不给教育费矣。女则俟中学堂毕业，求婿须择好品行技艺者。兄年老自应归隐不问世事，长子得差多年尚能俯畜，次子在京税务学堂肄业，余均小学，必须各习一艺方能自立，庶免倚赖于人。"又说："无论男女，除读书外，必日有手艺进款，勿使饱食终日，无所用心，奢侈无度"。

读书穷理，务实避虚

郑观应认为，读书是人生大事，"古人云：天下多不如意事，人生难得读书时。此是过来人语，宜一日三复之。汝辈明窗净几，得读书好地；家事不累心，得读书好遇；少年又能久记，得读书好时。若负此时，不尽力用功，再长数年成人，则家事起矣，又数年渐老，则精力衰矣，虽欲读书而不能。……笃志力行，勤学好问，进德修业，事事有恒，庶老来无追悔之叹。"[①]读书教育的首要目的是使人明理，"读书做人总在明理二字。读书时须细看古人处一事、接一物是如何思量，如何气象；及自己处事接物，又细心将古人比拟，设若古人当此，其措置之法当是如何，我自己任性为之又当如何，然后功过始见，古人道理始出"（《训子侄》），"读书须穷理，理之浅而易明者，历为尔曹言之"。读书在穷理的同时，也应使人学得一技之长作为立身之本，"立志在青年，老来悔已晚。须观有用书，学业身之本。……富由勤俭积，花酒勿流连"

郑观应对如何因应新学堂教育儿童，也有自己的看法，"愚见蒙童课本宜仿德意志、日本章程，辑古今先哲名媛嘉言懿行、孝悌忠信、礼义廉耻、勤俭谦恭、谨慎坚忍、沉毅爱国等故事，编为三百课。"他指出，为人要以行善为念，不能一心想着求神拜佛来达到目的，"乃世之人为一善，即望一善之报，曰天何不佑我，

---

① 训子侄［M］//夏东元编.郑观应集（下册）［M］.上海：上海人民出版社，1988.

是求福之心多，作善之心少，特以善事媚于神而求福耳。近世更有以为善媚神求福者，持斋念经礼佛。汝读书须明理，毋为异端不轨之徒所煽惑。"

他清楚地意识到，当时人读书多为名利而非穷理，"古人读书多为穷理，今人读书只为名利"，读书人求虚荣而不注重实际的风气流行，"今之读书者不知穷理，又不能专习一艺，虽好新学，而不得新学之益，粗通中西文字，即效西装、食西餐、饮洋酒、吸纸烟、戴金丝眼镜，扁帽革靴，高领窄衣，徒袭西人外貌，未得西人实学已，自以为熟悉洋务，足为新学中人矣。究其所学，实一艺无成，全在文饰上做工夫。虚文浮伪，抵掌高谈，动说自由，而不识自由之理；动说爱国，而不识爱国之道。"且国家教育中不求实际的积弊过重，和西方教育相差甚远，"即如教育一途，积极相沿，学非所用，且徒尚空言，不求实济，驯至今日西人甚至谓我为无教之国。……盖教之不得其法，实与无教等也"。他告诫子侄们："凡事务求脚踏实地，如此则光前裕后，可以为保家令子、乡邑之完人，而异日业精一艺，名誉之显扬，又不必言也"。

因此，郑观应教育家人读书要求实理避虚名，学有所用，才算是真正接受了教育，"然读书必先穷理，理明而后心定。尤须专习一艺以谋生，务求实际，不蹈虚名"。强调读书做事，不要太急功近利，要"有所不言，言必当；有所不为，为必成。"他对贫困家庭子弟的读书也较为关切，"至于贫寒子弟，为急于谋食而不暇入学堂者，尤宜遍设半日学堂，或半夜学堂。学费则由绅富捐助，或禀请地方官提拨公款。此举亦不得视为缓图而让西人专美也"。

中西并用，鼓励新学

郑观应认为中国的古籍中道理广博精深，必须深究才能得其要领，"《中庸》《周易》之书，皆言身心性命之理。其广大精微，世人鲜知。《阴符》《道德》《参闻》《悟真》，玄机妙谛亦隐而不露，非得真师指示不明也"。他认为要学习先哲们留下的优秀文化，以期对国家发展有所助益，并举日本维新向王守仁学习为例，"明贤王文成得天元之学，文德武功为中外所钦仰。日本维新，振兴实业，民知爱国，日臻富强，果操何学以致此哉？大抵崇尚文成之学所致耳。夫文成我国之先贤也，士大夫不知效法，昧厥良知，只图私利，百不如人。对于日本能勿汗颜"。

他认为中国要自强必须办好教育，"有教育而后知道德，知道德而后开国会、立宪法，所谓有治人而后有治法。溯我国与各国通商，数十年来，微论何业靡不瞠乎其后，即如教育一途，积习相沿，学非所用，且徒尚空言，不求实济，驯至今日西人甚至谓我为无教之国。呜呼！岂真无教也哉！盖教之不得其法，实与无教等也"。

但郑观应亦从当时的世界局势认识到西方教育的先进性。比如，分门别类，注重实学，泰西各国无业不有学，分门别类，各有专门。农有农学，工有工学，商有商学，医有医学，学校如林，遍地皆是。说者谓德之胜法、日之胜俄，皆出于学校"。他认为当时世界上办学最好的国家为德国和日本，这两个国家均十分重视学校教育，尤其重视幼童教育。"其教训幼童也，则设一幼稚园，凡有子女四岁以后者，即送入学习。或以标本、模型、各种玩器使其认字，或以各种游戏使其体操，更将古今名人嘉言懿行编为浅近之学说、歌词使其勤习，故能出入谦恭有礼，且均知爱国家、敬父母"。西方强盛的根本原因在于人才培养，而人才培养的关键在于学校教育，"国家之盛衰，在于人材；人材之盛衰，在乎学校。我国而欲与列强竞争于二十世纪之舞台，而不亟思讲求教育，不可也。讲求教育，学有专门，而不自幼童始，尤不可也"。因此，他鼓励发展新学，"是故地方负有教育之职者，宜设幼稚园多所。……虽目下举行新法，事事需款，万不能因噎废食，视为缓图。……前游日本幼稚院参观，见四五岁小儿均循循有礼，互相亲爱，而且居处得法，看护有方，各遂其生，各适其性，尤易于抚养。因忆余前所生之儿，两经幼殇，皆由无幼稚院教育，而家庭不晓卫生、仆妇不善抚养所致。又视年来子弟不识礼节，不晓公理，动说自由，以致风俗日坏。……至于贫寒子弟，为急于谋食而不暇入学堂者，尤宜遍设半日学堂，或半夜学堂"（《与月岩四弟书》）。

同时，郑观应也支持家中晚辈出国留学，当得知五弟翼之欲仿范仲淹设义庄、义学，并"拟择好子侄遣其出洋读书，各习一艺。"他在信中表明此举"实获我心，忻慰无既。盖人材出于学校，非学不足以广其材，亦非学优不能致身通显"。事实上，他的子侄出国留学者甚多："长子润林字日銮，赵妾所出，留学日本，法政高等警察毕业"。"云炽侄已赴美国学农业专科，今忻悉坚侄亦赴英国肄业。惟嘱其立志坚定，学成一艺回国，毋负此行"。

道德至上，立于不败

读书穷理和中西并学可以提升一个人的智慧，但是在竞争之世想要生存还必须有道德。郑观应经常强调道德在教育中的重要性，同时也感慨世道衰败，人们越发不重视道德。"余尝于酒馆宴会中闻妇女私相谈论，曰某人服饰在行，某人装扮出色，未闻有言及某人道德高，某人学问博者，可见世道之衰，人心之坏也"。

郑观应认为道德是一切的根本，无论中西、名利，没有道德就没有了根据。"治国治家理原一致，未有不能治家而能治国者。……家庭中一切莫非妇女主持，开门七件缺一不可，巧妇亦不能为无米之炊。……无如今之妇女，不守治内之天职，往往借口于平等自由，反将妇女职份内所应做之事置诸脑后，岂知西人所谓自由云者，实以道德为根本也。诚以道德为自由之母，故世界无无道德之自由"。他在《致内子叶夫人书并录妇女时报治家格言》中又说："余所谓道德者，无论有才与否，惟礼节宜遵而天真不可失，智识宜有而临事不可轻，处家以敬，待人以和，而持己宜诚也。"

郑观应认为人在社会中求名求利，乃人之天性，但这一切皆要在道德的框架内进行，"故无论何事业，何种族，若无道德而欲存在与世界，戛戛其难。……惟今初置身于社会，将来无论求名求利，均当以道德为根据"。他时常教导晚辈要注意各方面的道德，"然欲复其真性，当先知至善之地，则心有所归止，而后明德可复明也"，"乃世之人为一善，即望一善之报，曰天何不佑我，是求福之心多，作善之心少，特以善事媚于神而求福耳"，"有容德乃大，厚德以载福。……世间大福德人，必能容人之不能容。若器小福薄人，便蹶然而动矣"。"近世商界、政界正中外交争剧烈之时。吾人设献身其间，如精神智慧不足，即处于劣败地位；精神智慧即足，而无道德以贯注于其间，虽亦极一世之雄，然不过如石火电光，转瞬即归乌有。盖无道德而欲久享世界之幸福，断断乎未之有。一国如是，一家如是，即个人一身之所处莫不如是。"又说："有强权无公理，而所谓道德者尤均置脑后，非不富且贵也。然荣耀者一时，唾骂者千古，夫亦等诸黄粱一梦耳"。

他十分重视对孩子的道德教育，强调要从小学就抓起，认为小学教育是人生的根基，在《致家塾潘教习论朱星源小大学书》中说："古者小学，自洒扫、应对、揖让、进退，至事亲敬长，为人之始，即为学之基。"在《致家塾蒙师书》中，他强调对人的道德教育应从小学到大学不断循序渐进，"人生七岁皆入小学，而教之以洒扫、应对、进退之节，礼、乐、射、御、书、数之文。……各先哲无不孜孜讲究小学为人生第一要义。世之为父兄者，若以姑息为恩，为师者只以课程为急，视一切礼义为不急之务，废搁不讲，将来成人不闻大学之道，纵使学术优良，技艺绝伦，而无孝悌、忠信、礼义、廉耻之心，不过与秦桧、严嵩一流人物而已"。他指出："尤须静以修身，俭以养德。非淡泊无以明志，非宁静无以致远，夫学欲静也，才欲学也，非学无以广才，非静无以成学"。他在《训次儿润潮书》中说："汝学问尚浅，性理未知，固难遽臻斯诣，惟今初置身于社会，将来无论求名求利，均当以道德为根据。……设离道德而得名利，虽备极显荣，当亦草芥视之。所谓不以其道得之不处也。然名利场中败坏良心最易，不如从事于实业，所求在己，无损于人，尤易保守乎道德也。予托足于官商两界，业经数十年，凡日中身所接、目所观、耳所闻，若辈之诈伪得失荣枯情形，无不毕绘于吾之前，情深感慨，故言之痛切耳。"他要求学习要讲究方法，"日课录不可少，若有疑义，随时登记，以便质问。一有差失荒废，便生愧耻。久久如此，学业自成矣"。

他还强调在培养国民的爱国情感中，也要吸收西方的某些教育方式。他在《致家塾潘教习论朱星源小、大学书》中说："查日本与欧美各国人民，均知爱国，上下一心，实缘童蒙入塾教化得法，尝考其小学课本，编有杀身成仁、爱国教人诸故事。……我国于德育一门不甚讲求"。他要求有识之士，以朱星源所辑《先哲小大学程遗规》，"参以拙著《泰西学堂章程》，择其尤要而至切者，教训童蒙，以期底于成人。无论为士、为农、为工、为商，各操一艺，出其心力以固国家，天下兴亡，匹夫皆当任其责矣"。

德之大者，为国为民。即使为官更要以爱国爱民为宗旨。他在《与纪常侄书》中说："昨接来禀，忻悉吾侄署理芜湖关道，为宗党增辉，老怀殊深欣慰矣。大凡为政临民不难得上峰眷注，而难在下民爱戴。无许官亲在外招摇，所有书吏幕友均须留意体察，免为若辈所蒙。清慎勤三字时刻勿忘，交涉之事如万不能从者，即执条约公法以理拒之，不可迁就以遗后患"。又在《训次儿润潮书》中说："今余已七十，知非虽迟，然犹幸为尔等现身说法也。清慎勤三字，古之循吏垂为官箴，余谓此三字不特为官宜守之，即作商亦宜奉作金科玉律。除录寄汝兄润林外，再举以告汝。"可见，他将"清慎勤"作为家族安身立命之根本。

郑观应作为清季著名的实业家，一生为中国的近代化贡献良多。其著述也十分丰富。在晚年与家人之间的"训"和家书中，郑观应通过规劝家族晚辈能在动荡的社会中安身立命，进而如何为国家尽责尽力，字里行间无不透露出他对国家的忧患意识，以及寄希望于家族晚辈能够在吸取中华优秀文化的同时，兼容西方文化，最终使家族、国家立于富强的地位，充分展应该示一个成功的商人在致富之后，心系天下的人文关怀。郑观应所处的时代，一方面是西方列强掀起瓜分中国的狂潮，另一方面有志于中华民族振兴的人则在积极寻求强国富民之道。郑观应以一个商人的睿智，冷静地观察世势的变化，并从中国的实际出发，提出在竞争之世中唯有适者生存，适应竞争的人必须具备智慧和道德。智慧和道德则来自于读书穷理，务必避虚求实。当时的西式教育比中式教育合理而先进，因此必须向西方学习，中西并学。在所有这一切中，道德是立世的根本，需要在平时多做善行，锻炼自己的道德。从中还可以看到，郑观应的教育思想中又包含着很深的爱国情怀。郑观应作为一个成功的商人，对子侄辈的家训，在今日社会仍有重要的现实意义。

郑观应的家庭教育思想

曹天忠[①]

郑观应，又名官应，字正翔，号陶斋，晚年号罗浮待鹤山人。原籍中国广东香山县（今中山市），后迁居澳门，隆称"澳门之子"，中国近代著名思想家。由于郑本人在中国近现代思想上的重要地位，有夏东元先生所编上下两巨册《郑观应集》资料之便，得澳门、中山等地推动，郑观应思想研究成果蔚为大观。[②]然在众多成果中，作为其整个思想体系的原点和支撑的家庭教育研究比较弱。[③]在这方面不多的成果中，存在明显不足。史料不够丰赡，有的甚至仅以一篇史料立论；内容残缺，遗漏颇多；在立论上，既没有注意其家教思想内部本身各方面内容观点彼此之间的勾连，也疏于与其外部的整个思想结合考察；更没有跳出郑观应本人家教思想范畴，置于中国家庭教育史，特别是近代家教史上比较、评判，给出其特点和定位。

[①] 曹天忠，男，广西博白人，中国近现代史专业博士，中山大学历学史系教授、博士生导师，研究方向为中国近现代史、中国近现代教育与社会变迁、近代大岭南区域史、历史文献学。

[②] 主要有易惠莉：《郑观应评传》南京大学出版社1998年版；澳门历史学会、澳门历史文物关注协会编：《纪念郑观应学术研讨会文集》（1992—2001）澳门文化广场有限公司，2002年6月第1版；王杰、邓开公主编：《纪念郑观应诞辰一百六十周年学术研讨会论文集》，澳门历史文物关注协会、澳门历史学会2003年9月版。此外，有水平参差不同的论文近百篇。

[③] 马墉：《中国家庭教育史》，湖南教育出版社1997年版。其中，第八章《清代后期家庭教育》之第四节，为《郑观应的家庭教育思想与实践》，主要着墨之处在于提出竞争教育和养生教育两部分内容。楚秀红：《郑观应与家庭教育》，尹绪忠主编：《郑观应思想与当代中国社会》，广东经济出版社2010年7月，通过郑观应晚年《遗嘱》看其家庭教育思想。

持家处世

（一）持家

郑观应生长于儒家思想颇重的家庭，后长期在外打拼，孝悌亲情浓烈，家庭观念很重。"不接家书一月余，天涯游子望何如。梦魂勿惮风涛险，时向高堂问起居"，[①] 即是思家念亲真实感情流露。在牵挂高堂之余，十分注意对家庭成员、后生小子的教育和栽培。关于持家和处世的教育，郑观应在写给次子郑润潮信中，有过一段扼要说法："学问之道贵诚、勤、恒，能耐劳、能耐苦，而又要稳步安详，小心谨慎"。[②] 这里学问指的是生活处世的学问，以此为基础，结合其他的说法，大体上可用清、诚、勤、慎、恒、和、立、时等八字加以概括。

"清"，大的方面是指经商账目清楚，存根有据；小的方面是指积少成多，核算成本。郑观应多次警告子侄："凡往来银钱账目，无论亲疏，必须即时交代清楚，索还笔据，不可含糊拖沓，留为后患"[③]；"凡往来银钱要件必须亲自检点，取回收据，所谓大事不糊涂，盖世道崎岖、人心日险也。"[④] 他告诫侄子说："西儒斯迈尔曰：世人恒情往往忽于细微之事，寻常出纳之数不能一一登录簿册之上，实大误也。不知积如许之小计算而成大计算，有记录斯有比较，有比较斯有戒惧，审之、慎之，财不滥使，毋使入不敷出，诚能本此以处家以经商，何有失败之虑？汝曹宜志之。[⑤] 大账不糊涂，小账有核算，是为清。

关于"慎"，郑观应给子侄信中说："诸葛一生惟谨慎，吕端大事不糊涂，

---

① 久不接家书 [M] //夏东元编.郑观应集（下册）.上海：上海人民出版社，1988：1341.

② 训次儿润潮书 [M] //夏东元编.郑观应集（下册）.上海：上海人民出版社，1988：1207.

③ 训子侄 [M] //夏东元编.郑观应集（下册）.上海：上海人民出版社，1988：212.

④ 训长男润林并录寄月岩弟 [M] //夏东元编.郑观应集（下册）.上海：上海人民出版社，1988：1181.

⑤ 与子侄论商务书 [M] //夏东元编.郑观应集（下册）.上海：上海人民出版社，1988：624.

时刻在心。"① 郑慎余堂之"慎"表现在经商、交友、行事、婚嫁等诸方面。如行事谨慎，时常与"清"联系在一起。"日中行事无论贤否亲疏，所收银钱必须当面点明，收藏妥当"。又如婚嫁"尤须慎重"，"嫁女必须胜吾家者，胜吾家则事人毕恭毕敬；娶妇须不及吾家者，不及吾家则事舅姑必执妇道。"② 谨慎属于消极防备，须与积极的智慧结合。智慧，即郑观应所谓的"经意"，就是见事审详，行事周密，为人之上等智慧，齐家治国之关键。"夫见事而兢兢审详，行事而周至慎密，固无误之基，即无害之础，谓其具上智也可"。"经意"二字"可为治身、治家、治国之关键矣"。③

"诚"，一方面指诚恳有德，另一方面指做事态度踏实。郑观应十分重视孩子的道德教育，在给郑家塾师去信时，指出："惟蒙学最为要紧。《易》曰：'蒙以养正，圣功也。'而养正莫先于礼，当以孝、悌、忠、信、礼、义、廉、耻嘉言懿行故事以正其心。"与父兄、老师不同，先哲重视道德。"各先哲无不孜孜讲究小学为人生第一要义。世之为父兄者，若以姑息为恩，为师者只以课程为急，视一切礼义为不急之务，废搁不讲，将来成人不闻大学之道，纵使学术优良，技艺绝伦，而无孝、悌、忠、信、礼、义、廉、耻之心，不过与秦桧、严嵩一流人物而已。"④ 无传统道德做根底和底线，人越有才，对社会危害越大。个人踏实做事，为成功得名之基础。"古今哲士无不脚蹐实地，素位而行，居易以俟之。"⑤ "凡事务求脚踏实地，如此则光前裕后，可以为保家之令子、乡邑之完人"。⑥

① 训子侄 [M] //夏东元编.郑观应集（下册）.上海：上海人民出版社，1988：237.
② 训长男润林书 [M] //夏东元编.郑观应集（下册）.上海：上海人民出版社，1988：1202.
③ 致内子叶夫人书并录妇女时报治家格言 [M] //夏东元编.郑观应集（下册）.上海：上海人民出版社，1988：1221.
④ 致家塾蒙师书 [M] //夏东元编.郑观应集（下册）.上海：上海人民出版社，1988：209.
⑤ 训长男润林并录寄月岩弟 [M] //夏东元编.郑观应集（下册）上海：上海人民出版社，1988：1181.
⑥ 训子侄 [M] //夏东元编.郑观应集（下册）.上海：上海人民出版社，1988：237.

"勤"，指勤俭。他提醒儿女，"勤俭，尤处家第一要义。无论贫富，若怠惰自甘，则家道难成。盖大富由天，小富由勤。勤而不俭，终难积蓄。"① 体现为开销用度，量入为出，反对浪费："家费必须量入为出，自奉必须质朴，浮费最宜节省。一丝一粒，当思物力维艰，一人一物，当思处置之法。"② 家用"若不通盘筹算、量入为出，与其日多积欠，变产抵填，终致家无担石。曷若限以月支若干，使各人事事节省，或可持久。无论男女，除读书外，必日有手艺进款，勿使饱食终日，无所用心，奢侈无度。"③ 所以，郑观应在晚年特立一条规矩，家庭成员开支有限数："妻妾衣食月费各事均有限数、未婚嫁之子女衣食读书费亦有限数。"④

"和"，指的是和气忍耐，和睦相处。家和万事兴，"处家贵和"。⑤ 家和之所以重要，因为"居家犹如同舟共济，必须和睦"。家和的办法是父子、夫妇、兄弟、妯娌之间，让步忍耐，积诚相感，"所以张公教人容忍。书曰：'父为子隐子为父隐。'父子尚属如是，何况兄弟？兄弟有过，规谏不从，尤宜积诚相感，切勿起阋墙之衅。夫妇、妯娌亦然。"⑥ "和"往往又与忍耐、戒怒有关。郑观应不仅以此教子侄，而且用以自教自勉。"唾面娄师德，忘情阮嗣宗。慎言能履道，侈口每兴戎。莫按驱蝇剑，虚弯落雁弓。胸中消芥蒂，胯下屈英雄。颐藉微词解，冠嫌怒发冲。再思裁季子，百忍守张公。渐灭心头火，休听耳后风。由来成大业，

① 训儿女书［M］//夏东元编.郑观应集（下册）.上海：上海人民出版社，1988：1199.
② 训子侄［M］//夏东元编.郑观应集（下册）.上海：上海人民出版社，1988：237.
③ 致天津翼之五弟书［M］//夏东元编.郑观应集（下册）.上海：上海人民出版社，1988：1183.
④ 致天津翼之五弟书［M］//夏东元编.郑观应集（下册）.上海：上海人民出版社，1988：1182.
⑤ 训长男润林书［M］//夏东元编.郑观应集（下册）.上海：上海人民出版社，1988：1204.
⑥ 训儿女书［M］//夏东元编.郑观应集（下册）.上海：上海人民出版社，1988：1200.

折节学卑躬。"①除持家之外，"和"还与处世与修道有关系。

"立"，一方面指的是立志，另一方面为自立。立志为人生指南针。"人生必须立志者，盖志不立，如无舵之舟飘荡无定。"②"欲作人间大丈夫，必须立志勿糊涂。"③志当在高远，"立志须做第一等人"。④郑观应指出人生在世，"首贵自立"⑤，并引先哲箴言"凡人之生，无论贫富，自食其力，若借父兄之庇荫，戚族之周恤，虽丰衣美食亦可耻也。"以此勉励儿女当自立自强。⑥而自立必须建立在有一技之长的基础上。因此，他主张自己的子女"凡读书毕业者，男则自谋生路，如无资入专门学堂肄业，即入税务学堂、电报学堂、医学堂均可；若未毕业急欲谋生路者，是自暴自弃，父母亦可自此不给教育费矣。女则俟中学堂毕业，求婿须择好品行技艺者"。⑦

"恒"，指有恒与忍耐，坚持与毅力。"忍耐为处世之要"，主要指的是坚强和毅力。"人非有忍耐性者，不可以言事业也。世人治事往往有始无终，其弊果何在欤？弊在轻躁而欲速成，无坚苦忍耐之力，稍遇挫折，中道而止。吁！薄志懦行若此，安望有成？故必戒躁去浮，以坚苦忍耐之力冒险而突过之，而后能达其初志。"总之，"古今英雄，无论男女，壁立万仞之概而能致国于飞扬跋扈

① 世欲希道德而又不能忘情于酒、色、财、气，故作四箴以自警兼勉同志［M］//夏东元编.郑观应集（下册）.上海：上海人民出版社，1988：1419.

② 与纪常侄书［M］//夏东元编.郑观应集（下册）.上海：上海人民出版社，1988：396.

③ 寄示长男润林肄业日本［M］//夏东元编.郑观应集（下册）.上海：上海人民出版社，1988：1377.

④ 重刊《盛世危言》增订新编序［M］//夏东元编.郑观应集（上册）.上海：上海人民出版社，1982：934.

⑤ 训儿女书［M］//夏东元编.郑观应集（下册）.上海：上海人民出版社，1988：1199.

⑥ 训儿女书［M］//夏东元编.郑观应集（下册）.上海：上海人民出版社，1988：1199.

⑦ 致天津翼之五弟书［M］//夏东元编.郑观应集（下册）.上海：上海人民出版社，1988：1182—1183.

之地位者，何一非由有忍性以耐其苦而获此效果也。"①古语云："恒则得"。无论是立志，还是读书，"恒"皆必不可缺。"少年读书时，自问立志欲学为何等人？如志在修齐治平，扬名显亲，期学第一等人，务须勤俭坚忍、吃苦耐劳、百折不回，方能达其目的。"②"日课录不可少，若有疑义，随时登记，以便质问。一有差失荒废，便生愧耻。久久如此，学业自成矣。刘念台先生云：古人当困窘之日，又际杂乱之乡，谋生且不暇，犹然矢志不辍。今世胄之子父兄在上，师傅在前，春秋方富，日月正闲，无杂务以萦其虑，无衣食以累其心，而偏不好学，真天地之大罪人。仰负日月，内负父师，清夜自思，能无悔愧乎？"③要求晚辈坚持读书，以免辜负大好时光以及师长父辈给予的良好条件。

"时"，即惜时，珍惜光阴。郑观应劝诫道："人生处世如白驹过隙，大禹惜寸阴，吾人当惜分阴，故光阴不可虚度也。"人生如四季，然四季循环，华年却不可复。"人之一生，其犹一岁之四时乎：春风和煦，草木萌动，一童年之活泼也；夏雨时行，草木畅茂，一壮年之发达也；经秋成实，历冬而凋，则由壮而老，由老而衰矣。然冬尽春来，循环不已，而人之年华则一去不返，老者不可复壮，壮者不可复少。语曰：'时乎，时乎，不再来。'凡我少年其识之。此勉人要惜光阴。凡此数条，尔等宜书绅志之，慎勿忽诸。"④时不我再，时不我待，子侄应趁年少好读书。"古人云：'天下不多如意事，人生难得读书时。'此是过来人语，宜一日三复之。汝辈明窗净几，得读书好地；家事不累心，得读书好遇；少年又能久记，得读书好时。"⑤

① 致内子叶夫人书并录妇女时报治家格言［M］//夏东元编.郑观应集（下册）.上海：上海人民出版社，1988：1220.
② 训子侄［M］//夏东元编.郑观应集（下册）.上海：上海人民出版社，1988：211.
③ 训子侄［M］//夏东元编.郑观应集（下册）.上海：上海人民出版社，1988：226.
④ 训儿女书［M］//夏东元编.郑观应集（下册）.上海：上海人民出版社，1988：1199—1200.
⑤ 训子侄［M］//夏东元编.郑观应集（下册）上海：上海人民出版社，1988：224.

清、慎、诚、勤、恒、和、立、时等八字，可称为"郑氏家训"八字诀。它们涉及钱财清楚、谨慎小心、忠诚踏实、勤俭节约、坚韧忍耐、有志自立、和气相处、珍惜光阴等内容，涵括了持家应注意的各主要方面，侧重家庭内部而言。处世则主要针对家庭外界社会而言，二者共同构成郑氏比较完整的持家、处世理念和思想。

（二）处世

处世，包括个人风度、待人、用人、观人、交人、防人、戒嫖赌等"七戒"。

风度，沉着机智，言行有果："干大事者智深勇断，神闲气定。有所不言，言必当；有所不为，为必成。"①本人有风度，待人有温度，如春天一般温暖，戒老气横秋。邵子云："天人感应之理，春气则万物发生，秋气则万物彫零，世所共知。人之和蔼如春气，人之恒怒如秋气，无论老少、男女、会友、御下，必须面有春气，和蔼迎人，方得兴旺；若骄傲凌人，时有怒容，面有秋气，衰败必矣。"②用人，守节清晰，谦恭有持："所用之人必须有操守而无官气，多条理而少大言，重谦恭而无傲慢，勤公事而无嗜好。"观人，守拙有长："观人之道以朴实、廉介为质，有其质而更具有他长，斯为可贵；无其质则长处亦不足恃"。③交人，结交贤人诤友。人生在世，固然首在自立，但走极端，离群索居，难免孤陋寡闻。因此，以"得贤人以相助为理也，故择交不可不慎"。慎重交人的结果，必定是"结纳皆贤，声相应，气相求，既能孚以道德；过相规，善相劝，自不入于邪淫"。④反之，则麻烦不断，后果严重，郑观应有诗为诫："人心不可测，君子贵择交。

---

① 训子侄［M］//夏东元编.郑观应集（下册）.上海：上海人民出版社，1988：211.
② 训儿女书［M］//夏东元编.郑观应集（下册）.上海：上海人民出版社，1988：1200.
③ 训长男润林并录寄月岩弟［M］//夏东元编.郑观应集（下册）.上海：上海人民出版社，1988：1181.
④ 训儿女书［M］//夏东元编.郑观应集（下册）.上海：上海人民出版社，1988：1199.

用人如不慎，鸠占鹊之巢"。①

防人又分两方面，一方面是做事防人（包括亲戚朋友），所谓防人之心不可无，"当此竞争之世，人心叵测，稍有不慎，即堕入机陷中。勿贪意外之财，无故币重言甘，礼下于我者，将有所求。②另一方面是闲谈防人，"须防口孽招尤"。若"与富言吝，与贵言贪，与骄言恶，与狂言侮，与力言猛，弗悦者十之一；与吝者言贪，与骄者言恶，与狂言侮，与猛者言暴，弗悦者百之一"；"多欲者勿与谋，多妒者勿与修，以自全也。自伐者无功，自专者无成，自利者无亲，自是者无朋，自满者无终，自衒者无名。"③俗语云：祸从口出，病从口入。无论是不加分别对象、环境议论、口诛他人，还是自吹自擂，在中国均是为人处世大忌。

戒嫖赌。郑观应为教育亲人子女，整理《训俗良规》一书出版，其中特别加上《戒淫》《戒赌》两篇，以期有补于"劝善戒恶"。在《遗嘱》中，他鉴于这两种恶习足以败名节、家破人亡，甚至断绝后代等，坚决要求后代厉行禁止。"嫖赌二字既足败名而丧节，亦可荡产而亡家，甚而残肢体、丧生命、覆宗绝嗣。悉由于此，故无论善卫生者绝意嫖赌，凡后生小子亦宜悬为厉禁也。"④

以上持家八字箴言与处世七戒，内外结合，构成郑观应家庭教育的基本方面，既传承古代优秀的家训遗产，又反映了近代社会的实际，深刻实用，可谓郑观应家庭教育中的精粹部分，很值得珍视。

读书教育

这里"读书教育"指郑观应家庭教育中狭义的读书教育内容部分。该部分内

---

① 乙酉还家书以自勉［M］//夏东元编.郑观应集（下册）.上海：上海人民出版社，1988：1341.

② 训子侄［M］//夏东元编.郑观应集（下册）.上海：上海人民出版社，1988：212.

③ 训子侄［M］//夏东元编.郑观应集（下册）.上海：上海人民出版社，1988：212.

④ 中华民国三年香山郑慎余堂待鹤老人嘱书［M］//夏东元编.郑观应集（下册）.上海：上海人民出版社，1988：1497.

容可分为综合性、专门性教育两大方面。其中，专门性教育又进一步细分为专业或行业教育、妻女性别教育和颇具特色的健康教育以及风水教育。

（一）综合性教育

1. 家庭教育弊端

作为一个深知改良社会的希望在于造就新式人才的晚晴时期思想家，郑观应充分认识到教育，尤其是家庭儿童教育的重要意义。他指出"教子婴孩，家庭教育最关紧要。"① 在与四弟郑月岩通信中感慨："呜呼！国家之盛衰，在于人材；人材之盛衰，在乎学校。我国而欲与列强竞争于二十世纪之舞台，而不亟思讲求教育，不可也。讲求教育，学有专门，而不自幼童始，尤不可也。"② 但当时中国家庭教育普遍存在两大弊端，第一，方法不得当；第二，内容上不实用。

前者突出表现在儿童教育中宽严皆误；而儿童教育是否有效，又取决于母亲是否知书达理。"妇人失教不知书理，其所生子女故不知教育之法。富家子多是纨绔，贫家子鲜知礼貌，非失于宽，即失于严"③；如果人母"知书识礼，明卫生之理，所生子女未入学堂以前，必常依依膝下，事事教导，受益良多。"④ 对此，他有过切身之痛和比较："前游日本幼稚院参观，见四五岁小儿均循循有礼，互相亲爱，而且居处得法，看护有方，各遂其生，各适其性，尤易于抚养。因忆余前所生之儿，两经幼殇，皆由无幼稚院教育而家庭不晓卫生、仆妇不善抚养所致。又视年来子弟不识礼节，不晓公理，动说自由，以致风俗日坏。"⑤

对传统教育内容上不实用的一面，郑观应进行了批判："读书六七年徒以多记为功，不辨菽麦；故名为读圣人书，学圣人道，实则蠢愚迂谬不可响迩，腹笥

① 复蔡毅若观察书［M］//夏东元编.郑观应集（下册）.上海：上海人民出版社，1988：202.
② 与月岩四弟书［M］//夏东元编.郑观应集（下册）.上海：上海人民出版社，1988：242.
③ 复蔡毅若观察书［M］//夏东元编.郑观应集（下册）.上海：上海人民出版社，1988：202.
④ 复蔡毅若观察书［M］//夏东元编.郑观应集（下册）.上海：上海人民出版社，1988：202.
⑤ 与月岩四弟书［M］//夏东元编.郑观应集（下册）.上海：上海人民出版社，1988：242.

空虚毫无心得，岂非可笑耶？岂非可悲耶？""余见同乡幼童，非但不知地理、算学、应对礼节，欲其作一文写一信亦不能。竟有读书十余年或数十年并不识权衡斗量数目，惟专攻八股而已。且见读书久者，其背如驼，盖缘终日伏案读书写字，未教以舒筋活络养生之法，亦无礼、乐、射、御、书、算六艺之学故也。"[①] 这些教育非但无用，反而有害。"教育一途积习相沿，学非所用，且徒尚空言，不求实济，驯至今日西人甚至谓我为无教之国。呜呼！岂真无教也哉！盖教之不得其法，实与无教等也"。[②] 教育方法上不得其法，内容方面不实用，直等于无教育。

因此，他主张郑家子弟进入商业、税务、电报、医学等实用的专业学堂，尤其强调掌握外语，通晓英文的重要性。郑观应根据自己的切身经历，认为外国语言是学习西学，与洋人打交道，进行交流的必备工具："今世学者用力于科举之学，而无暇及于洋文，或视洋文为异端而不屑考求。殊不知当今之世，无论西学之不能不讲，即一切华洋交涉之事亦日繁一日，苟其不明洋文，安能周旋于其间哉？"[③] "盖今日时势，非晓通英文、业精一艺，不足以多获薪水"，故"凡诸弟来沪学习商务者，我无不嘱其先入英文学堂"。[④] 为了多赚薪金，弟子选学操作性强专门科，掌握与外商打交道的工具英文，对家庭而言，再实用不过了。

2. 设立家族教育基金

读书需要钱，稳定的经费乃家族教育持续进行的物质保障。对此，郑观应本人早有设想，惜未成功。[⑤] 直到晚年才在《遗嘱》中特立家庭教育基金条文，规定从子孙所得中抽扣若干，加上本人遗产利息所得，设立专款专用的家庭教育基

① 夏东元编.郑观应集（上册）［M］.上海：上海人民出版社，1982：275.
② 与月岩四弟书［M］//夏东元编.郑观应集（下册）.上海：上海人民出版社，1988：241.
③ 夏东元编.郑观应集（上册）［M］.上海：上海人民出版社，1982：285.
④ 中华民国三年香山郑慎余堂待鹤老人嘱书［M］//夏东元编.郑观应集（下册）.上海：上海人民出版社，1988：1483.
⑤ 致天津翼之五弟书［M］//夏东元编.郑观应集（下册）.上海：上海人民出版社，1988：1182.

金。"我子孙所得薪水由五百两以外至五千两，均提九五扣归公家，如过千两及营业所得利者，任其加提若干以培基本，如不遵守者便是不孝。此款只为各子孙读书之费，不准别用"①。规定死后其本人公产"岁收之息，除子女婚嫁及春秋祭祀、清明拜墓外，均归各儿读书之用，不准移为别用，并不准将产业担保，以免后患。"②

3. 家庭妇人教育

郑观应深知一家之主妇没有教育和文化，不仅如前文所述那样，直接影响儿童教育，而且制约整个家庭发展。"世人只知男子不读书吃亏，不知妇女不读书孤陋寡闻，吃亏更大"。广东妇女不读书识字，结果品德上"不解三从四德，不晓人情物理，不知稼穑艰难"，持家上"不知量出为入"，不能为丈夫"内助"。③因此，他比较重视性别教育，尤其是妻妾女儿教育，要点如下。

（1）讲道德。在给夫人的家信中，郑观应引用《妇女时报》中关于道德的论述和要求："所谓道德者，不论有才与否，惟礼节宜遵而天真不可失，智识宜有而临事不可轻，处家以敬，待人以和，而持己宜诚也"。④即"敬""和""诚"三字为妇人之德。

（2）善持家，作表率。"然其放弃家务、不量入为出自以为乐者，是不知已失妇道、悖礼教，寓苦之理矣。虽然富贵之家侍从人多，不必其妇女躬亲执役，然亦应每日督率整顿，如《朱子家训》所云：必须黎明即起，各有职司，若日高未起，怠惰自甘，家道难成，乐无几时，苦亦随之……从来知礼之妇女，凡有所用，

---

① 中华民国三年香山郑慎余堂待鹤老人嘱书［M］//夏东元编. 郑观应集（下册）. 上海：上海人民出版社，1988：1488.

② 中华民国三年香山郑慎余堂待鹤老人嘱书［M］//夏东元编. 郑观应集（下册）. 上海：上海人民出版社，1988：1488.

③ 复蔡毅若观察书［M］//夏东元编. 郑观应集（下册）. 上海：上海人民出版社，1988：201—202.

④ 致内子叶夫人书并录妇女时报治家格言［M］//夏东元编. 郑观应集（下册）. 上海：上海人民出版社，1988：1216.

未嫁者必问其父母；已嫁者必商其夫婿，纵多私蓄，亦循规矩，罔敢随意私用。"①就是说一般有夫之妇不做家务，居家短于收支平衡，有失妇道；富家之主妇须起居定时，管家督促。还特别讲到主妇如何妥善处理棘手的主仆关系问题。主妇强横，虐待仆人固然不好；然失之过宽、放肆，也有问题。"女子、小人古称难养，待以严，则畏避苟安；待以宽，则肆意纵志。"最理想的是"待之以诚，施之以惠，结之以义，临之以庄，则乐为我用而少怨言诽语矣"。②

（3）男女分工有别，妇女应自食其力，并摆正分工与平等、自由与道德的关系。郑观应说"先贤尝云：妇人主中馈，为夫内助，主持家训，计其所入而后度其所出。如入不敷支，则夫妻筹商应如何节俭，或男女多作夜工以补不足。古者男耕女织，今者男则士、农、工、商各执一艺，女则从事于织绘绣事、医学、扎花等艺，以相助为理。凡中富之家，其妇女皆以能精一艺自食其力者为有名誉。"③男主外女主内，社会分工界限，不能以自由借口以乱之。自由与道德、秩序关系要妥处理，自由须建立在道德、规则、秩序的基础和前提之上。他针对当时不少妇女片面理解和强调自由，敲打自家妇女："盖道德系自由之产母，法律系自由之范围，故世界无无道德、无法律之自由。罗兰夫人曰：'自由、自由，天下古今多少罪恶假汝之名以行，汝曹宜戒之。'"④

4. 儿女婚嫁教育

郑观应认为婚嫁配娶要掌握时机，年龄过幼、时间太急均不宜。"婚配不宜幼，又不宜急。幼配则不知其品行，急配则查访未真，贻累终身，悔之无及矣！"时机适宜，还要符合标准。他要求嫁女择婿，要做到态度谨慎，人品为重，并有一

---

① 论妇女修行书［M］//夏东元编.郑观应集（下册）.上海：上海人民出版社，1988：1180.
② 致内子叶夫人书并录妇女时报治家格言［M］//夏东元编.郑观应集（下册）.上海：上海人民出版社，1988：1216—1217.
③ 训妇女修行书［M］//夏东元编.郑观应集（下册）.上海：上海人民出版社，1988：1179.
④ 训妇女修行书［M］//夏东元编.郑观应集（下册）.上海：上海人民出版社，1988：1180.

技之长。"择婿尤宜谨慎，不可专贪其家财，必要有一艺之长，自能仰事俯蓄。"①唯恐家人不察，他在《遗嘱》里再次重申该标准，并解释其理由：择婿"宜先以品学为重，不可徒贪其富贵。现处竞存时代，无论为士、为农、为工、为商，务求各精其业，各执一艺。设择婿者不此之务，而徒欲于膏粱纨绔中求之，岂有佳子弟哉！"②至于娶妻，则有淑女、健体、勤快、技艺等要求。淑女指的是要有四德或四行。至于淑女云者，考《后汉书》所载，女有四行：一曰妇德——"清闲真静，操守整齐，行己有耻，进退有法"；二曰妇言——"择辞而说，不道恶语，时然后言，不厌于人"；三曰妇容——"盥澣尘秽，服饰鲜洁，沐浴以时，身不垢辱"；四曰妇功——"专心纺绩，不好戏笑，洁齐酒食，以奉宾客"。③他"曾遗训子孙，凡娶妻必须查明以下五款：一、查其父母性情体质；二、查其品行良莠；三、查其技艺巧拙；四、查其行事勤惰；五、查其有无内疾，能料理家务否，不可以貌取人。"④一句话，郑家娶妻标准，可进一步简称为"四德行五条款"。

（二）专门性教育

郑观应所说"专门性教育"包括行业教育、健康教育和风水教育等三种。

1. 行业教育

（1）经商。郑观应是近代中国著名的商战论者。他从比较的角度总结出中西商战，华商败退的十一个原因。第一，办事不供烟茶；第二，物品巨细必载；第三，少请假，极守时；第四，支遣员工公私分明；第五，面见直奔主题，不多

---

① 致天津翼之五弟书［M］//夏东元编. 郑观应集（下册）. 上海：上海人民出版社，1988：1185.

② 中华民国三年香山郑慎余堂待鹤老人嘱书［M］//夏东元编. 郑观应集（下册）. 上海：上海人民出版社，1988：1496.

③ 中华民国三年香山郑慎余堂待鹤老人嘱书［M］//夏东元编. 郑观应集（下册）. 上海：上海人民出版社，1988：1496.

④ 致天津翼之五弟书［M］//夏东元编. 郑观应集（下册）. 上海：上海人民出版社，1988：1185.

寒暄；第六，不拖延，按时办事；第七，各司其职，责任自负；第八，经济为念，反对浪费；第九、十，办公室整洁，有条不紊，且不谈私事；第十一，无固定收入或收入不达一定数目者，不许纳妾，以免分心。[①] 郑观应甚至告诫子侄说，这十一条具有经商普遍性、制度性的意义，"非惟汝辈所当知，即凡经商之人亦不可不知也"。[②]

（2）从政。作为近代商人买办，郑观应本不主张子孙从政，故这方面内容不算多，但他长期与官僚打交道，为彭玉麟、盛宣怀等晚清要人当过幕僚，并有过任广西左江道的短期经历，所提经验非但不外行，反而十分精到。其侄子郑纪常刚当上道员，他即以箴言配诗的方式加以训诫，进行行业教育。

家风守耕读，趋庭贻祖训。忝称通德门，积善纳余庆。

汝今初服官，鹏程贺发轫。钦承不次恩，柏府权臬印。

矢志清慎勤，庶不辱君命。虚心师修竹，鉴物悬明镜。

居常娴律例，始可察利病。莫徇半分情，坚持三尺令。

同寅贵和衷，折狱毋偏听。爱民惟教养，行政自操柄。

变法分缓急，否则成弊政。切勿任臧获，此辈多便佞。

宠用必偾事，巧言莫轻信。民教有交涉，尤当心气定。

可许即允从，不许言宜峻。慎勿效模棱，延约恐启衅。

重则损国威，轻亦毒百姓。能伏蛮貊心，忠信兼笃敬。

数行进箴言，千里遥寄赠。可作座右铭，朝夕冀省傲。[③]

---

① 与子侄论商务书［M］//夏东元编.郑观应集（下册）.上海：上海人民出版社，1988：622—624.

② 与子侄论商务书［M］//夏东元编.郑观应集（下册）.上海：上海人民出版社，1988：623.

③ 箴言寄纪常侄［M］//夏东元编.郑观应集（下册）.上海：上海人民出版社，1988：1318.

其要点为不辱君命、虚心劲节、熟习律例、坚持原则、团结同僚、当防奸吏、政有缓急、慎处教案、忠信笃敬等。后又以书信方式，对侄子提示为官目的和方法。

> 大凡为政临民不难得上峰眷注，而难在下民爱戴。无许官亲在外招摇，所有书吏幕友均须留意体察，免为若辈所蒙。清、慎、勤三字时刻勿忘，交涉之事如万不能从者，即执条约公法以理拒之，不可迁就以遗后患。诚如九江朱子云：吾侪当念为官日少，为民日多也。公余之暇披阅名臣言行录，陈文恭公遗规警省身心。前书论人生必须立志者，盖志不立，如无舵之舟漂荡无定。若志于道德，则功名不足以累其心，志于功名则富贵不足以累其心。①

一本爱民之心管束亲戚、部下，多读名臣言行录，志趣高洁……所有这些，为政者均要心中有数。

2. 健康教育

内容包括规律、知足、节欲、制怒、养病、有度等理念。

（1）规律，生活定时，注重锻炼，动静结合。"凡早起、寝食、体操、休息、办公，均须每日限有时刻"；"日间办事亦须有定期：如早起体操，或行易筋经，或十二段锦，均不可断间，余暇缓步草铺上或海边上，吸受清风；早饭后入公事房办事；到午时中饭后，静坐片时，收视返听于气海，经云'观玄关，调真息'是也；晚饭后复散步、体操、静坐片时就寝。"②

（2）制怒。发怒是居家处事之碍，更属个人健康之大敌。因此，要戒愤制怒，办法是要静心容忍。郑观应对长子："有容德乃大，厚德以载福"；凡"世间大

---

① 与纪常侄书［M］//夏东元编. 郑观应集（下册）. 上海：上海人民出版社，1988：396.
② 训长男润林并录寄月岩弟［M］//夏东元编. 郑观应集（下册）. 上海：上海人民出版社，1988：1181.

福德之人，必能容人之不能容"。引用广东先贤陈白沙之言："血气之忿，君子戒焉。有小不忍，获戾召愆，如火方星，勿使之然，忘身及亲，忍导于前，力克自制，神气和恬。"①郑观应在《遗嘱》中一再叮嘱儿女制怒惩愤："对内对外均宜涵养忍耐，所谓有容德乃大，非特可以处世，且能握卫生之要。"②

（3）节欲。俗语云：色字头上一把刀。在郑观应看来，过分色欲包括在外面嫖娼，在家里纵欲，均于健康大有害处，不加节制甚至会危及生命。他引广东"老公靓老婆多得病，老婆靓老公不长命"的谚语，告诫弟弟郑月岩在这方面需加检点，切莫"贪双方交媾之乐"，牢记《丹经》"生我之门死我户"的警醒。③他认为色为人生四箴之一，有诗自勉："倾国更倾城，身家共一倾。温柔伐性斧，沉溺陷人阬。祸水惩千古，迷津误一生。鸡鸣催雨梦，狐媚逞风情。命注红颜薄，禅参白骨轻。厌听金缕曲，绝意玉钗声。漫赋桑中喜，宜师柳下贞。修真不若是，安得大丹成。"④即过分好色、纵欲，对健康、养生、修道均无益处。

（4）养病。人生在世，难免有病疾。除服药外，如何养病值得斟酌。郑观应在给长子和弟弟的信中，推介晚清名臣曾国藩"以志帅气"和"以静制动"养病两法。所谓以志帅气，具体指的是"人之疲惫不振由于气弱，而志之强者，气亦为之稍变。如贪早睡则强起以兴之，无聊赖则端坐以凝之"。强调的是一种战胜疾病的积极心理和态度。以静制动，内容包括"久病虚怯，则时时有一畏死之见憧扰于胸中，即魂梦亦不甚安，须将生前之名、身后之事，一切妄想，铲除净尽，

① 训长男润林书［M］//夏东元编.郑观应集（下册）.上海：上海人民出版社，1988：1203.
② 中华民国三年香山郑慎余堂待鹤老人嘱书［M］//夏东元编.郑观应集（下册）.上海：上海人民出版社，1988：1497.
③ 致月岩弟书［M］//夏东元编.郑观应集（下册）.上海：上海人民出版社，1988：1230.
④ 世欲希道德而又不能忘情于酒、色、财、气，故作四箴以自警兼勉同志［M］//夏东元编.郑观应集（下册）.上海：上海人民出版社，1988：1418—1419.

自然有一种恬淡意味，而寂静之余真阳自生"。①进而言之，这其实是一种顺其自然地对待病痛等挫折的办法。因此，他主张"凡有所为，顺听自然。事若未至，不生妄念；事若过去，释同冰化。务令此心常若无事，则此心静矣"。②生活之事，十之八九皆不顺意，在心理上要有应急预案，多种准备，及时调适、化解得失。

（5）有度。学界在谈到郑观应养生教育时，多谓其"摄养之法以不伤为本"。这里的"伤"即过度之谓，"不伤"就是把握程度、火候，包括精神与物质方面，含义甚广，"非独无味七情过多为伤，即如才所不逮而困思之为伤，力所不胜而强举之为伤，汲汲所欲之为伤，久谈言笑之为伤，寝息失时之为伤，沉醉呕吐之为伤，饱食即卧之为伤，跳走喘乏之为伤，勉强色欲之为伤。是以养生之家唾不及远，坐不至久，卧不及疲，先寒而衣，先热而解"。③要之，养生健康要把握好度。总的办法无非是"慎起居、节饮食、寡欲清心、存神养气而已。"④这里需要进一步指出的是，郑氏将有度的健康养生思想提高到君子人格、哲学层面认识和把握。一阴一阳谓之道，"偏阴偏阳之谓疾"。⑤阴阳失衡即生病，是前面所说的"伤"。因此，养生保健在很大程度上即是保持阴阳平衡，幸福生活在很大程度上即心态、思维的和谐中庸。他多次训诫长子润林，在生活上平和执中，"知足不辱，知止不殆"。⑥其实就是比上不足，比下有余的中庸生活处世之道。甚至不无夸张地说"不

---

① 训长男润林并录寄月岩弟［M］//夏东元编.郑观应集（下册）.上海：上海人民出版社，1988：1181.

② 复吴剑华道友书［M］//夏东元编. 郑观应集（下册）.上海：上海人民出版社，1988：929.

③ 致月岩四弟书并寄示次儿润潮［M］//夏东元编.郑观应集（下册）.上海：上海人民出版社，1988：108.

④ 《中外卫生要旨》序［M］//夏东元编.郑观应集（下册）.上海：上海人民出版社，1988：1167.

⑤ 《指玄篇》序［M］//夏东元编.郑观应集（下册）.上海：上海人民出版社，1988：23.

⑥ 训长男润林书［M］//夏东元编.郑观应集（下册）.上海：上海人民出版社，1988：1201—1205.

论何事不可过劳，故君子时中，小人反中庸"，^①将有度提高到鉴别君子与小人的道德尺度和高度来审视，显然超出了养生的范畴。

3. 风水教育

风水之说，是中国传统文化的一部分。在科学不易的时代，古人对之有一种难以割舍的信仰，但郑重其事将其当做家教内容之一，则不多见。郑本人对风水之术深信不疑，并有较为精深的研究，甚至在遗嘱中教导后人如何判断风水优劣。如在埋葬先人的阴地方面，在理论上，郑观应认为"地理以峦头为体，理气为用，理不可见而运之气，气不可见而寓诸形"。具体而言，有"峦头四大端"和"理气四大法"。前者为"寻龙、审穴、观砂、相水"，后者是"乘气、立向、消砂、纳水"。^②风水好坏，须看峦、砂、水、土四要素。郑家共计购阴地数十穴，分布在广州（十五穴，最多）、香山和澳门，以为广种薄收，拨十得五，不料吉地甚少。相对而言，他对广州大北门外的将军岭算是比较满意。在给五弟郑翼之的家信中，他称该地"有人字纹土，迁葬先慈陈太夫人，而诸弟在澳均嫌拜扫不便，然觅地甚难，且闻失运大地不如得运小地，现将军岭坐向得运不宜再迁，如将来觅有大地方可迁回，或迁葬于黄蟮地，否则不可妄动"。^③在《遗嘱》中，他将所有阴地的地名、方位、吉凶、价格，一一载明，以示郑重。其中澳门的黄蟮地拟葬母亲陈太夫人；澳门山鼓前网髻地，考虑留作他自己的"寿茔"，^④即死后葬自己的生居地。

---

① 训长男润林并录寄月岩弟［M］//夏东元编．郑观应集（下册）．上海：上海人民出版社，1988：1181.

② 与欧阳伟南地师书［M］//夏东元编．郑观应集（下册）．上海：上海人民出版社，1988：1188.

③ 致天津翼之五弟书［M］//夏东元编．郑观应集（下册）．上海：上海人民出版社，1988：1183.

④ 中华民国三年香山郑慎余堂待鹤老人嘱书［M］//夏东元编．郑观应集（下册）．上海：上海人民出版社，1988：1500—1502.

关联和特点

持家处世、读书教育为郑氏家庭教育两大板块。各板块分别包含丰富的观点、元素。这些观点和元素既相对独立，又关系密切，互相勾连，甚至越出家庭教育内部范畴，外与其整个思想体系息息相关。

（一）家庭教育要点内外结构关系

1. 家教内容要点彼此之间内在关系

第一，家教各个部分之间存在互相交织的关系。郑氏奉"清、慎、勤"三字为做人、为官、经商不同领域的金科玉律。"清、慎、勤三字，古之循吏垂为官箴，余谓此三字不特为官宜守之，即作商亦宜奉作金科玉律"。[①] 单以"慎"字而言，在交友、行事、用人、婚嫁等不同的方面都有所体现。如郑氏反复强调"婚嫁尤须慎重"。[②] 这明显反映了旧时家长担心"女怕嫁错郎"的普遍社会心理。

第二，家教各个部分之间，彼此有一定内在关系性。如有恒、读书与惜时的关系，"学业贵有恒，工夫无废坠。穷通随遇安，出处行素位。儿曹诵诗书，应识义与理。讲求年复年，能否窥奥旨。心以静而专，学以勤为美。寸阴惜圣人，日短悲志士。囊萤富焚膏，映雪可继晷。磨砚铁亦穿，刺股血至履。泡影曾几时，驹光去如驶。进修及少年，青春不足恃。"[③] 坚持读书与刻苦惜时二者的关系，一览无遗。又如婚嫁纳妾与经商成败的关系，晚清民国时正妻之外可以纳妾，但郑观应还是提醒子侄慎重行事。因为纳妾既费财力，又耗精力，使人难以专注于商事。他甚至认为中西商人竞逐，华败洋胜，是因为洋商"莫不顾名誉，洁己从公，

---

① 训次儿润潮书［M］//夏东元编.郑观应集（下册）.上海：上海人民出版社，1988：1207—1208.

② 训长男润林书［M］//夏东元编.郑观应集（下册）.上海：上海人民出版社，1988：1202.

③ 读寒山诗自励并训后人［M］//夏东元编.郑观应集（下册）.上海：上海人民出版社，1988：1465.

勤于职事，固无纳妾之累"。①

第三，家教各个部分之间不仅有关联性，甚至具多重连环性。以读书、自立、婚姻与家庭和睦关系为例：读书是自立的基础，"无论男女于未婚之前发奋求学，为将来自立之地"。郑观应以为子侄自立，有利于对外竞争；擅长一艺，则方便处理家庭内部关系。中国传统家庭的婆媳、姑嫂、妯娌关系，向称棘手，清官难断。为缓和紧张关系和气氛，一个比较有效的办法是，儿子婚后分居他住；而要做到这一点，儿与媳必须精艺谋生，经济独立。因此，理想的婚姻对象，除体健品好，还要"学业有成、能理家业、能治生计者。盖欧美人婚娶后必离其父母，自携新妇另居，故婆媳、姑嫂、妯娌间无争执意见之事，非精一艺者不能自立也"。②又如和睦、忍耐与居家、处世、养生保健的关系，正如郑观应在《遗嘱》中所言："《大学》云：之其所忿怒而辟焉。张留侯、司马懿均能成大功亦在能忍。张公能百忍故可九世不分居……七情之发，忿怒为遽；众怒之加，惟忍为是。不乱大谋，其乃有济；如其不忍，倾败立至。对内对外均宜涵养忍耐，所谓有容德乃大，非特可以处世，且能握卫生之要。"③

最足以显示郑观应全部家教思想要点以及各部分内容之间联系性的，还是他这首《训子》诗：

> 勉尔勤修趁少年，虚心愤志业精专。经书烂熟方西学，博古通今事大贤。
>
> 日用随人称有无，东坡家法画前模。菲衣恶食何须耻，能屈能伸是丈夫。

① 与子侄论商务书［M］//夏东元编.郑观应集（下册）.上海：上海人民出版社，1988：623—624.

② 中华民国三年香山郑慎余堂待鹤老人嘱书［M］//夏东元编.郑观应集（下册）.上海：上海人民出版社，1988：1497.

③ 中华民国三年香山郑慎余堂待鹤老人嘱书［M］//夏东元编.郑观应集（下册）.上海：上海人民出版社，1988：1497.

> 诸葛一生惟谨慎，吕端大事不糊涂。嘉言懿行宜多识，学贯天人乃大儒。
>
> 积德行仁期在我，穷通得失听于天。须求颜子箪瓢乐，勿受人间作孽钱。
>
> 静观世态感炎凉，腹剑还防笑里藏。莫漫逢人结知己，耳余列传细参详。
>
> 教子当如高密侯，各精一艺胜良畴。慎余勤俭成家法，容忍真能解百忧。
>
> 不耐饥寒非志士，能兼气节是全才。英雄自古多磨炼，勿谓艰难志遂灰。
>
> 画虎不成反类犬，文渊示子诚粗豪。先贤家训宜多读，谨守谦和法最高。①

惜时、立志、读书、节俭、谨慎、修行、乐道、防人、精艺、忍耐、立志、格言、谦和等，一气呵成，几乎囊括了家教的方方面面。

2. 家教思想要素与其整个思想体系勾连

身为晚清民初著名思想家和洋务活动家，郑观应事功之余，勤于著书立说，先后有《救时揭要》《易言》《盛世危言》等名著刊行，内容涉及政治改良、实业、教育、医学、道学、军事等多个方面，构成一个比较完整的思想体系。作为教育思想的重要组成部分的家庭教育，与其整个思想关系也非常密切。限于篇幅，以下仅从家庭教育与其他教育思想，积德行善与道学风水，以及家庭个人修养与治国改良关系三方面加以论述。

第一，家庭教育与其他教育思想之关系。郑观应对家庭教育中"读书教育"的重视和主张，是建立在他对整个教育，尤其是学校教育的重视的前提之下的。在整个思想中，郑观应起初比较看重实业商事的意义，主张"商战"；以后逐渐认识到改良政治不可缺少，遂有"开国会，设议院"之议；最后认识到清廷变革不是单方面问题，而是统筹全局的改革。而这种改革首先要有全面新式人才。1909 年，郑观应在《盛世危言后编·自序》中说："欲自强，必先致富；欲致富，

---

① 训子［M］//夏东元编.郑观应集（下册）.上海：上海人民出版社，1988：1364—1365.

必首在振工商；欲振工商，必先讲求学校……盖宪法乃国家之基础，道德为学问之根柢，学校为人材之本源。政治关系实业之盛衰：政治不改良，实业万难兴盛……有治人而后有治法……考日本效法泰西，从本源上讲求，重教育、设公塾、立宪法、兴实学，士农工商均有专门之学，人材日出，技艺日精，上下相顾，情如一体……如是得以自强。"① 这段史料多为研究者引用，核心在于，除了说明强国是一个整体系统，各领域互为条件、互相制约外，最后都指向、落实到教育：教育是富国强兵之基，而学校则为人才来源之本。学校教育是富国强兵之基，自然就成为家庭"致身通显"的基础。因此，郑观应要求家族要极端注意让子孙后代接受学校教育。"盖人材出于学校，非学不足以广其材，亦非学优不能致身通显。我荣禄公子孙有资者均当勉力行之。"② 至于重视妻女教育，则与他强调振兴"女学"的女子教育有关。

第二，道德与修道风水之术关系。诚实、讲德的家教内容，从属于郑观应修道成仙思想。对于修道，郑氏有两个基本观点：一是积德重于备药；二为阴功积德，以德为先。他在养生修道过程中，并不简单排除药佐之用，然积德重于备药。"凡欲入室修炼，必先备办药材"，而"以积德立功尤为求药之大本"。又说学仙更须以积德为先，自称"待鹤虽不敏，廉政自矢，志在先积阴功，后学神仙……是以数十年来，公而忘私，以直待人"。③

积德为先，同样适用于风水一线。郑观应在解释自家所得风水好地不多时，曾感慨"虽不惜重资已购山地数十穴，自渐福薄未获牛眠以偿夙愿"。④ 有德加

---

① 盛世危言后编·自序［M］//夏东元编.郑观应集（下册）.上海：上海人民出版社，1988：13—14.

② 致天津翼之五弟书［M］//夏东元编.郑观应集（下册）.上海：上海人民出版社，1988：1182.

③ 呈张欧冶真人书［M］//夏东元编.郑观应集（下册）.上海：上海人民出版社，1988：37.

④ 致天津翼之五弟书［M］//夏东元编.郑观应集（下册）.上海：上海人民出版社，1988：1183.

上好风水，才能福泽绵长："或有德之家，接手葬得好坟相继，先坟福将尽，后坟福又来，便发福久长矣。"①而风水地师更应有道德。由于中国民间普遍信仰风水，地师遍地，鱼龙混杂，有识者偏少，无能无德者居多，以至有"得吉地无难，得明师难"之叹。如果相信风水因果报应，该行当事实上门槛很高，历来有"医生不善害一人，地师不善害一家"之谓。因此，地师要诚实有德。"但为地师者，所择自知葬后有水蚁，不可隐而不言，当自认其错，与之再看好地迁葬，受人谢金，心方无愧"。②生人积德修道，故人行善得福，使得郑观应以德为本的家教思想，披上了比较浓重的宗教色彩。

第三，治家之术与治国之道关系。郑观应认同治国与治家"理原一致，未有不能治家而能治理国者。经所谓欲治其国，先齐其家是也"。③在家国同构体制下，齐家与治国存在天然的关系。以他最主要的著作《盛世危言》而论，书有《前编》和《后编》之分，但《后编》与《前编》中心思想有个重要区别，即不仅述"中外盛衰治乱之道""国家求富图强之法"，而且论"学者修己治人之方"。④甚至将修己的"道术"的重要性置于自强的"治道"之前："首卷言道术，即正心修身、穷理尽性，至命之学也。二卷至十五卷言治道，即齐家治国，安内攘外，自强之说也"⑤。郑观应的道友认为"物有本末，修己方可治人。以道淑身者乃能以道淑世"。⑥学人一般以为这是郑观应进入晚景，思想消极的结果，其实是

---

① 致王爵棠方伯论考地师书［M］//夏东元编.郑观应集（下册）.上海：上海人民出版社，1988：1185—1186.
② 致王爵棠方伯论考地师书［M］//夏东元编.郑观应集（下册）.上海：上海人民出版社，1988：1186—1187.
③ 训妇女书［M］//夏东元编.郑观应集（下册）.上海：上海人民出版社，1988：1208.
④ 《盛世危言后编》自序［M］//夏东元编.郑观应集（下册）.上海：上海人民出版社，1988：14.
⑤ 《盛世危言后编》自序［M］//夏东元编.郑观应集（下册）.上海：上海人民出版社，1988：13—14.
⑥ 《盛世危言后编》匡庐山观妙道人戴序［M］//夏东元编.郑观应集（下册）.上海：上海人民出版社，1988：5.

作者针对其时世道人心丕变，强调作为家庭个体的人的修养好坏、高下，与救世治国息息相关的基础与顶层的关系。

（二）基本特点

考察了郑观应家教思想的内部之间以及外与整个思想体系的结构关系后，还需进一步逸出其本人家教思想范畴，将其放入中国家庭教育史，尤其是近现代家教史中比较审视，求出特点和定位。

1. 亲身经历的现身说法

郑观应本人面临晚清三千年未有之变局，足迹几遍中国大江南北和海外，涉及经商、从政、教育、洋务、军事、赈济、医学、修道等多个领域，尤其是自己的司职政商，经验丰富，教训深刻。他提出的持家"清慎勤"三字诀，乃建基于"蘧伯玉行年五十而知四十九年之非，今余已七十，知非虽迟，然犹幸为尔等现身说法。"① 三字诀中，又以"清慎"为要，背后是郑在经商中先后五次被亲朋、戚友欺骗的铭心刻骨："有合资贸易亏欠不还者，有借项不还者，有骗去不还者，有应担保赔款不还者，有救其急难不还者"。② 后更在《遗嘱》中一一载明各例，目的在于"俾我子孙知骗术希奇，人情险诈，银钱交易尤宜谨慎也"。③

银钱之外，郑观应对于婚姻之慎已如前述。在他晚年，他以本真的教训，劝诫最好不要纳妾或纳多妾，否则，后患无穷。万不得已，也要看有无教养，能否节欲耐寂。

---

① 训次儿润潮书［M］//夏东元编. 郑观应集（下册）. 上海：上海人民出版社，1988：1207—1208.

② 致天津翼之五弟书［M］//夏东元编. 郑观应集（下册）. 上海：上海人民出版社，1988：1183.

③ 中华民国三年香山郑慎余堂待鹤老人嘱书［M］//夏东元编. 郑观应集（下册）. 上海：上海人民出版社，1988：1484—1485.

余自得真传明圣理后，觉今是而昨非，故劝我子孙非至四十岁无子不可娶妾，既娶一妾则不可再娶，如妾媵多，非但劫财伤身，年老精衰，不满所欲，必至酿出无限之濮上桑间等秽史。且凡娶妾之时，须细查其有无家庭教育，尤须询明该女子之愿嫁己否，能耐苦节欲否。盖妇女无知，一得饱暖遂生淫欲，苟安逸其身则妄心生。[①]

最能体现郑观应持家处世教育的综合性史料，当推其浓缩一生经验教训和处世智慧的长诗——《余涉历世事备受艰虞聊赋长歌以诫儿辈》。

余生负奇气，浮华非所尚。利不竞锥刀，名未资禄养。

仗信屡见疑，守忠数获谤。蹀躞走风尘，敢云志矫抗。

境备历艰辛，甘被俗人诳。窃比卢惠能，涉世惟退让。

抱一学长生，静坐垂蕙帐。邯郸梦未醒，葫芦画依样。

遥闻青城山，云梯绝倚傍。上隐真仙人，时闻步虚唱。

何当抛世事，万里远相访。奈与素志违，难脱旧魔障。

回忆廿年来，如蚁行磨上。僮仆各营私，懋迁资斧丧。

同侪惧贻害，诡言求摒挡。厥后竟食言，掉头远方飏。

落井复下石，无风亦激浪。受累因同人，雁灾占无妄。

债主屡搆讼，经年未了当。明恐累知人，变产悉代偿。

忍耐学吃亏，犹然不原谅。置田傍申浦，沙拥滩日涨。

斯时适返粤，织布局初创。竟为人盗卖，阴谋不及防。

达观无所争，并出原契饷。迨来地价增，值金五万两。

---

① 致月岩弟书［M］//夏东元编.郑观应集（下册）.上海：上海人民出版社，1988：1231.

指望开利源，商务日推广。仰慕姚启圣，汪洋征度量。

生平具仁慈，代人认亏帑。弃职复从戎，百战气益壮。

万里建奇勋，超迁膺将相。明德既日新，多福自天降。

伏波诫子书，言言均晓畅。谨饬可保家，游侠终无状。

慎言无怨尤，轻诺最诳蠢。大凡势利交，虽亲莫放旷。

百事忌因循，一生免惆怅。仲由衣缊袍，颜子居陋巷。

家贫道不贫，心清自无恙。垂训戒儿曹，书绅莫遗忘。①

这种以亲历的成败得失、经验教训，对家人如实相告，倾囊相授，逼真可信，具有明显的小范围、私密性、不为外人道的特质。

2. 借鉴先贤箴言警句

中国古代家国同构，为显扬家声，本有家训的教育传统。郑观应的家教，在充分吸取中国古、近代名人箴言外，还传承本家庭训和参借西方哲人名句，显现出言简意赅、兼收并蓄、来源多元化的近代家教特点。

郑观应重视名训嘉言的功用。告诉长子润林，切不可轻视"先哲名言"。先哲名言为智慧哲理的结晶，"可以修身，可以处世，可以养生"。②在《遗嘱》中，他强调："男女必须熟读所刊先哲家训修身立命要旨，有所则效仿而行之，而嫁娶尤为重要。"③在给弟弟的信中，他写道："尚望我家男女遵守《人谱》《朱子家训》，并选录中外先哲修身、治家、处世名言汇成一册，留示子孙。"④

① 余涉历世事备受艰虞聊赋长歌以诫儿辈［M］//夏东元编.郑观应集（下册）.上海：上海人民出版社，1988：1390—1391.

② 训长男润林书［M］//夏东元编.郑观应集（下册）.上海：上海人民出版社，1988：1205.

③ 中华民国三年香山郑慎余堂待鹤老人嘱书［M］//夏东元编.郑观应集（下册）.上海：上海人民出版社，1988：1496.

④ 与月岩四弟书［M］//夏东元编.郑观应集（下册）.上海：上海人民出版社，1988：242—243.

前者中的《人谱》即《刘蕺山先生人谱》。

因为充分认识到先贤名言在家教中的独特价值，郑观应十分重视翻刻、整理历代处世良言之书。如清代名臣陈宏谋的《训俗遗规》此书"深关世道人心，妇孺都知，里顽易晓，洵足以树人伦之标准，立名教之大防"；① 又如后书《先贤家训心相篇修身立命要言》合陈希夷的《心相篇》、王文成的《训子歌》、赵清献的《勤俭箴》与罗锦堂、黄巽甫的《读书修身论道要言》等单行本而成，如能阅读遵行，"自然进德修业，受福无量，岂非渡迷之宝筏，开觉之金绳哉？"② 郑观应的父亲郑秀峰"手录先贤格言，编辑成帙，名《训俗良规》"，③ 他将此家风继承发扬，出资重印并作序，以为包括本家儿孙在内的后学之津梁。如他传给晚辈的"黎明必须即起""度德量力"等家训，即来自父亲郑秀峰的耳提面命。④

郑氏家训多以名句格言作家庭教育内容。这些名人涉及古今中外，以中国古代为多。古代者有，"诫尔曹不可贪安逸，依赖父兄。盖嬉游耗时、奢靡害俗、晏安偷惰古人所诫。大抵功名富贵无不从辛苦中来，所谓'天将降大任于斯人也，必先苦其心志，劳其筋骨，饿其体肤，空乏其身，行拂乱其所为'。不独尧、舜诸人为然，凡古来建大业于当时，垂令名于后世者，类皆如是。甚而中人之产、小康之家，亦须勤劳俭节。朱子家规云：'懒惰自甘，家道难成。'俗语：'成人不自在，自在不成人。不将辛苦力，焉得世间财。'又云：'历尽世间苦，方为人上人。'""吕东莱曰：死于鸩毒者，千万人而一人耳；死于晏安者，天下

① 《训俗遗规》序［M］//夏东元编.郑观应集（下册）.上海：上海人民出版社，1988：1162.
② 《先贤家训心相篇修身立命要言》小序［M］//夏东元编.郑观应集（下册）.上海：上海人民出版社，1988：253.
③ 先考荣禄大夫秀峰府君行状［M］//夏东元编.郑观应集（下册）.上海：上海人民出版社，1988：1223.
④ 训子侄［M］//夏东元编.郑观应集（下册）.上海：上海人民出版社，1988：212.

皆是也。"①

近代者，有晚清中兴名臣曾国藩、左宗棠。郑观应曾引用曾氏教子读书之言："看书如攻城拓地，读者如守城防隘，二者截然两事，不可阙、不可混。"后者主张读书要设身处地，"细心将古人比拟"自己当下为人处世，"断不可以古人之书与自己处世接物为两事也"。②而西哲卢梭、斯宾塞等有论道德与自由关系的警句，分别为"无德行则自由不能存在"，"爱自由者，人人之天性也，然往往过度而陷于放逸。"③

3. 反映近代中国时代背景，切合其时的社会实际

近代中国社会与古代有很大不同，其中尤以过渡形态和生存竞争为要项。生存竞争力主弱肉强食、天演淘汰，既涉外且对内，特别是在生意场上，被视为没有硝烟，杀人不见血的"商战"。"处二十世纪竞存之世界，优胜劣败。即孜孜惟日，犹恐力有不逮，陷于漩涡。而谓自暴自弃，一艺无成，而欲不受天演之淘汰，断乎其难免也。所以各国王子无不入武备学堂。德、日之兵弁入学时皆卧板床……糙米饭，不惮劳苦，训练其身心。"④为此，他将自立、健康、优婚优育、掌握外语等列为家教的内容要件。"二十世纪婚嫁尤为讲究，彼此均要其父母与本人体质强，品行好，无宿疾痨症，且学业有成、能理家业、能治生计者"⑤。显然，是竞存世纪决定了婚嫁要特别讲究和慎重。"当此竞争之世，有强权无公理，君子道长，小人道消，多有口诵尧舜之言，而心存桀纣之行，若不细心体察，

① 中华民国三年香山郑慎余堂待鹤老人嘱书 ［M］//夏东元编. 郑观应集（下册）. 上海：上海人民出版社，1988：1495—1496.

② 训子侄 ［M］//夏东元编. 郑观应集（下册）. 上海：上海人民出版社，1988：237.

③ 训妇女书 ［M］//夏东元编. 郑观应集（下册）. 上海：上海人民出版社，1988：1209.

④ 中华民国三年香山郑慎余堂待鹤老人嘱书 ［M］//夏东元编. 郑观应集（下册）. 上海：上海人民出版社，1988：1496.

⑤ 中华民国三年香山郑慎余堂待鹤老人嘱书 ［M］//夏东元编. 郑观应集（下册）. 上海：上海人民出版社，1988：1497.

必为彼辈奸佞所欺陷也"。①明了这些时代特点，就不难理解他何以在"清慎勤"三字诀中不厌其烦重复"慎"的重要。

传统与近代并存、中西观念冲突，彼此纠葛缠绕的中国社会过渡形态，直接影响郑观应家庭道德教育，如义利之辨，自由与道德的关系，以道德为本。他在一封家书中，训教次子润潮道："汝学问尚浅，性理未知……惟今初置身于社会，将来无论求名求利，均当以道德为根据。诚如先哲云：'不为财色所困者方是英雄'……然名利场中败坏良心最易，不如从事于实业，所求在己，无损于人，尤容易保守乎道德也"。②君子生财取之有道，平衡好利义之辨，有诗为证："见利当思义，行赇不惮劳。羞言阿堵物，莫逞孔方豪。金埒讥王济，钱神箸鲁褒。官嚣贪墨败，奴鄙守财牢。富已同千乘，悭难拔一毛。欺贫权子母，肆虐吮脂膏。癖笑和长孺（晋和峤字长孺——原注），廉称孙叔敖。孰知铅汞足，囊涩亦清高。"③来自西洋的自由、平等、民主的新观念，与中国以礼为核心的传统道德多有冲突，需要妥善处理。如妇女分工与自由关系，郑观应批评教导家中妻女，"今之妇女，不守治内之天职，往往藉口于平等自由，反将妇女职份内所应做之事置诸脑后，岂知西人所谓自由云者，实以道德为根本也。"④存在决定意识。时刻注意根植于进化竞争的二十世纪和过渡形态的社会土壤家教理念，必然会打上深刻的近代中国烙印。

4. 宗教色彩浓厚

郑观应家庭教育，在为人、处世、持家、道德、养生等方面，具有比较浓烈的宗教，尤其是道教、佛教等色彩。这与郑观应自小修习道教，深染道教思想，

---

① 训长男润林书［M］//夏东元编.郑观应集（下册）.上海：上海人民出版社，1988：1202.

② 训次儿润潮书［M］//夏东元编.郑观应集（下册）.上海：上海人民出版社，1988：1207.

③ 世欲希道德而又不能忘情于酒、色、财、气，故作四箴以自警兼勉同志［M］//夏东元编.郑观应集（下册）.上海：上海人民出版社，1988：1418—1419.

④ 训妇女书［M］//夏东元编.郑观应集（下册）.上海：上海人民出版社，1988：1209.

兼与佛教、儒教互相发明的宗教思想有关。①

笃信因果报应，惩恶扬善之说。郑观应自幼读劝戒诸书，"辄深感慨"，壮岁遍历大江南北，"益信天理昭彰、因果不爽"，积十余年之功，择有关劝惩实例，编成《因果集证》一书，旨在使读者"触目惊心"。"善恶之报应，无爽毫厘，斯之谓因果。"②他以此为依据，将经书中的"作善降祥，不善降殃"加以阐释、发挥，训育自家子侄善有善报，恶有恶报。所谓"作善降祥"，就是"慈祥恺恻之人，世皆钦爱，善气相感，自多如意吉祥之事，纵有时不幸而值祸患，而世之爱之护之者群焉相助，自能转祸为福"。所谓"不善降殃"，即为"凶暴溪刻之人，世皆怨恶。恶气相召，自多乖戾，悖逆之事纵有时福机偶至，而世之怨之、怒之者群焉相攻而阻之，俾其事不成"。善恶皆有报，并非天降，实由人咎。这可以从人事与哲学两个层面理解。人事方面，"善人虽安于韬晦，人必知之，终必所为如意。恶人即善于弥缝，暂时获福，总之其奸必破，终必事事艰难。"换言之，若要人不知，除非己莫为。哲学方面，以阴阳、善恶、生死之气，相发明、印证："善气为阳，即生气也；恶气为阴，即死气也。生气自与天地吉祥之气相感召，死气自与天地乖戾之气相感召，于是有嘉祥麻祯、瘟疫祸患之各因其气而中之。然则世之为善者非为人便，实亦自便而已。不必邀福，亦尽其分之所当为而已。"③

郑观应有首《训子》诗，巧妙揉入避恶行善理念，涉及经商、勤俭、谨慎、适度、精艺等几乎所有内容方面，很能体现其家教的宗教色彩。

古今因果已三编，勿与人争宿债钱。天理流行人欲净，真吾常在可延年。

① 管林. 郑观应的道教思想及其养生之道［C］//纪念郑观应诞生一百六十周年学术研讨会论文集［M］. 澳门：澳门历史文物关注协会、澳门历史学会，2003：230.

② 《因果集证》序［M］//夏东元编. 郑观应集（下册）. 上海：上海人民出版社，1988：1161.

③ 训子侄［M］//夏东元编. 郑观应集（下册）. 上海：上海人民出版社，1988：225.

> 立志须求一等人，专崇道德莫忧贫。英雄出处多贫困，功业由来俭与勤。
>
> 得便宜是失便宜，多少阴谋尔未知。守正不阿存善念，自然福禄获天施。
>
> 马援训子宜谨饬，究竟奢华不久长。素位而行量出入，先机预蓄隔年粮。
>
> 养生古法功无间，觉岸同登理莫忘。须有精神求福泽，事凡过度必身伤。
>
> 欲无后累须为善，各有前因勿美人。烦恼皆由多妄想，不能容忍不安贫。
>
> 大富由天枉力争，能精一艺可谋生。切毋行险图徼倖。熟读经书理自明。
>
> 人生富贵似云烟，道德能留亿万年。休自殉名兼殉货，存心养性学先贤。①

须指出的是，郑观应家教中的宗教因素和色彩，并非都是消极的，而是与人的积极主观努力相结合。如"凡事须脚踏实地，知己知彼，度德量力，守分安命，顺时听天，以待机缘，不可行险以徼倖。虽大富贵天主张，然非自己学业优长，品行端方不来"②。"小富由于勤俭，非勤俭不能治家；大富根于前生，非德厚不能载福"。"富贵天主张，由不得我，当居易以俟之；学问我主张，由不得天，当勉力而行之"③。在这些家训中，人们更多看到的是兼备命运与主动、客观与主观，尽人事，听天命的中国式平和达观的为人处世方式。

结　语

郑观应自幼深受庭训，长大后离开故土长期在外打拼，家庭观念极重。家庭氛围，买办职业，竞争时代，传统与近代、中国与西洋因素缠绕、纠结、并存的过渡社会形态，影响和决定了其家教思想中持家处世、读书教育的内容板块及其观点、要素。家教内部各要点之间彼此存在的交织、依存，甚至连环等关系，超

---

① 训子侄［M］//夏东元编.郑观应集（下册）.上海：上海人民出版社，1988：1475—1476.

② 中华民国三年香山郑慎余堂待鹤老人嘱书［M］//夏东元编.郑观应集（下册）.上海：上海人民出版社，1988：1487.

③ 训子侄［M］//夏东元编.郑观应集（下册）.上海：上海人民出版社，1988：237.

越一般家教的经验、感性阶段，进入到理念和思想层次。家教思想与其整个思想体系布满了部分与整体、实践与理论、小家与大家等关系，显示出家教思想是其整个思想的重要基础、支撑。这种对内与向外的交叉、联系关系，不妨称为郑氏式家庭教育思想结构。亲身经验教训的凝结，多元化的先贤箴言的内容与形式，痕迹较深的宗教烙印，近代中国社会过渡形态存在的反映，这些特点充分证明了郑观应家教思想在中国家庭教育史，特别是在近现代中国家庭教育史上，具有独特的价值和特色；对在市场经济下竞争日趋激烈的今日中国家庭教育来说，也有直接的现实借鉴意义。

试论郑观应的职业技术教育思想及启示

金 鑫[①]

郑观应，本名官应，字正翔，号陶斋，又号待鹤山人，广东香山县人。其祖父"不屑以寻章摘句为能"，父亲则"敝屣科名，设帐授徒"[②]。郑观应 17 岁时应童子试未中，因家贫，也因香山是"买办故乡"，家族中就有几个亲朋是高级买办，在学商兼顾的乡风和务实戒虚家风的影响下，他遵循父命，到上海学贾经商，终成近代民族资产阶级的先进代表，以洋务实业活动家和维新改革思想家闻名于世。

郑观应的一生，经历了鸦片战争、太平天国运动、洋务运动、甲午战争、维新运动、义和团运动、辛亥革命及北洋军阀时期。他生活的时代，是中国封建社会最羸弱的时代。他一生的主要活动在经商，其思想核心是富强救国。他的富强救国理想，在政治、经济、军事、外交等领域都有所涉及。本文主要从职业技术教育的角度，来阐述它作为郑观应商战救国系统中的一个重要环节所具有的价值，以及对当今职业技术教育的启示。

重视职业技术教育思想的缘起

学者罗红希在《试论郑观应职业教育思想的缘起》[③]一文中，指出郑观应职业技术教育思想的形成是和他所生活的时代相关的。当时的中国由独立自主的封

---

① 金鑫，女，江西高安人，讲师，澳门大学哲学博士，研究方向为中国现当代文学。
② 易惠莉.郑观应评传［M］.南京：南京大学出版社，1981：2.
③ 罗红希.试论郑观应职业教育思想的缘起［J］.学理论，2011（8）：146，170.

建国家沦为半殖民地半封建国家，经历着"千年来未有之大变局"。正是这种中西关系格局发生剧变的时代，孕育了他的职业技术教育思想。郑观应作为当时的民族资产阶级的先进代表，在长期的商业实践中认识到，借材异域、练兵制器固然重要，但如果不抓住教育、培养人才这个关键问题，那就等于舍本求末，最终还是达不到富强救国的目的。在郑观应看来，不积极发展教育，育才于学堂，其恶果首先是权自外操。

晚清初年经世致用的思潮是催生郑观应重视职业技术教育的又一个缘由。林则徐编写《四洲志》，是放眼世界的第一人，魏源明确提出"师夷长技以制夷"的救世之方，对后世产生深远的影响。郑观应学贯中西，不但受到林则徐、魏源等前辈人格力量上的感召，在思想上也深受启发，综观其诗歌，无不洋溢着经世派强烈的爱国热情，他不光把目光投射在如何抵御外侮上，还将大量的精力放在经世派所关注的职业教育的内治上。他所提出的方略，显然烙上了经世派"师夷长技以制夷"的痕迹。

此外，郑观应作为早期的资产阶级改良主义者，其职业教育思想的形成与其长期的洋务实践活动经历有着密不可分的联系。最能反映郑观应主导思想的是《盛世危言》一书，它标志着郑观应改良主义思想体系的形成。学习西方的科学技术，中体西用是其核心观点。

地缘因素的影响是郑观应职业教育思想形成的又一重要条件。郑观应生于广东香山，这里是较早接受西方经济和政治影响的南海之滨。在洋人汇集的广东，这里的人们见闻广远，他们既热爱祖国，又有国际思想，对外来文化既不排拒也不盲目崇拜，中西文化兼容并包，取长补短，从而丰富和发展了岭南文化。岭南文化铸就了一批懂洋文、识洋务的人才，也铸就了一批放眼看世界的先进人物。在这样的环境下，郑观应接受了潜移默化的影响。这样的地理环境对郑观应的职业教育思想和实践必然有耳濡目染、潜移默化的影响。

务实的作风和家族的职业取向是影响郑观应重视职业技术教育的第五个因素。郑观应的曾祖父郑璧庄和祖父郑鸣岐都"不屑以寻章摘句为能",父亲郑文瑞亦绅亦商,读书、经商两不误的务实作风也对郑观应影响深刻。当郑观应最初科举考试失败后,便走上经商之路。"务实""戒虚"的家庭教育传统使郑观应摆脱了传统重学术、轻科学技术的观念,从而为他今后职业教育思想的形成奠定了重要基础。

办学校、学西学,培养理论与实际相结合的技术人才

在甲午战争后新修订的《盛世危言》中,郑观应认为当今"强邻环伺,祸患方萌",亟须培养有实际才干的人才。他指出:"教育为立国之本,国运之盛衰系之,国步之消长视之。"郑观应在考察西方各国经验后指出:"近世反弱为强之国,莫捷于德、日",其练兵制器和发展商务,"莫不从教育来,故均一跃而为世界之强国"。所以,他在论著中反复强调:"自强之道,以作育人才为本,求才之道,以设学堂为先"。[①]

为此,郑观应先破后立,先对中国的旧式教育进行了抨击:"为师者类皆迂儒老生,终身从事于章句之学,帖括之艺。试问以五洲形势、列国政治、历朝史鉴、诸子百家、天算、动植、形声、格致之学,皆懵然漠然,不知所对","四书读竣,又习五经。然膏继晷,朝夕从事于斯,彼其用心将为考试之题目耳,制艺之取材耳,于义理无所讲究也,于文法无所留意也。故有读书六七年徒以多记为功,不辨菽麦;故名为读圣人书,学圣人道,实则蠢愚迂谬不可向迩,腹笥空虚毫无心得。"[②]认为这是死读书、学用脱节,无益于睁眼看世界、补救危亡的中国现实。

---

① 夏东元编.郑观应集(上册)[M].上海:上海人民出版社,1988:270.
② 郑观应.盛世危言[M].沈阳:辽宁人民出版社,1994:22—23.

同时郑观应指出："欲救中国之贫，莫如大兴工艺"，主张学西学，学近代科技教育。他认为，学西学是顺应历史潮流发展的"时务"，是"救时弊"的"对症"良药。他把拒绝西学的顽固派比喻为别人把明珠送来，"我乃按剑疾视，拒之而不受"的蠢驴。针对某些人在向西方学习时，自卑不自信，"震惊他人之强盛，而推崇过当"，把西学"诧为巧不可防"的东西等现实，他鼓励学习者：西学尽管造诣"精深"，但只要学者"运以精心，持以定力"，是可以学到和学好的。①

为了发展近代的工商业，郑观应强调我国中小学教育应学习西方的科学技术知识，"先入小学堂，教以浅近文理、地图、算法、史事、格致之属，小学成后，送入中学堂，所学甚多，名曰普通学，如国教、格致、算学、地理、史事、绘图、体操、兵队操、本国行文法、外国言语文字……"无论小学还是中学，重点学习格致之学，用西方的科学技术达到"皆有益于国计民生"的效果。

郑观应的重实学、轻虚学，反映了教育适应资本主义"实事"，发展资本主义"实功"的历史要求。从社会稳定的角度来讲，教育可为社会培养具备一定生产技能以自食其力的劳动者，使他们不至流为盗贼，从而实现社会的稳定。从挽救民族危亡、全面实现近代化的角度讲，通过格致制造之学与外强进行商战，从而实现国家富强的现实目的，这些都是有积极意义的。

1896年到1897年间，郑观应在汉阳铁厂任总办。在实践中他深感人才之不足，遂提出在铁厂设立大学堂的建议。这个学堂的学生"上午读书，下午入厂学习机器"。对轮船招商局所需航运人才的培养，郑观应建议专门设置练船一艘，"凡驾驶管轮各学生，即在船上学习，无须另设学堂"。这样一面学习理论知识，一面练习实际操纵，既能节约费用，又可快出人才。学习轮机的学员则在各厂学习，除"每天功课外，仍赴各厂练习工艺，考究制造之法"。这种结合机器操作实践

---

① 夏东元编.郑观应集（上册）［M］.上海：上海人民出版社，1982：273—274.

的半工半读、"就局厂之机器可即事以指授的"教学模式，一定能提高教学效率，起到事半功倍的效果。培养"坐而言者即可起而行"的"实学者"，"为将来替代洋匠地步，月薪可减，钢铁货成本自轻，又免为他人挟制"，① 这是在当时国家主权不独立的情况下，对教学模式革新以期达到目的。

派人游学各国，优奖录用

郑观应主张将深通中西语言文字的本国高材生送到西方各国去留学，由国家提供经费，学成回国分任各事，届时"即可不用洋匠"，而自己"递相传授"。"派人游学各国"表明了其独特的人才观。郑观应一再强调学习对人才的重要性："虽有才良，不学则废"，"国无不学之人，则贤才不胜用"。在喊出"国之盛衰系乎人"的同时，他也发出了振聋发聩的呼吁："然则中国今日所以力图自强，不至于借材异域，其可不讲求造就人才之道乎哉？"故此，他提出了"今中国亦宜亲派大臣率领幼童，肄业各国，习学技艺，师彼之所长，补吾之所短，国中亦何虑才难乎？""各州县、省会学堂生徒之课艺，凡自备资斧游学外邦，专习一艺，回国者准给凭照，优奖录用，则人材日出，何患不能与东西各国争胜乎？"② 的号召与感叹。

派人游学各国又分两种育才模式：第一种，主张学徒先在国内学习二至三年，逐渐成熟之后即派往英、德等国继续游学两年；第二种，主张要派遣有经验、懂外语的工匠进入外国的机器厂实地学习考察，"如试其材艺确有成效者，奏请朝廷格外奖励，以期闻风兴起"。③

对自费留学并学有所成的学生给予奖励并优先录用，在当今已经是再也寻常

---

① 盛宣怀. 盛宣怀档案资料选辑［M］. 上海：上海人民出版社，1984：543.

② 夏东元编. 郑观应集（下册）［M］. 上海：上海人民出版社，1982：1039.

③ 夏东元编. 郑观应集（下册）［M］. 上海：上海人民出版社，1982：1041.

不过的事情了，但对当时视外国的科学技术为异端或"奇技淫巧"的社会来说，郑观应的这一主张摆脱了传统社会固有的羁绊，给社会文明进步送来一股清新、和煦的暖风，大大调动了人们学习、传播西方技术的积极性。

郑观应职业技术教育思想的启示

前文分析了郑观应重视职业技术教育的缘起和他在职业技术教育思想方面的三个观点：培养实用人才、重视实践、开展对外交流留学并给予奖励。郑观应的这些职业技术教育思想不仅对中国近代化过程产生了深刻影响，对当今职业技术教育发展也有重要的启发意义。

（一）重视职业技术教育依然是时代的要求

富强救国是郑观应在近代发展职业技术教育的核心目标，时至今日，职业技术教育仍是一个国家经济社会发展的重要基础，是实现工业化与现代化的重要支柱，是提升综合国力和核心竞争力的重要措施和手段。

以广东省为例，改革开放近 40 年来，广东发挥毗邻港澳的区位优势，抓住国际产业转移和要素重组的历史机遇，率先建立开放型经济体系，成为我国外向度和市场化程度最高的区域。进入 21 世纪以来，国际政治经济形势发生了巨大变化，突如其来的全球金融危机使广东经济发展面临极大挑战，长期高度依赖国际市场的发展方式和粗放型增长方式难以为继，依靠要素投入的外延扩张经济发展方式亟须转变，产业转型升级迫在眉睫。然而，在谋求加速转型升级的过程中，我们却正遭遇技能技术人才不足的挑战，广东省内企业对技能技术人员的需求占用工需求总数比重达 18.2%，同比上升 2.7 个百分点，这一需求也达到该省近年来的最高水平。

因此，随着产业结构调整深入推进，企业对技能技术人员需求的增加，我国的现代化建设不仅需要大量接受过高等教育，具有知识和技术创新能力的领军人物和拔尖人才，更需要数以亿计的高素质的劳动者和技能性人才。我国要走新型工业化道路，推进经济结构调整和增长方式的转变，增强专业竞争力，就必须大力发展职业技术教育，加快培养技能型专门人才和高素质劳动者。

（二）继承和发扬实用人才的工匠精神

当今社会心浮气躁，追求"短、平、快"（投资少、周期短、见效快）带来的即时利益，从而忽略了产品的品质灵魂。郑观应力主学习德国和日本的技术工艺的观点，可为当代我国转变经济增长模式带来启示。

与郑观应强国理念相一致，精益求精、求实创新的工匠精神是我国由制造大国向制造强国转变必须具有的精神。具有"工匠精神"的人，将追求细节的完善和产品的完美变成一种信仰，始终不渝地追求至善至美的状态，用心服务社会和他人，打造优质产品和服务，从而利于民族品牌的成长和良好社会风尚的形成。

《国务院关于印发国家教育事业发展"十三五"规划的通知》里也强调"强化大国工匠后备人才培养。着力提升职业学校人才培养质量，加强职业精神培育，推进产业文化、优秀企业文化、职业文化进校园进课堂，促进职业技能和职业精神高度融合，着力培养崇尚劳动、敬业守信、精益求精、敢于创新的工匠精神。"培育工匠精神已经成为国家意志和社会共识，它是企业转型、产业升级的需要；是消费者个性化消费和高品质生活的需要；是劳动者职业生涯发展和个人价值实现的需要。

（三）从半工半读到现代学徒制的教学模式

现代学徒制是由企业和学校共同推进的一项育人模式，学徒可以是学生，也可以是企业员工。该育人模式的主要特色是"就学即就业"：学徒一部分时间在企业生产，一部分时间在校学习。这一教学模式郑观应在1896年到1897年间即已提出，那时半工半读的教育模式，其实质属于"工厂学徒制"。现代学徒制是对工厂学徒制的继承与发展，它是当前我国职业教育改革的深化。政策层面，2012 — 2014 年，教育部连续三年将现代学徒制试点列入年度工作要点，《国务院关于加快发展现代职业教育的决定》（国发〔2014〕19 号）亦将现代学徒制试点列为推进人才培养模式创新的重要举措。实践层面，越来越多的学校和地区也正开展着各种形式的现代学徒制试点。

现代学徒制比工厂学徒制要协调的关系更为复杂。比如，作为"双主体"的学校与企业关系的协调，解决"双身份"（学生与学徒）问题，构建"双体系"校企课程，打造"双导师"师资队伍，建立"双标准"考核评价体系等方面来解决教育模式、学生身份、课程体系、导师机制、评价方式等问题。此外需要政府、行业的政策支持和制度的保障。[①]解决这些问题，对加快我国的经济转型，改善社会民生将起到积极作用，这些都还有待我们积极探索与实践。

---

① 吴建设. 高职教育推行现代学徒制亟待解决的五大难题［J］. 高等教育研究，2014（7）：41—45.

郑观应的国家治理思想探析

陈志刚 [①]

郑观应，字正翔，号陶斋，广东香山县（今中山市）人，近代著名的爱国者，早期维新派的代表人之一。在长期的社会实践活动中，为实现国家富强、民族振兴、人民幸福，他深入调查研究，精研西方政治、经济制度，进行不懈的探索与思考，形成了比较系统和完整的国家治理思想体系，内容涉及政治、经济、文化、社会等各个方面，明确地回答了国家治理的价值目标、根本前提和基本条件，对当前推进我国治理体系和治理能力现代化，实现中华民族伟大复兴的中国梦具有重要的借鉴意义与启迪价值。本文就郑观应的国家治理思想作一粗浅的论述。

大力发展经济，实现国强民富是国家治理的价值目标

郑观应是中国近代思想史上承前启后的进步思想家。他在相当程度上揭露了西方资本主义列强对中国的经济侵略和压迫，较为完整地提出了学习西方大力发展经济的改革方案。郑观应极力主张政府要以商务为中心，在政治、经济、文化等各方面采取有利于发展本民族经济的各项措施，强调大力发展经济，实现国强民富是国家治理的价值目标。在郑观应的国家治理思想体系中，大力发展经济，实现国强民富，主要侧重于发展"商务"和"工业"两大实业。"商务"和"工业"两大实业，被郑观应视为西方国家国强民富的基点。

---

① 陈志刚，男，江西南昌人，中山职业技术学院讲师、华中师范大学马克思主义学院博士研究生，主要研究方向为中国近代史、中共党史与党建。

在对商务进行论述之时，郑观应对中国传统的"重农抑商"思想进行了尖锐的批评，指出："善于谋国者，无不留心各国商务，使士农工商投人所好，益我利源。惟中国不重商务，而士农工商又各自为谋，虽屡为外人所欺，尚不知富强之术。"① "中国袭崇本抑末之旧说，从古无商政专书。但知利权外溢，而不究其所以外溢之故，但知西法之美，而不究西法之本原。"② 郑观应认为，要大力发展经济，真正使国家富强起来，必须改变过去传统而愚昧落后的"重农抑商"思想观念，应该从西方国家发展的事实中看到，商务以及其他行业的发展，对促进国家的繁荣富强都有积极的作用。郑观应对商业在整个国民经济中的地位和作用有较为明智的认识，提出了"以商立国"的方针。他一针见血地指出："商以贸迁有无，平物价，济急需，有益于民，有利于国，与士农工互为表里。士无商则格致之学不宏，农无商则种植之类不广，工无商则制造之物不能销。是商具有生财之大道，而握四民之纲领也，商之义大矣哉。"③

与此同时，郑观应明确地指出，西方列强对中国的侵略主要有两个途径：一个是军事方面的"兵战"，另一个就是商贸方面的"商战"。两者相比较，商战要比"兵战"厉害得多。"彼之谋我，噬膏血非噬皮毛，攻资财不攻兵阵，方且以聘盟为阴谋，借和约为兵刃。迨至精华销竭，已成枯腊，则举之如发蒙耳。故兵之并吞祸人易觉，商之掊克敝国无形。"因此，中国要富强而不被西方压迫，就必须与西方展开兵战和商战的较量，其中商战比兵战更为重要。郑观应特别强调："习兵战不如习商战。"既然要进行商战，最终的落脚点和对策之一就是要将商务大力发展起来。而在这方面，西方是中国最好的老师。郑观应以自己多年来对西方发展的观察和了解，以及自身经商活动的亲身经验，从多方面论述了西

① 夏东元编.郑观应集（上册）［M］.上海：上海人民出版社，1982：595.
② 夏东元编.郑观应集（上册）［M］.上海：上海人民出版社，1982：607.
③ 夏东元编.郑观应集（上册）［M］.上海：上海人民出版社，1982：595.

方如何重商强商以发展商务的历史经验，希望清政府可以吸收、借鉴和采纳，使中国可以早日实现富强的目标。

与对商务的论述相比，郑观应论述工业的篇章也不少。从其所论内容来看，郑观应对工业的重视程度，其实丝毫不亚于商务。在郑观应的思想认识中，决定商战胜负的关键因素，还在于本国工业是否强大有力。因为只有拥有强大有力的工业，才能真正成为商战的坚强后盾和可靠支柱。他明确地指出："商务之盛衰，不仅关物产之多寡，尤必视工艺之巧拙，有工以翼商，则拙者可巧，粗者可精。借楚材以为晋用，去所恶而投其所好，则可以彼国物产仍渔彼利。若有商无工，纵令地不爱宝，十八省物产日丰，徒弃己利以资彼用而已。"① 在总结古今中外经验教训的基础上，郑观应充分认识到大力发展工业对于一个国家和民族的极端重要性。他指出："上稽罗马、蒙古兵力之强，知税敛不知教育，实业不兴，以致民怨国亡。我中国史册所载管仲相齐，霸诸侯一匡天下，以民为贵，严定法律，振兴农工，擅鱼盐、官山府海之利，亦偿以商战弱人国。可知古今兴亡之故，非兵强不足以保国，非商富不足以养兵，而商战之利器在农工。"②

那么该如何发展中国的工业呢？郑观应根据自己的观察和了解，主张向中国的近邻和曾经的"学生"日本学习，积极借鉴日本的发展经验。他认为日本学习西方是取得了实实在在的成效的，"不独仿造中国土货，更仿造西洋各货，贩运外洋，价廉工巧，人争购之。"以日本为师，大力发展本国工业，必能实现国强民富。"夫日本商务既事事以中国为前车，处处借西邻为先导。我为其拙，彼形其巧。西人创其难，彼袭其易。弹丸小国，正未可谓应变无人，我何不反经为权，转而相师，用因为革，舍短从长，以我之地大物博、人多财广，驾而上之犹反手耳。"③

---

① 夏东元编.郑观应集（上册）［M］.上海：上海人民出版社，1982：588.
② 夏东元编.郑观应集（下册）［M］.上海：上海人民出版社，1988：12.
③ 夏东元编.郑观应集（上册）［M］.上海：上海人民出版社，1982：591.

郑观应这种通过向日本学习来发展本国工业的思路和主张，由于同文同种的缘故，确实可以避免直接学习西学所导致的费时费力费财等不利影响。在当时的社会历史条件下，不失为一种现实可行且十分宝贵的强国富民的主张。

根据中国特点，实行先进文明的政治制度，是实现国家治理的根本前提

在论述强国富民的经济思想的同时，郑观应还十分关注当时中国的政治革新与改良。郑观应认为，中国要渡过目前的危机，在备商战大力发展经济以实现国强民富的同时，就须有与之相适应的政治制度配套；根据中国特点，实行先进文明的政治制度，是实现国家治理的根本前提。在当时的社会历史背景下，先进、文明、优越的政治制度，毫无疑问指当时正处于历史发展兴盛时期的西方资产阶级民主制度。而当时晚清政府腐朽黑暗、效率低下的政治上层建筑已严重阻碍了社会的进步和发展，不利于中国的繁荣富强。若不进行大刀阔斧的政治改革，腐朽黑暗的封建专制制度将成为开展商战以及实现经济发展的巨大障碍。由此可见，大力实行政治改革，根据中国特点，实行先进文明的政治制度，在当时已是势在必行。

郑观应主张把"除弊"与"兴利"紧密结合起来："除弊"的重点主要集中在对吏治的整顿上，以实现吏治的根本好转；"兴利"的重点则是建立西方式的议院，对君主专制加以制衡，使其得到一定程度的改良，同时也让人民能够获得一些民主政治权利。不夸张地说，郑观应是中国近代历史上最早主张建立君主立宪政治制度的第一人。他早在1895年就提出要制定宪法以限制封建君主的权力来保障民权的充分行使，真诚希望当时的中国能够认真学习和借鉴西方的先进政治制度，建立一套适合中国国情的君主立宪政治制度。

在郑观应看来，实行先进文明的政治制度，必须努力做到以下几点。第一，必须设立议院，实行君主立宪制。郑观应比较详细透彻地论述了西方议院制度的来龙去脉以及西方各国不同类型的议会制度，他认为："议院者，公议政事之院也。集众思，广众益，用人行政一秉至公，法诚良、意诚美矣。无议院，则君民之间势多隔阂，志必乖违。力以权分，权分而力弱，虽立乎万国公法之中，必至有公不公、法不法，环起交攻之势。故欲借公法以维大局，必先设议院以固民心。"①"然博采旁参，美国议院则民主过重，因其本民主也。法国议院不免叫嚣之风，其人习气使然。斟酌损益适中经久者，则莫如英、德两国议院之制。"②根据中西方历史文化的比较研究以及中国自身的现实特点，郑观应认为当前中国实行君主立宪制最符合国情。他疾呼："中国人口不下四万万，果能设立议院，联络众情，如身使臂，如臂使指，合四万万之众如一人，虽以并吞四海无难也。何至坐视彼族越九万里而群逞披猖，肆其非分之请，要以无礼之求，事无大小，一有龃龉动辄称戈，显违公法哉！故议院者，大用之则大效，小用之则小效者也。"③由此可见，郑观应是把设立议院，实行君主立宪制作为实现中国繁荣富强、成功抵抗西方列强侵略、实现民族独立的最有力的治国方略。

第二，必须实行选举制。选举制是西方民主制度的核心和灵魂。实行君主立宪制，必须实行与其相适应的选举制度（郑观应称之为"公举制"）。"公举制"在郑观应心目中的重要性可以从其代表性著作《盛世危言》中看出来。在《盛世危言》中，"公举"篇被放在"议院上"和"议院下"两篇之后紧接着的位置。也就是说，一旦确定要实行君主立宪制，必须首先实行"公举制"。对于选举制，郑观应指出："查泰西公举之法：有一乡公举之人，有一县公举之人，有一府公举之人，有一省公举之人。凡身家清白有产业若干者，方可举人。今则无产业有俸糈，而确系士人、身家清白者，亦可举人。其预选举者，须年在二十五岁左右，

---

① 夏东元编.郑观应集（上册）［M］.上海：上海人民出版社，1982：311.
② 夏东元编.郑观应集（上册）［M］.上海：上海人民出版社，1982：312.
③ 夏东元编.郑观应集（上册）［M］.上海：上海人民出版社，1982：313.

有产地于国中，品学兼优，操守廉洁者，方得被选。亦有但问其才力能否胜任，不必问其身家殷实者。考各国选举议员之例，为民主、君民共主等国最重之典章。议员即民间之委员，由县而府，由府而国。而事之利弊，民之好恶，胥借委员以达之。"① 与此同时，郑观应强调："国之盛衰系乎议院，人才之贤否视乎选举。议院为国人所设，议员即为国人所举。举自一人，贤否或有阿私；举自众人，贤否难逃公论。且选举虽曰从众，而举主非入本籍至十年以后，及年届三十，并有财产身家，善读书负名望者，亦不得出名保举议员，其杜弊之严又如此。"可见，郑观应是比较认同和欣赏西方那种通过公开民主选举代表以参与国家政治生活的选举制度，认为这关系一个国家的兴衰成败。但郑观应根据自己的分析观察与理性思考，并不主张全盘照搬西方的选举制，而是主张从中国固有的传统文化实际出发来吸收和借鉴西方的选举制。他明确指出："诚能本中国乡举里选之制，参泰西投匦公举之法，以遴议员之才望，复于各省多设报馆，以昭议员之是非，则天下英奇之士、才智之民，皆得竭其忠诚，伸其抱负。君不至独任其劳，民不至偏居于逸，君民相浃，情谊交孚。"② 同时也可以看出，对于实行选举制的前景和功效，郑观应是充满自信的。

第三，必须改革吏治。在郑观应看来，要实行先进文明的政治制度，不仅要大力改革国家基本的政治体制，实行君主立宪制度和选举制度，同时也要改革吏治，清除腐败黑暗的官吏，使政府的官吏奉公守法、廉洁高效，更好地适应中国社会文明进步之需要。郑观应对当时清廷的吏治败坏有比较清晰的认识，悲愤地指出："吏部铨选之章，率范之于掣签按轮之中，而不复问其人之贤否"，"不肖者恣唯暴决，如蛇蝎，如虎狼。即上司风闻参撤，而乡里小民之死已不可复生，断者已不可复续矣"，"今之巧宦，莫妙于阳避处分而阴济奸贪，一事不为而无

---

① 夏东元编.郑观应集（上册）［M］.上海：上海人民出版社，1982：329.
② 夏东元编.郑观应集（上册）［M］.上海：上海人民出版社，1982：313.

恶不作。上胺国计，下剥民生，但能博上宪之欢心，得同官之要誉，则天变不足畏，人言不足恤，君恩不足念，民怨不足忧。作官十年而家富身肥，囊臭累累然数十万金在握矣"。[①] 因此，郑观应认为，要实现国家治理，各级官吏的素质十分关键，要进一步强化政府的考核与监管力度，真正做到赏罚分明，有效地祛除弊政，实现吏治的清明。只有这样，国家治理才能走上国强民富的康庄大道。"明试以功，赏必当功，罚必当罪，循名责实，至正大公，则吏治日清，民生日遂，国本日固，国势日强。"[②]

高度重视教育的改革与发展，是实现国家治理的基本条件

19世纪70年代以来，随着西方列强对中国的侵略进一步加深，中国正经历着"数千年来未有之大变局"，面临着巨大的民族生存危机。郑观应在长期的社会实践中清醒地认识到，要实现强国富民仅仅依靠开矿办场、练兵制器、大力发展民族工商业等手段是远远不够的。如果不紧紧抓住教育、培养人才这个根本性问题，那就等于舍本逐末，最终还是实现不了强国富民的目的。郑观应将教育看作实现国家治理的基本条件，明确指出："教育为立国之本，国运之衰系之，国步之消长视之。""学校者，造就人才之地，治天下之大本也。"[③] 他认为资本主义国家的强盛是"强于学，非强于人"，故"欲振工商，必先讲求学校"。

然而，在当时中国教育中占主导地位的仍是传统教育。随着"世界历史"的不断向前发展，旧式教育越来越显得陈旧和落后。经过对比研究，郑观应对中国传统教育的弊端和缺陷有较深的体会和感悟。他指出："中国文士专尚制艺，即本国之风土、人情、兵刑、钱谷等事亦非素习。功令所在，士之工此者得第，不

---

① 夏东元编.郑观应集（上册）［M］.上海：上海人民出版社，1982：352—353.
② 夏东元编.郑观应集（上册）［M］.上海：上海人民出版社，1982：355.
③ 夏东元编.郑观应集（上册）［M］.上海：上海人民出版社，1982：265.

工此者即不得第。夫以八股为正途，视别学为异端，其不重可知矣。人材焉能其出哉！虽豪杰之士亦不得不以有用之心力，消磨于无用之时文。"[①] 因此，郑观应坚决主张废除落后的科举考试、八股取士制度，仿效西方大力兴办新式学校，培养真正懂得实学的有用人才，以结束所学非所用、所用非所学的荒谬状况："广开艺院，教育人才，以格致为基，以制造为用，庶制造日精，器物日备。……此国富民强之左券也。"[②] 在以《盛世危言》为代表的一系列著作中，郑观应反复详细论述广开学校对人才培养的必要性，多次强调工业、商业、农业等各行各业人才的培养对于一个国家和民族的生存和发展的重要作用，远见卓识地明确了高度重视教育的改革与发展，是实现国家治理的基本条件。

总之，在郑观应的国家治理思想体系中，大力发展经济，实行先进文明的政治制度，高度重视教育的改革与发展，三者之间都是紧密联系、缺一不可的，是郑观应国家治理思想体系的核心要素。郑观应对当时中国的政治、经济、教育等方面的系列看法、观点和主张，明确地回答了国家治理的价值目标、根本前提和基本条件，对当前推进我国治理体系和治理能力现代化，实现中华民族伟大复兴的中国梦具有重要的借鉴意义与启迪价值。

---

① 夏东元编.郑观应集（上册）［M］.上海：上海人民出版社，1982：291.
② 夏东元编.郑观应集（上册）［M］.上海：上海人民出版社，1982：723.

郑观应的政治社会化思想及其对培育和
践行社会主义核心价值观的启示

匡和平 ①

2013年12月，中共中央办公厅在《关于培育和践行社会主义核心价值观的意见》中明确指出："加强对优秀传统文化思想价值的挖掘，梳理和萃取中华文化中的思想精华，作出通俗易懂的当代表达，赋予新的时代内涵，使之与中国特色社会主义相适应，让优秀传统文化在新的时代条件下不断发扬光大。"郑观应作为中国近代著名的思想家、实业家、诗文家和教育家，在政治社会化研究方面颇具特色，对其思想进行梳理，对当下培育和践行社会主义核心价值观有着重要的现实借鉴意义。

"教养得法"：社会主义核心价值观培育和践行的必由之路

郑观应在《盛世危言》自序中写道："（西方）治乱之源，富强之本，不尽在船坚炮利，而在议院上下同心，教养得法。兴学校，广书院，重技艺，别考课，使人尽其才。"②字里行间表达的一个重要内涵就是政治社会化的价值不容忽视。

人不经由政治社会化，就无法胜任公共性工作。在谈到对议院制影响最大的因素时，他明确指出就是"民智"问题。但是，对于有些人以中国民智未开为理

---

① 匡和平，男，江西吉安人，教授、博士，主要研究方向为现代化与人的发展、马克思主义理论与中国社会建设、思想政治教育原理与方法。

② 夏东元编.郑观应集（上册）［M］.上海：上海人民出版社，1982：233—234.

由反对设议院，郑观应并不认同。他尽管也说过议院"惟必须行于广开学校、人材辈出之后，而非可即日图功也"①的话，但他同时认为："先议广开学校，十余年有人材，而后立议院者，谓之经，即兵出于正。先设议院，并开学校，庶官绅知议绅之贵，勇于维新，急于扶持国势者，谓之权，即兵出于奇。"②也就是说，先兴学校，培养人才，启发民智，然后再设立议院，是一般的步骤。但是，在当时的国内外环境下，时局不允许按部就班，所以应该权变。先开设议院，同时兴办学校，使人们在实践中得到锻炼，是应变的方法。如果在当时的情况下还不知道权变，那就无异于噎废食。其实，这两种方法都是政治社会化题中应有之义。

人类政治社会化现象最早可上溯到古希腊城邦的斯巴达军事专制和雅典时代，以及中国的先秦时期。那个时期，人们已明确意识到教育在完成人的各种知识积累，使之成为合格人才过程中的重要作用。20世纪初，如何利用学校、政党和政府机关进行正规的公民教育，培养公民的政治忠诚感以及如何面对日益增强的狭隘的民族意识成为学术界关注政治社会化问题的焦点。两次世界大战的结束，不仅带来了新的制度上的对立，也产生了政治意识形态的危机和政治价值观念的多元化。每一种政治制度、每一个社会都面临着巩固与发展的难题，这一背景促成了政治社会化研究在20世纪50—60年代的兴起。"在现代社会中，政治社会化已经成为了统治阶级实行政治统治的基本方法之一，也成为社会成员个体政治生活的基本内容之一。"③任何一个政治体系，都要通过公民政治社会化塑造自己的公民，以确保公民产生对社会有利的、稳定的政治态度和信念。这种用来塑造公民的政治文化是一种主观意识形态，内容涉及"政治意识、民族精神、民族

① 盛世危言·议院下［M］//夏东元编.郑观应集（上册）.上海：上海人民出版社，1982：316.

② 盛世危言·议院下［M］//夏东元编.郑观应集（上册）.上海：上海人民出版社，1982：324.

③ 习近平.在哲学社会科学工作座谈会上的讲话［N］.光明日报，2016-05-17.

政治心理、政治思想、政治观念、政治理想、政治道德等各方面"①。

党的十八大报告明确指出："倡导富强、民主、文明、和谐，倡导自由、平等、公正、法治，倡导爱国、敬业、诚信、友善"。②这24个字的社会主义核心价值观是对在中国特色社会主义建设过程中处于主导地位的政治文化的高度概括和抽象，体现着民族的价值追求、社会制度理念向往和个人行为的规范，要求全体社会成员认同和积极践行。在马克思主义政治文化、中国政治文化和西方政治文化交融的背景下，社会主义核心价值观由此生成并植根于中国特色社会主义实践，同时自洽于当代政治文化发展要求，契合政治价值的现代化趋势。这一切为社会主义核心价值观的培育和践行奠定了坚实的基础。在实践层面上，社会主义核心价值观的培育和践行首先必须遵循人的认知发展规律。因为人的心理过程由知、情、意、行、信五个环节组成，社会主义核心价值观培育和践行必须经由这五个环节才能产生实效。如果社会成员不能够学习和领会有关的政策、法律，也把握不了公民的权利和义务等方面的知识，就不可能遵守一定的政治行为规范，也就不可能真正参与共同的政治生活和从事政治活动。而社会成员参与政治生活的热情与其对真理、国家和人民的爱息息相关。如果这种热情深厚，且没有偏见，政治认知也是良性的话，最终就会形成相应的政治态度。对政治态度和行为产生直接影响作用的是政治价值观，它来自于社会成员以自己的需要为标准对种种政治现象形成的认识和评价，以及在其政治活动中起导向作用的知识背景和思维框架。推动社会成员为政治理想执着追求和不懈奋斗的巨大精神源泉就是政治信仰。当然，这五个方面都不是孤立存在，而是相互交织、相互影响、相互作用，共同支配着每个社会成员采取相应的政治行为。政治社会化作为政治文化实现的过程，逻辑上也成为其实现路径。这个实现过程是双方面的统一："从社会成员个体的

---

① 马振清.中国公民政治社会化问题研究［M］.哈尔滨：黑龙江人民出版社，2001：1.

② 王沪宁.比较政治分析［M］.上海：上海人民出版社，1987：159.

角度讲，政治社会化是一个人通过学习和实践获得有关政治体系的知识、价值、规则和规范的过程。通过这种学习和实践，一个自然人转变成为一个具有一定政治认知、政治情感、政治态度和政治倾向的社会政治人。""从社会整体的角度讲，政治社会化是一个社会将政治文化通过适当的途径广泛传播的过程。通过这种传播，社会中人们把其所具有的政治认知、政治情感、政治态度和政治倾向传授给新一代社会成员，使之逐步获得政治知识和能力，形成政治意识和政治立场的过程。[①]

当前，社会主义核心价值观培育和践行过程中的许多做法基本能够遵循着知、情、意、行、信的心理发展规律，只是各自侧重程度不同。但总体上也存在对政治立场、政治觉悟的树立比较重视，但对政治"技能"的培育不足的问题。应该在政治社会化视域中，从政治社会化环节和过程等方面进行全面检视，激活政治社会化的功能，通过其所具有的方式方法，拉长板，补短板，以全面推进。从方式上看，目前在培育和践行社会主义核心价值观方面，强调政治模仿、政治教育等直接政治社会化的多，而对间接政治社会化涉及甚少。虽然由间接政治社会化最初获得的倾向不具政治性，或政治色彩不浓，但对后来政治自我形成的影响力不可小觑。比如训练学习问题，一个社会成员在步入政治生活中所需要的能力、洞察力和技巧通常是以非政治性活动的方式来获取。又比如关系转移问题，一个社会成员在社会生活中所形成的非政治价值通常都会被转移于政治生活，并以它来评价政治生活。再从方法上看，政治社会化有强制、明示和暗示等三种方法。目前在培育和践行社会主义核心价值观方面，强制和明示的方法使用得多，而暗示的方法则涉及甚少。从某种意义上说，强制虽有必要但效用非常有限。明示在公开交流有关的政治信息、政治情感和政治价值观念时也非常有必要，但效用却

---

① 胡锦涛. 坚定不移沿着中国特色社会主义道路前进，为全面建成小康社会而奋斗——在中国共产党第十八次全国代表大会上的报告 [M]. 北京：人民出版社，2012：31—32.

得不到巩固。而暗示虽然是非政治态度的传递，但它能够借助于习俗、礼仪、文娱、期望、理想、教育等非政治性的手段获得某种态度。这种态度虽无政治社会化的故意，却是一系列活动中政治社会化所必需的基础条件。

郑观应"启发民智"的政治社会化具有培育和
践行社会主义核心价值观的独特优势

对于如何开民智，郑观应说："大抵泰西各国教育人才之道计有三事：曰学校，曰新闻报纸，曰书籍馆。"① 因此，中国要启发民智，也必须从这三方面着手。

《盛世危言·学校上》开篇就指出："学校者，造就人才之地，治天下之大本也"。也就是说，学校是培养人才的地方，是治理天下的根本，无论中西，概莫能外。郑观应举例说，"古者家有塾，党有庠，州有序，国有学，……故其时博学者多，成才者众也。比及后世，学校之制废，人各延师以课其弟子。穷民之无力者荒嬉颓废，目不识丁，竟罔知天地古今为何物，而蔑伦悖理之事，因之层出不穷。"② 可见，三代之所以昌盛，就是因为学校制度健全而人才辈出，后世没落则是因为学校制度被废弃，民众得不到良好的教育而导致道德沦丧。他又举西方各国的例子。"今泰西各国犹有古风，……乡塾散置民间，由贫家弟子而设，由地方官集资管理。"③ 这就是西方比中国富强的原因之一。所以，"中国亟宜参酌中、外成法"来改革教育制度。因此，郑观应在《盛世危言·学校上》中详细介绍了西方主要国家的教育制度，并结合中国三代制度对当时的教育改革提出了自己的建议。在《学校下》中，郑观应对传统的教学方法予以了批评，并提出了自己的建议。他

---

① 盛世危言·学校上［M］//夏东元编.郑观应集（上册）.上海：上海人民出版社，1988：247.

② 盛世危言·学校上［M］//夏东元编.郑观应集（上册）.上海：上海人民出版社，1988：245.

③ 盛世危言·学校上［M］//夏东元编.郑观应集（上册）.上海：上海人民出版社，1988：246.

认为："道德者，人民之要素也，国家之元气也，世界竞争之战利品也。"①他说："至于道德，实为治国之精神。无典章、法律、兵舰、军械不足以治国，即有典章、法律、兵舰、军械及一切种种设施制造，而无道德以贯注之，虽能致富强于一时，而不能享幸福于永久。盖长治久安之策，非道德无以植其基，中外无二理也。"因此，"可知有道德之国则兴，无道德之国则亡，历观中外圣哲名言及历史，其例有不爽者。"②鉴于此，他特别鼓吹道德教育，提出："学校者，人才之所出。然人才重人品尤重，必不为财色所困，若徒养成无品之人才，不如无才之为愈。"③他认为"日本与欧美各国人民，均知爱国，上下一心，实缘童蒙入塾教化得法。尝考其小学课本，编有杀身成仁、爱国救人诸故事。无论贫富贵贱、老幼男女，皆有浅文诵读，入于耳而根于心，故得令其心思振奋。"④总之，郑观应希望通过对教育制度和教学方法的改革，来达到培养人才、启发民智的自的。

启发民智，除了广设学校之外，还要发展新闻事业，创办报纸。郑观应说，"古之时，谤有木，谏有鼓，善有旌，太史采风，行人问俗，所以求通民隐、达民情者，如是亟亟也。自秦焚书坑儒，以愚黔首，欲笼天下于智取术驭、刑驱势迫之中，酷烈熏烁，天下并起而亡之。汉魏而还，人主喜秦法之便于一人也，明诋其非，暗袭其利，陵夷而肇中原陆沉之祸。唐宋代有贤君，乃始设给谏、侍御诸言官以防壅蔽，而清议始彰。然以云民隐悉通，民情悉达，则犹未也。欲通之达之，则

① 盛世危言·与潘君兰史、何君阆樵论选举参议院议员宜先注重道德［M］//夏东元编.郑观应全集（下册）.上海：上海人民出版社，1988：322.
② 盛世危言·与梁君纶卿书［M］//夏东元编.郑观应全集（下册）.上海：上海人民出版社，1988：415.
③ 盛世危言·答杨君招伯、梁君敬若、何群樵书［M］//夏东元编.郑观应全集（下册）.上海：上海人民出版社，1988：252.
④ 盛世危言·致家塾潘教习论朱星源小、大学书［M］//夏东元编.郑观应全集（下册）.上海：上海人民出版社，1988：211.

莫如广设日报矣。"①在这里，郑观应同样认为三代之时由于有各种制度的保证，可以做到民情通达。而秦汉以后则由于君主的原因使得民情不通。要通达民情，就必须广设日报。设立日报可以将各议院、议政局、衙门的案件公之于众，让公众评判是非。设立日报后，使得民众足不出户而知天下之事，增加见识，从而起到开民智的作用。另外，效法西方，发展藏书院、博物院，也是开启民智的一种方法。

中共中央《关于培育和践行社会主义核心价值观的意见》明确提出，不仅要发挥新闻媒体传播社会主流价值的主渠道作用，而且要建设社会主义核心价值观的网上传播阵地；不仅要发挥精神文化产品育人化人的重要作用，而且要把社会主义核心价值观融入国民教育的全过程，并且用社会主义核心价值观引领社会思潮、凝聚社会共识。这种以"宣传教育""融入"为要旨的要求不仅为政治社会化所兼容，而且还具有其独特优势。

宣传作为传播学的一个概念范畴，因为在传播中主观色彩浓厚，目的性鲜明，基本是用于政治目的方面。宣传作为一个过程，也因此成为一个改变人的心理和行为，建立新的价值观的过程。无论哪种阶级、哪种势力，都会通过宣传的各种渠道、阵地和方式方法达到自身的目的，宣传无疑具有强烈的阶级性。无产阶级的宣传始终秉持的是科学性、真实性和现实性原则，因而总能有效地通过宣传而实现推动社会历史前进，提高人民群众的觉悟，促进其发展的目的。教育作为人类薪火相传的基本途径，也是人的心性培育的不二选择。社会主义核心价值观的培育与践行无疑是培育人心性的教育，其中主要包括公民教育和思想政治教育。无论是公民教育还是思想政治教育，其目的是将占统治地位的思想观念传递给社会的每一个成员，使他们成为合格公民。政治社会化是政治体系利用多种渠道传

---

① 盛世危言·日报上［M］//夏东元编.郑观应全集（下册）.上海：上海人民出版社，1988：345.

播和创新主流政治文化，塑造社会成员的政治心理和政治意识，以培养政治人的过程。从这个内涵逻辑出发，政治社会化与宣传、公民教育和思想政治教育，既有交叉，又各有独特蕴意。就社会主义核心价值观的培育和践行而言，宣传、公民教育和思想政治教育均能够在很大程度上为政治社会化所兼容。从目标上看，宣传、公民教育、思想政治教育在某种意义上说是一致的，都是致力于塑造合格公民；从过程上看，宣传、公民教育、思想政治教育都是政治社会化的基本手段，或者说是政治社会化的主要途径。但是，无论是公民教育还是思想政治教育，在主体与客体之间的信息流动上，是不对称和不均衡的，而政治社会化的信息流动具有明显的双向性。这是政治社会化更有效的一个优势所在。这将有助于我们把握培育和践行社会主义核心价值观的现实状况，并不断调整方式方法，以确保其实效性。

政治社会化在把社会主义核心价值观融入国民教育全过程中也发挥着独特的优势作用。国民教育全过程，既包括从家庭、学校到社会的横向教育，也包括学前教育、义务教育、高等教育、继续教育等纵向教育。由于社会化是自然人融入社会，成为社会人的过程，政治社会化在推进精神"融入"的过程中更具优势，因为这个社会化的过程是多重的，既包括家庭、学校、同伴、社会共同体和大众传媒，也包括理论争鸣、社会宣传、文艺熏陶、制度规范、实践锻炼以及精英培养等社会立体网络。这是除政治社会化以外，宣传、公民教育和思想政治教育等都无法全覆盖的。更为重要的是，与宣传、公民教育、思想政治教育往往都是直奔主题、目标明确不同的是，政治社会化"目的在于传输政治技能和态度的潜在的或间接活动"①有明显的间接性特征，是以一种不经意的、润物无声的方式影响、改变政治社会化对象的思想、态度、行为倾向等，更符合融入的内涵要求。宣传、

---

① 匡和平.从农民到公民：中国农民政治社会化问题研究［M］.哈尔滨：黑龙江人民出版社，2009：16.

公民教育、思想政治教育可能产生与政治参与相关的知识和技能，但是，它们"不能传授基本的社会态度，也不能树立社会信任和信心，无法用特定的政治态度去填塞政治程序，无法确定主动性与被动性、参与与疏远以及地域民、顺民与参与民取向的混合比例"①，因为这一切需要时间。事实上，无论是宣传，还是公民教育，抑或是思想政治教育，其实都是政治社会化的显性模式，但无论哪一种如果独立运行都无法成为推进社会主义核心价值观培育和践行最为有效的方式。因为对待社会主义核心价值观的态度和行为是以一种复杂的、微妙的方法结合而成，在某种程度上实现各种相互对立因素的平衡，否则，就无法独立完成社会主义核心价值观的塑造和代代相传。所以，把社会主义核心价值观融入国民教育全过程，必须从"应试教育"模式下走出来，通过政治社会化，把社会主义核心价值观融入各门学科的教学、学生的日常活动和校园文化建设活动等过程中，贯穿到学校各项管理过程中，从小抓起，从学校抓起，通过教书育人、管理育人和服务育人等途径，才能真正做到习近平所称道的"使核心价值观的影响像空气一样"无所不在、无时不有。

郑观应"躬行实践"的政治社会化思想
能够确保社会主义核心价值观的培育和践行更具实效

对于政治社会化路径之一的道德教育，郑观应认为，不能只停留在口头上，应该落实到行动中，而且要面向社会，联系实际来进行。他说："修身之方重在躬行实践，而非徒托空谈，日本所以有作法之举也。作法之大要乃举社会交际行动各种现象，一一实地演习。"②

社会主义核心价值观的培育和践行的路径是多方面的，既可以通过广泛开展

---

① 宋迎法.西方政治教育和政治社会化研究概述［J］.国外社会科学，1995（7）.
② 致香山自治会节录阳湖伍君达拟筹备宪政改良教育小学章程［M］//夏东元编.郑观应集（下册）.上海：上海人民出版社，1988：266.

道德实践活动，也可以通过深化志愿服务活动；既可以通过深化群众性精神文明创建活动，也可以通过发挥优秀传统文化怡情养志、涵育文明的重要作用；既可以发挥重要节庆日传播社会主流价值的独特优势，也可以运用公益广告传播社会主流价值、引领文明风尚；等等。这些都是新形势下的有效路径，且都为政治社会化路径所包含，并在政治社会化机理的作用下，彰显培育和践行的效果。

从"个体"视角来看，如前所述，家庭、社区、同辈群体、学校、单位、大众传播工具等，都是政治社会化的路径。在政治社会化机理的作用下，培育和践行社会主义核心价值观可以解决多个路径一并发力的问题。正所谓"如果社会或社会中某一特定的机构想要有意识地来塑造其年轻公民，建立各社会化机构之间的一致性是首要的促进因素"①。"社会化的结果取决于所有信息和条件的相互作用，尤其取决于有关信息内容的一贯性。"这样能够使培育和践行社会主义核心价值观的实践活动效果更明显。如家庭，是影响一个人确定其政治价值观念和社会行为模式的重要因素。又如同辈群体，作为一种政治社会化渠道，它具有独到的特点。群体中的个体地位平等，不存在强制性规范，可以根据自己兴趣安排活动，气氛宽松。②

另外，政治社会化能够在特定时空下的特定活动中恰到好处地进行要素调配，确保具备相关支撑，使培育和践行社会主义核心价值观效果彰显。现实中，不乏有功利化学雷锋、传统节假日掺杂迷信活动、以公益为名进行金钱交易等现象。如果从政治社会化视角来推进这一系列活动，那么，围绕着"涵养"，政治社会化将既考虑到活动的灵魂维系，更涉及活动前后的基础和延续，使活动既有灵魂，更有效果。就效果的发生机制而言，政治社会化可以使人在完全没有意识或者是

① 毛寿龙.政治社会学［M］.北京：中国社会科学出版社，2001：121—123.
② ［美］M.肯特·詹宁斯，理查德·尼米.青春期的政治性格［M］.普林斯顿：普林斯顿大学出版社，1974：323.

顾虑的情况下，对传播的内容进行自主选择。这恰恰有助于人们通过涵养社会主义核心价值观的实践活动达至内化于心，外化于行的效果和目的。

从"社会"视角来看，政治社会化也能够使社会主义核心价值观的培育和践行更具实效性。现代社会的复杂程度已经超出人们的理解，更不用说控制了。"在这种条件下，在一个复杂世界中能够说明问题，并提供简单的解释和行动纲领的意识形态是明显具有感召力的。"当社会的复杂性超出了决策结构的能力，超出了领导人制定并贯彻有效公共政策的能力时，这种倾向变得特别严重。"在一切看来都越来越'失去控制'的情况下，世俗主义的感召力可能会大大下降，而新的、反世俗化的意识形态和运动则可能会脱颖而出。"[①]从这个意义上说，社会主义核心价值观就是中国因应时代需要而倡导的精神追求。在经济发展、法治建设和社会治理中落实社会主义核心价值观其实是对参与其中的人的要求。人的要求是多方面的，现实生活中既不存在某个具体的政治人，也不存在某个具体的政治公民，只有当某个公民与实际政治生活发生关系的时候，其政治公民的属性特征才更加显现出来。从这个意义上说，所有的人都生活在政治生活中，处于政治关联中。当然，所有参与政治的人又都是生活在社会中，与社会生活水乳交融。其政治态度、政治情感、政治信仰和政治选择又都是社会条件总体作用的结果。这就是所谓的"人的政治性和政治的社会性"。事实上，"无论一个人是否喜欢，实际上都不能完全置身于某种政治体系之外。一位公民，在一个国家、市镇、学校、教会、商行、工会、俱乐部、政党、公民社团以及许多其他组织的治理部门中，处处都会碰到政治。"[②]人类从来没有像今天这样深深地被卷入到政治生活的漩涡中，人类政治也从来没有像今天这样广泛地渗透到社会的经济、文化、宗教、法律和

---

① ［美］加布里埃尔·A.何尔蒙德，小G.宾厄姆·鲍威尔. 比较政治学：体系、过程和政策 ［M］.曹沛霖等译.上海：上海译文出版社，1987：109.

② ［美］加布里埃尔·A.何尔蒙德，小G.宾厄姆·鲍威尔. 比较政治学：体系、过程和政策 ［M］.曹沛霖等译.上海：上海译文出版社，1987：125—126.

伦理道德中。构建好有利于弘扬社会主义核心价值观的良好政策导向，确保出台的各项经济社会政策和重大改革措施都符合社会主义核心价值观的要求，政治社会化在其中的作用尤其重要。政治社会化工作能够在工作实践中确保人们自觉以价值理性矫正工具理性泛滥，使发展大方向不致偏离。如在"法治中国"建设过程中，当法治还没有成为普遍信仰时，人们会想方设法规避法律，钻法律的空子，甚至拿法律做交易，视法律为儿戏，以权代法。培育人们的法律观念和法治信仰，使人们从内心深处服从法律的"统治"，这是一个政治社会化过程。再如创新社会治理，如果不能在完善制度的过程中形成正向力，社会治理主体就很难得到扩展，在公共问题的对话与协商中各方也很难达成共识，各方面的利益就很难得到充分尊重，也就无法做到利益共享。影响人参与政治的原因很多，利益、权力、社会挫折与被剥夺感、价值观等对政治参与均具有重要的影响和驱动，但价值观，尤其是核心价值观作为比较稳定的价值取向和行为定势将产生根本性的影响。这同样离不开政治社会化的作用。通过政治社会化，社会成员的目标意向一致，那么，他们参与政治、付诸实践的政治动力就必然强劲，甚至当出现破坏和践踏这些价值准则的情况时，他们会毫不犹豫地做出维护这些价值准则的政治参与行为。

郑观应的商战思想与香山商帮

郭昉凌 [①]

19 世纪 70 — 90 年代列强经济侵华势力日盛。在帝国主义加深对中国的经济侵略、洋务运动兴起等复杂形势下，著名维新思想家、实业家郑观应首先提出"商战"，主张发展本国资本主义工商业，以抵制外国资本主义的经济侵略。他和唐廷枢、徐润等关心国事、洞悉时势的香山乡贤致力发展工商，积极寻求对付资本主义侵略的对策，这对当代中国经济建设，仍具有重要的现实意义。

香山商帮对郑观应"商战"思想的影响

1. 香山独特的地理环境和社会环境为郑观应忧国忧民意识的萌发提供了客观条件

香山地处珠江口西岸，这里是外国殖民扩张主义者侵入国门，也是古老的中国较早接触西方近代文明的地区。1842 年 7 月 24 日，郑观应在香山县谷都雍陌村诞生。他来到这个世界，伴随着他成长的是落后的祖国内忧外患纷至沓来的艰难岁月。第一次鸦片战争爆发时，由于香山所处的地理位置，数百公里的海岸线和岛岸线使其成为抗击侵略者的前沿。香山人民同仇敌忾，齐心御侮，在列强入侵中国的滩头阵地上与侵略者进行坚决的斗争，显示出"民心可用"的强大威力。道光二十一年二月二十一日（1841 年 3 月 13 日）黎明，英国驻华商务监督义律

---

① 郭昉凌，中山市孙中山研究会办公室主任，原中共中山市委党史研究室主任，研究方向为中共党史、香山历史文化等。

率领兵船自南路闯入香山内河，攻破香山中部的湖州炮台和沙涌炮台。英军持枪带剑进入渡头村，大肆奸淫抢掠，开枪打死村民雷兆成等 14 人。不甘受侮的渡头村民拿起锄头、扁担等农具作武器抗敌，英军见村民人多势众，不得不退走。[①]香山人民的抗英斗争是首例中国民众自发的反侵略斗争（比三元里人民的抗英斗争还早一个半月）。家乡人民不畏强暴，坚决抗英的爱国主义精神使生长在沿海地区的郑观应从小受到爱国主义的熏陶，激发起强烈历史责任感和爱国情愫。

2. "买办故乡"对郑观应的人生抉择有直接影响

香山商帮在明清时期形成和发展绝非偶然，它与当时的政治、社会、地理等环境密切相关。澳门本属香山县。1553 年，葡萄牙人"托言舟触风涛，愿借濠镜地暴诸水渍物，海道副使汪柏许之"[②]，借机在澳门半岛定居。鸦片战争前，由于广州是清政府允许开放对外贸易的唯一港口，中国与欧美各国的贸易主要在广东进行。清政府规定，中国对西方的贸易由十三行"行商"总揽。得风气之先，香山人最先与来华的欧美人士接触，最先学会外语（主要是英语）和对外贸易。所以，鸦片战争后，广东商帮中的买办绝大部分是香山人，在英美商人于通商口岸开设的洋行中更甚，故香山素有"买办的故乡"之称。可以说，这一时期的香山商帮在某种程度上具有全国性的意义。而生长在中西文化交汇处珠江出海口的香山乡贤更有着海纳百川的胸怀，是心态最开放的族群之一。对西洋文明中的新事物，如报纸、股份制公司制度、坚船利炮等，香山人都虚心接受。亦因此，香山商帮中涌现出成为推动中国近代化的先驱容闳、唐廷枢等。生于斯长于斯的郑观应，更以务实进取的精神，勇于开拓而成为揭开中国民主与科学的思想启蒙家。

尽管与外国人打交道为当时中国的士绅所不齿，但实际利益对于当地百姓来说是很有吸引力的。得风气之先，中国早期的买办多从香山地区产生。19 世纪 60

---

① 香山县志（光绪本卷二十二）.

② 香山县志（清康熙本）.

年代以后，此地已有不少买办世家，甚至出现了买办的第二代。即便像郑观应那样的书香世家（其曾祖父郑国维是个例授登士郎，其祖父郑鸣岐也是位文人雅士，父亲郑文瑞是名塾师），其家族和亲戚朋友中当买办的人也不少，如叔父郑廷江、同宗兄郑济东等。也由于这样的缘故，17岁的郑观应童子试不中，便奉父命"赴沪学贾"，在叔父郑廷江，亲戚曾寄圃、唐廷枢，世交徐钰亭、徐润等的扶持和互相关照下学洋务。他先是跟随在上海新德洋行任买办的叔父边学习英文边听差；翌年，通过姻亲曾寄圃和世交徐钰亭、徐润的关系，到宝顺洋行做工；不久，升管丝楼兼管轮船揽载等事务，从此开始其买办生涯。他通过经营茶叶生意、投资轮船公司等，刚过而立之年便腰缠万贯。更由于天津道郑藻如等的关系，同以李鸿章为首的洋务派集团建立密切关系，从而成为著名的买办型绅商，历任上海机器织布局总办、轮船招商局会办、汉阳铁厂和粤汉铁路公司总办等。郑观应以商股代表的身份参加洋务派企业的管理，继而由买办转化为民族资本家。在商务活动中，他同外国资本家和国内封建势力既有联系，又深受压迫。当同外国人做生意的过程中发生纠纷时，他深深意识到有一个强有力的政府做后盾的重要。强烈的爱国心和责任感使他迫切希望中国富强。在这种愿望的支配下，他积极投身中国的自强运动，不仅在经济上与外商"商战"，而且在政治上、经济上、文化上寻求抵御侵略、救时救国之方。

香山商帮的商战实践对郑观应的启示

郑观应与容闳、唐廷枢、徐润等都具有反对外国资本主义侵略、维护国家主权和民族独立的爱国思想，都主张向西方国家学习，希望通过某些政治、经济的改革使中国变成一个独立富强的国家。他们认为与西方资本主义国家进行"兵战"的同时，必须致力于发展民族工商业，与西方资本主义国家进行"商战"。郑观应更"以一言断之:'习兵战不如习商战'"。①

鸦片战争前,中国在政治上是一个独立自主的统一国家;小农业和家庭手工业相结合的自给自足的自然经济,在整个社会经济中占主要地位。鸦片战争后,中国的领土开始被割裂,国家主权逐步丧失,自给自足的自然经济基础亦逐渐遭破坏。第一次鸦片战争后,中国日益成为世界资本主义的附庸。香山则是鸦片战争中受害较深的地区之一。鸦片战争后,英国强迫中国签订《南京条约》,美国和法国又先后强迫中国签订《望厦条约》和《黄埔条约》。葡萄牙人趁机侵占了本属香山县的澳门。郑观应14岁那年,第二次鸦片战争爆发,这场战争使中国社会半殖民地化的程度进一步加深。"庚申之变,目击时艰,凡属臣民,无不眦裂。"②祖国备受外强侵略,中华民族面临危亡,使年青的郑观应立志以"救世"为己任,努力寻找富强救国的道路。

"自从1840年鸦片战争失败那时起,先进的中国人,经过千辛万苦,向西方国家寻找真理。"③在中华民族与外国资本主义的矛盾迅速加剧的形势下,香山商帮中头脑较为清醒的诸如中国买办第一人唐廷枢、徐润等,看到了中国在武器装备和科学技术等方面大大落后于西方,力图把鸦片战争时期"经世派"代表人物魏源提出的"师夷技之长以制夷"这一思想主张付诸现实,希望通过商战达到富国强兵。他们悲愤时局,忧河山之破碎,惧种族之危亡,奋起报国,学自西商而后与之战。香山籍的维新派早期代表人物唐廷枢、徐润、郑观应等成为主张商战富国并且身体力行的佼佼者。

当西方以坚船利炮轰开国门时,香山地处前沿,受西方经济与炮舰的冲击最早、最烈,香山人对西方的认识也最深。随着五口通商,广州不再是唯一的对外

---

① 夏东元.郑观应文选[M].澳门:澳门历史学会、澳门历史文物关注协会,2002:13.

② 夏东元.郑观应集(上册)[M].上海:上海人民出版社,1982:173.

③ 毛泽东选集(第四卷)[M].北京:人民出版社,1960:1474.

贸易中心，行商制度随之消亡。五口通商后，上海取代了广州的对外贸易中心地位，西方商人纷纷在此设立洋行。香山买办因应形势的变化，随同西商迁移上海，利用买办的特殊身份，为兴办近代化实业积累了巨量的资本。而此时，唐廷枢、徐润、郑观应等则致力于航运近代化，与西商进行商战。

19世纪60年代在怡和洋行充当买办的唐廷枢在长江一带经营丝茶出口贸易，开展航运业务等。1872年，轮船招商局成立。李鸿章看中唐廷枢"精习船务生意"①，"才识练达，器宇宏深"，具有管理新企业的知识和能力，便于次年邀其执掌轮船招商总局。出于"为国争利"的思想，唐廷枢甘愿放弃优厚的买办待遇，去替李鸿章收拾这个烂摊子，转而成为洋务运动有力的推动者与近代实业的开创者。唐廷枢入主轮船招商总局前，招商局的资本，包括官款在内，实缴不足20万两，而他一接手，即与同时进入招商局的徐润将资本扩大为100万两。唐廷枢还将与他人合资购买的"永宁号""洞庭号"和"满洲号"轮船交由招商局代为经营。与此同时，唐廷枢效法西方，广招具有洋行工作经验的中国买办参与管理；向世界各地的华商招募资金，折合股份，每一百股推选一名董事，再从董事会中推选总裁（称为商总），使招商总局成为中国第一家具有明显的股份制性质的商办企业。在唐廷枢等主持下，招商局业务迅速扩大至添船、造栈、揽载、开拓航线、建造码头等；与航运相关的工业也陆续兴办。如在局内附设同茂铁厂，以修理船舶；筹办开平煤矿，修建铁路，以解决船舶所需的煤炭及运输问题。这种种举措，显示出香山商帮以西方的经营方式、运转模式经营招商局。

招商局创办伊始，外国轮船公司合力以减价的方式打压，欲挤垮招商局而后快。唐廷枢执掌招商局后，不仅站稳脚跟，还先后与太古、怡和签订齐价合同，形成竞争中共存的局面，后来更开拓海外航运业务，与英、美、日等国进行商战。

---

① 顾廷龙，戴逸主编.李鸿章全集13奏议十三［M］.合肥：安徽教育出版社：2008：13.

唐、徐主局时期，将在洋行中学到的商战知识运用于招商局，开始与西商较量。1881 年，在唐、徐推荐下，郑观应出任招商局帮办。入局不久，便拟订"救弊大纲"16 条。他和唐、徐一样，在主持招商局局务中，效法西方企业，经营日有起色，于 1883 年 11 月被提升为总办。可见，以招商局的创办为标志的近代化民族航运业，主要是由香山商人在支撑和推动的。经过香山乡贤的努力，招商总局不仅拥有长江和沿海航运大部分市场，还在菲律宾、泰国设立分局，拓展南洋运输业务，同时远航英国、日本、新加坡、夏威夷和美国本土，招商总局成为当时中国最大的轮船企业。而郑观应因招商局之故，同以李鸿章为首的洋务派集团的关系日益密切，进而成为著名的买办型绅商。

郑观应与唐廷枢、徐润等香山籍买办型绅商都具有中国人的民族自尊和爱国热情，他们在近代中国作为沟通中西的桥梁，引进了近代西方的先进文化和精神文明，对闭关锁国的中国在主观上觉醒起到催化剂的作用。也因"于中外商务利弊颇知梗概"，他们意识到"商战重于兵战"。在《盛世危言》中的商战论据不少是出自他们的商战活动。他们一生从事商业经济活动，又参与了以官办企业、官督商办企业为核心的洋务运动，对资本主义国家通过商品输出进行经济侵略的危害有较深刻的认识。"自中外通商以来，彼族动肆横逆，我民日受欺凌，凡有血气孰不欲结发历戈，求与彼决一战哉。"[1] 强烈的民族意识促使他们力主商战，与外人竞争挽回权利，振兴工商，拓展中国民族工业。在与外人商战的过程中，他们极力主张"藉官办为保持"，"用官权以助商力所不逮，而后战本固，战力纾也。"[2] 鸦片战争后，外国资本家控制了中国的航运、煤炭、金融等业，为夺回被外商所垄断的市场，唐廷枢"目击外商所营之汽船，纵横国境，岁溢巨利……

---

① 夏东元编. 郑观应集（上册）［M］. 上海：上海人民出版社，1982：639、586.
② 夏东元编. 郑观应集（上册）［M］. 上海：上海人民出版社，1982：590.

遂上书李鸿章，力陈我国应招商置船，以挽航行之利。"[1] 这才有了轮船招商局。招商局是具有鲜明民族色彩的官督商办企业。唐、徐、郑凭着与商界的广泛关系和从外国公司学到的丰富企业管理经验，不仅"令沿海要埠，中国公司轮船日增，利不外溢"，而且从外国轮船公司手中夺回了一部分轮运权利，使中国龙旗飘扬于英国、美国、日本等地，促进了海内外贸易的发展。"轮船招商一局，实为中国振兴商务之权舆"。他们还主张政府允许商人自立公司，"凡通商口岸，内省腹地，其应是铁路、轮舟、开矿、种植、纺织、制造之处，一体准予民间开设……全以商贾之道行之，绝不拘以官场体统。"[2] 中国民族资本家的杰出代表唐廷枢，创办了中国自营的第一家水泥厂，第一条铁路，与徐润创办中国第一家自办保险公司，还与徐、郑等人集资修建堆栈码头等，为发展民族工业作出了重要贡献。

可见，唐廷枢、徐润、郑观应是香山买办的杰出代表，三人在中国近代史上有很重要的地位。香山乡贤们在与西人开展商战中所创造的业绩，说明了尽管殖民主义东来对于中华民族是一场浩劫，但西方势力的扩张并没有也不可能扼杀中华民族发展的根基和生机。这些背负着家国被陵夷的悲愤而背井离乡的香山买办，对异质文明抱着一种并容兼蓄、包容开放的态度，吸纳其精华，为我所用，因此能在生命和财产时时受到威胁的不利条件下，依然顽强地与殖民主义者展开商战，在许多地方创造了商业传奇。

探索商战救国理论

郑观应既是维新思想家，也是资产阶级实业家。正是由于其特殊的从商实践，他所提出的以"商战"为中心，发展资本主义工商业以御侮图强的经济思想，具有鲜明的时代特色。其商务思想不仅和同时期人相比更为系统深入，而且还为后

---

① 珠海市政协编. 珠海人物传 [M]. 广州：广东人民出版社，1992：199.

② 夏东元编. 郑观应集（上册）[M]. 上海：上海人民出版社，1982：638、617、612.

来者所汲取。郑观应明确指出"商战重于兵战"，其所指的"商战"是对应"兵战"而言。他认为要与外国进行商战，必须有大量丰富而价廉物美的商品进入市场，而这需要有强大的工业做后盾。这反映了他开始思考从传统社会向现代社会转变的问题，体现出超越前人的远见卓识。郑观应在《盛世危言》中指出："考泰西各国最尚格致之学"，"国家欲振兴商务，必先通格致、精制造；欲本国有通格致、精制造之人，必先设立机器、技艺、格致书院以育人才。"[①] 这说明他主张学习西方的制度。事实上，他主张学习的不止"机器、技艺、格致书院"。他确信中国只有仿行西法才能"强兵富国"，[②] 他在《盛世危言》中指出："欲攘外，亟须自强；欲自强，必先致富；欲致富，必首在振工商；欲振工商，必先讲求学校、速立宪法、改良政治。"[③]

"商战"观是郑观应在外国资本主义经济侵略下，为挽救民族危亡的思想反映。他步入社会之时，正值第二次鸦片战争时期，关心国家命运的他痛感民族危机，更激发起其强烈的爱国主义思想和重商兴国思想，从而订立了"初学商战于外人，继则与外人商战"的人生奋斗目标。为寻求救国的途径，他苦苦探求"商战富国"。在《盛世危言》中，他用了较大的篇幅谈及商战。他认为："商务者，国家之元气也；通商者，疏通其血脉也"。[④] 继而指出："欲制西人以自强，莫如振兴商务"，"安得谓商务为末务哉"。[⑤] 可当时的国情是不重视商务，致使"士农工商各自为谋，虽然屡为外人欺，尚不知富强之术"。[⑥] 他以西方为例，力陈"习兵战不如习商战"[⑦]；

---

① 夏东元编.郑观应文选［M］.澳门：澳门历史学会、澳门历史文物关注协会，2002：6—7.
② "孙中山与亚洲"国际学术讨论会论文集［C］.广州：中山大学出版社，1994：856.
③ 夏东元.郑观应传［M］.上海：华东师范大学出版社，1981：6.
④ 郑观应.盛世危言［M］.呼和浩特：内蒙古人民出版社，1996：487.
⑤ 郑观应.盛世危言［M］.呼和浩特：内蒙古人民出版社，1996：504.
⑥ 郑观应.盛世危言［M］.呼和浩特：内蒙古人民出版社，1996：574.
⑦ 郑观应.盛世危言［M］.呼和浩特：内蒙古人民出版社，1996：563.

"泰西各国，以商富国，以兵卫商，不独以兵为战，且以商为战"。① 提醒国人必须振兴商务，才能压制敌人贪谋。因为只有搞好商战，才能充实国力，才有资金购买武器来抵御外侮，国家才得强盛。他认为在商战中宜采取以下的策略：一是吸收借鉴外来经验和重视立法。他敦促加速君主立宪，当前"亟宜一变旧法，取法示人，以取富强之实效。一法日本，振工商以求富，为无形之战；一法泰西，讲武备以图强，为有形之战，自然国富兵强"。② 二是整顿内务，削减赋税，吸纳人才。"人前积弊，一律扫除，才有畅通建设立途，继而开学堂以启民智，减厘税以恤商艰，设银行以输商力，派领事以卫商权，建博物院、赛珍会以为考究之所。"③ 在吸纳人才方面，郑观应提出了对人才的奖励措施，"如多才善贾者能延聘奇才异能之工师，创立公司，或制造机器，或矿物，或轮船，或电报，岁获厚利，报效国家千两以上者……商务大臣酌量奏请朝廷，给予匾额或宝墨以示鼓励。诚若此，则商贾中人才辈出，将见国无游民，地无弃物，商务自日有起色矣"。④ 三是自己制造，提高竞争力。郑观应主张"考察彼之何样货物于我最为畅销，先行照样仿制，除去运脚价必较廉，我民但取便日用，岂必从人舍己？则彼货之流又一战而渐塞矣"。⑤ 四是建章立制，加强管理。"一年一次汇报情形，商务统计盈虚上达天听。如是则兴废在谋画，周上下之情，通官商之势合，利无不兴，害无不革"。⑥ 他认为如能做到以上几点，"国既富矣，兵奚不强，窃恐既富且强，'我欲邀彼一战，而彼族且怡色下气，讲信修睦，不敢轻发难端矣'。

---

① 郑观应. 盛世危言［M］. 呼和浩特：内蒙古人民出版社，1996：574.
② 郑观应. 盛世危言［M］. 呼和浩特：内蒙古人民出版社，1996：577—578.
③ 郑观应. 盛世危言［M］. 呼和浩特：内蒙古人民出版社，1996：597.
④ 郑观应. 盛世危言［M］. 呼和浩特：内蒙古人民出版社，1996：493.
⑤ 郑观应. 盛世危言［M］. 呼和浩特：内蒙古人民出版社，1996：571.
⑥ 郑观应. 盛世危言［M］. 呼和浩特：内蒙古人民出版社，1996：510.

此之谓决胜于商战"。①

郑观应具有反对外国资本主义侵略、维护国家主权和民族独立的爱国思想。他谴责外国侵略者强迫清政府签订的不平等条约，认为这些规定给中国带来无穷祸害。在商务活动中，郑观应同外国资本家和国内封建势力既有联系，又深受压迫，尤其是当同外国人做生意的过程中发生纠纷时，更意识到有一个强有力的政府做后盾的重要。强烈的爱国心和责任感使他迫切希望中国富强。在这种愿望的支配下，他积极投身于中国的自强运动，不仅在经济上与外商"商战"，而且在政治上、经济上、文化上寻求抵御侵略、救时救国之方，形成了初期的维新思想。

---

① 郑观应.盛世危言［M］.呼和浩特：内蒙古人民出版社，1996：573.

郑观应廉洁家训的当代价值

吴冉彬[①]

郑观应生于清道光二十二年（1842 年），辞世于民国 10 年（1921 年），其所处岁月正值中国社会遭受西方列强入侵，被迫由传统走向现代的激荡年代，作为近代中国第一个提出以"商战""学战"抵御外国列强侵略的思想家，作为中国近代最早具有完整维新思想体系的理论家，作为中国"全面看世界的第一人"，作为中国现代化运动思想的代表和先驱，他于清光绪二十年（1894 年）刊行了警世名作——《盛世危言》，由此揭开了中国民主与科学启蒙思想的序幕，影响了近现代中国的发展，也让当时的国人看到了外部生机勃勃的世界。他在书中呼吁国人主动跟上世界现代化潮流，呼唤社会的总体变革，唤醒了一个时代，甚至直接影响了康有为、梁启超、孙中山、毛泽东及等一大批为振兴中华而奋斗的民族精英。

郑观应廉洁家训内容

郑观应不仅是近代中国最早具有完整维新思想体系的理论家，揭开民主与科学序幕的启蒙思想家，还是实业家、教育家、文学家、书法家、慈善家。他既有警世鸿著——《盛世危言》传世，还著有众多的诗歌、嘱书、散文、楹联、游记

---

① 吴冉彬，女，新闻出版专业副编审，广东省地方志专家库专家，现任中山市人民政府地方志办公室副主任、档案局副局长，中山市郑观应文化学会会长。2008年主持编纂《郑观应志》。

和小说等。在郑家，他作为兄长和父亲，养家护家之余，还非常关心家人族亲的品德修养，常写家书、家训诗等教育家人。他的作品中，家训超过 2.6 万字，其中有许多可归纳为廉洁家训，展示了郑观应爱国报国的情怀、诚实守信的情操、勤勉俭朴的品格、扶危济困的懿行。

郑氏家族是香山县的书香世家，其家族祖训便有"德行为上，慈善为怀；勤俭朴素，吃苦耐劳；喜读诗书，发奋上进"等内涵。郑观应继承祖训，十分重视家庭教育，以诗歌、家书、嘱书、散文、匾额和楹联等多种形式教诲子女，使其融合着"勤、学、廉、善"等主题的家训成为传递中华优秀传统文化及道德品格的跨时代桥梁，对世人影响深远和持久，并成为中华民族优秀文化传统之一。

郑观应的廉洁家训主要内容包括：注重传承中华民族忠孝仁义、爱国护国、修身齐家、行善积德、勤俭耐苦、立志上进等优秀传统文化，重视家庭教育，教诲儿孙的律规。具体可概括为以下五个方面。

（1）不求富贵，以廉行事。"人能不贪，乃无后悔。至公无私，辞金却贿。布衣蔬食，儒士何嫌。四字铭坐，俭以养廉。"[1] "不贪富与贵，但愿救同胞。"[2] "况当此竞争之世，人心叵测，稍有不慎，即堕人机陷中。勿贪意外之财，无故币重言甘、礼下于我者，将有所求。"[3] "将来无论求名求利，均当以道德为根据。诚如先贤云：'不为财色所困者方是英雄。'"[4]

（2）德行为上，慈善为怀。"求福莫如积善，积善莫如救人。救人之切而要、广而普者，莫如赈饥。"[5] "何如行善举，慷慨法欧洲。家财千百万，不为儿孙留。

① 夏东元编.郑观应集·盛世危言后编·一［M］.北京：中华书局，2013：323.
② 夏东元编.郑观应集·救时揭要·外八种（下）［M］.北京：中华书局，2013：423.
③ 夏东元编.郑观应集·盛世危言后编·一［M］.北京：中华书局，2013：263.
④ 夏东元编.郑观应集·盛世危言后编·四［M］.北京：中华书局，2013：1480.
⑤ 夏东元编.郑观应集·救时揭要·外八种（下）［M］.北京：中华书局，2013：553.

或设大书院，或创育婴楼，或建工作厂，或为医院筹。人爵何足贵，天爵胜王侯。"①

（3）勤俭朴素，吃苦耐劳。"英雄出处多穷困，功业由来俭与勤。"②"勤俭得富贵，骄奢得贫穷。"③"至于勤俭，尤处家第一要义。无论贫富，若怠惰自甘，则家道难成。盖大富由天，小富由勤，勤而不俭，终难积蓄。"④

（4）治学精业，发奋上进。"立志在青年，老来悔已晚。须观有用书，学业身之本。"⑤"学问之道贵诚、勤、恒、能耐劳、能耐苦、而又要稳步安详，小心谨慎。"⑥"笃志力行，勤学好问，进德修业，事事有恒，庶老来无追悔之叹。"⑦"无论男女，除读书外，必日有手艺进款，勿使饱食终日，无所用心，奢侈无度。"⑧"盖今日时势，非晓通英文、业精一艺，不足以多获薪水"。

（5）忠孝仁义，爱国护国。"食人之禄，忠人之事。士农工商，均应如是。兴亡有责，况在国家。忠贞报国，振我中华。"⑨"吾人献身社会，凡力能福国利民，不妨请自隗始。但奉天为日俄俎上物，割之脔之惟所欲，故鄙见与洋人合办，弟能于此兴办矿业，是亦争回利权之先机也。愿勉图之。"⑩

郑观应廉洁家训的当代价值

（一）体现了社会主义核心价值观

党和国家在精神文明建设中，着重提出要建设社会主义核心价值体系与社会

---

① 夏东元编.郑观应集·救时揭要·外八种（下）［M］.北京：中华书局，2013：368.
② 夏东元编.郑观应集·救时揭要·外八种（下）［M］.北京：中华书局，2013：546.
③ 夏东元编.郑观应集·救时揭要·外八种（下）［M］.北京：中华书局，2013：423.
④ 夏东元编.郑观应集·盛世危言后编·四［M］.北京：中华书局，2013：1470.
⑤ 夏东元编.郑观应集·救时揭要·外八种（下）［M］.北京：中华书局，2013：459.
⑥ 夏东元编.郑观应集·盛世危言后编·四［M］.北京：中华书局，2013：1480.
⑦ 夏东元编.郑观应集·盛世危言后编·一［M］.北京：中华书局，2013：279.
⑧ 夏东元编.郑观应集·盛世危言后编·四［M］.北京：中华书局，2013：1450.
⑨ 夏东元编.郑观应集·盛世危言后编·一［M］.北京：中华书局，2013：323.
⑩ 夏东元编.郑观应集·盛世危言后编·四［M］.北京：中华书局，2013：1208.

主义核心价值观，建设社会主义文化强国，提升文化软实力，促进社会和谐。社会主义核心价值观是以"富强、民主、文明、和谐"，"自由、平等、公正、法治"，"爱国、敬业、诚信、友善"为社会主义价值目标的思想保证和行动指南。郑观应廉洁家训告诫后人要修身律己、崇德向善、礼让宽容、遵纪守法、艰苦朴素、自食其力、勤俭节约、好学上进，并在价值观层面实现了家国的统一，正所谓"修身齐家治国平天下"。郑观应的廉洁家训体现了我国社会主义核心价值观中公民个人应遵守并践行的"爱国、敬业、诚信、友善"的价值准则。郑观应廉洁家训内含丰富的道德素质教育和价值观培育的内容，对受教者极具感染力、亲和力和启发性，对我们推动培育与践行社会主义核心价值观有直接的教育意义。

（二）体现了廉洁文化观

郑观应廉洁家训有："况古之名贤无不勤俭，固穷守道，忠孝传家。各宜遵守，违则不祥，切勿轻视。""清慎勤三字，古之循吏垂为官箴，余谓此三字不特为官宜守之，即作商亦宜奉作金科玉律。""不耐饥寒非志士，能兼气节是全才。英雄自古多磨炼，勿谓艰难志遂灰。""将来无论求名求利，均当以道德为根据。诚如先贤云：'不为财色所困者方是英雄。'""勤俭得富贵，骄奢得贫穷。""人欲谋生，必须勤俭。""吾在家尝教人固穷勤俭，劳苦忍辱，谨慎谦恭，长于一艺为谋生之本。"他在遗嘱中亦表明其清廉的品格及救世的志愿："不妄取，不强求，盖志在救世，事事期无惭于衾影。"为了教育后辈，他将孝、悌、忠、信、礼、义、廉、耻八个字编为韵句，关于廉的韵句为，"人能不贪，乃无后悔。至公无私，辞金却贿。布衣蔬食，儒士何嫌。四字铭坐，俭以养廉。"这些家训体现廉洁文化的内涵和要义及自律性的行为模式，对于社会大众形成与主流文化相适应的价值观、道德观及相应的行为模式，引导社会大众形成崇廉尚洁、鄙贪弃腐的廉洁观念，认同廉洁行为具有正面的教育意义。

（三）体现了创业创新文化观

作为一名实业家，郑观应深知一技傍身的重要性。他有不少家规反映出这种实用的心态。如"现处竞存时代，无论为士、为农、为工、为商，务求各精其业、各执一艺。""我知二十世纪觅食维艰，故定家规，甚望我子孙各精一艺，凡子孙读书毕业后及二十一岁后不愿入专门学堂读书者，应令自谋生路，父母不再资助，循西例也。""恐后人不知家庭教育首贵自立，有恒产而后有恒心，故略举事迹告诫，以期警省。""我愧不善理财，积蓄微薄，所望日后子孙勤奋勉为充闾跨灶，无论男女各精一艺，庶几家业日盛耳。"这些家训传达出他期望子孙各精一技，发奋上进，以图自立的心态。

2014年9月，李克强总理在夏季达沃斯论坛上公开发出"大众创业、万众创新"的号召，当时他提出要在中国960万平方公里土地上掀起"大众创业""草根创业"的新浪潮，形成"万众创新""人人创新"的新势态。此后，他在首届世界互联网大会、国务院常务会议和各种场合中频频阐释这一关键词。2015年李克强在政府工作报告又提出"大众创业，万众创新"，"既可以扩大就业、增加居民收入，又有利于促进社会纵向流动和公平正义"。在论及创业创新文化时，李克强强调"让人们在创造财富的过程中，更好地实现精神追求和自身价值"。郑观应廉洁家训在我们正在进行的"一带一路"历史机遇和大众创业、万众创新的发展机遇与实践中，仍有重要的现实意义。

（四）体现当代的慈善文化观

郑观应廉洁家训中有"求福莫如积善，积善莫如救人。救人之切而要、广而普者，莫如赈饥。""不贪富与贵，但愿救同胞。"是故地方负有教育之职者，宜设幼儿园多所。家拥巨资之绅商亦宜大破悭囊，联络提倡。富贵者无论也。"这些家训与当代慈善文化的利他主义价值观相关联，与中国红十字会的以发扬人道、博爱、奉献精神，保护人的生命和健康，促进人类和平进步事业的宗旨相关联。

当代慈善文化所要达到的境界就是要在全社会倡导和营造"以人为本""助人为乐"的人文关怀的社会环境，减少冲突，调和矛盾，推动社会稳定和谐。我们在构建社会主义和谐社会的历史进程中，需要有郑观应廉洁家训等体现的中华优良家风文化的启迪、承载和激励，构筑一方有难八方支援的互助协作平台和慈善伟业。郑观应家乡中山市于1988年开始举办的"中山慈善万人行活动"，每年一届，已成为中山最具特色的城市精神文化品牌，成为"广东乃至全国红十字运动的一面旗帜"。

（五）体现爱岗敬业"工匠精神"

郑观应廉洁家训中有"欲作人间大丈夫，必须立志勿胡涂。专门望习农工矿，先哲辛劳记得无。""盖凡事先审问之、慎思之，然后笃行之，方无后悔。余生平恒恐因循玩愒、坐误失时，故凡应办公事必须逐日办清。""现处竞存时代，无论为士、为农、为工、为商，务求各精其业、各执一艺。""吾在家尝教人固穷勤俭，劳苦忍辱，谨慎谦恭，长于一艺为谋生之本。""无论男女，除读书外，必日有手艺进款，勿使饱食终日，无所用心，奢侈无度。"这些廉洁家训具有重要的时代价值与广泛的社会意义。

郑观应廉洁家训体现中华民族历来有"敬业乐群""忠于职守"的传统和爱岗敬业"工匠精神"。"工匠精神"包括有敬业、精益、专注、创新等方面内涵。敬业是中国人的传统美德，也是当今社会主义核心价值观的基本要求之一；精益求精，是老子所说的"天下大事，必作于细"，是在做得很好的基础上还要求做得更好，是"即使做一颗螺丝钉也要做到最好"的境界；专注就是内心笃定而着眼于细节的耐心、执着和坚持的精神，是中国古语所说的"艺痴者技必良"而终能在各自领域里成为"领头羊"的执着追求；创新就是在执着、坚持、专注中追求突破、革新，是工匠把"匠心"融入日常劳作的每个环节，在敬畏职业与追求高质量的同时，富有追求突破和革新的创新能力。在科技日益发达的现代，我们重温郑观应廉洁家训，弘扬和传承爱岗敬业的"工匠精神"，争取成为守在各自岗位上的能工巧匠，就能为实现中华民族伟大复兴的中国梦而作出贡献。

（六）体现当代的学习观

郑观应廉洁家训有："所望各子孙孝友立志：须学前贤，俗云：'好子不食爷田地'。不可争论遗产，不可虚度光阴，不可浪费资财。必须勤俭，言行谦恭，读书毕业。当此竞争之世，不耐劳苦不能自立，虽有一艺之长，仍须勿论薪水多少、有无，先于大公司处学习，以图上进，方可自立也。""心以静而专，学以勤为美。"

"笃志力行，勤学好问，进德修业，事事有恒，庶老来无追悔之叹。""少年读书时，自问立志欲学何等人？如志在修齐治平、扬名显亲，期学第一等人，务须勤俭坚忍、吃苦耐劳、百折不回，方能达其目的。""立志在青年，老来悔已晚。须观有用书，学业身之本。"郑观应在其廉洁家训中不乏诲人好学从而进德修业的格言韵句。

重视学习，是中华民族延续数千年的优良传统，也是我们中华民族文化源远流长且博大精深的精神保障。郑观应廉洁家训传承着中华民族传统文化中对学习的重视和强调，并为我们指明为学之道，要求我们将学习思考作为做人治学的基本要求和首要步骤。重视学习也是中共的优良传统，正如习近平总书记所言："中国共产党人依靠学习走到今天，也必然要依靠学习走向未来。"并要求领导干部要认认真真学习、老老实实做人、干干净净干事。党的十八大更是明确提出建设学习型、服务型、创新型马克思主义执政党的重大任务，从战略高度上将学习作为服务与创新的前提和必要条件。我们要学习的内容包括马克思主义理论、毛泽东思想、邓小平理论、"三个代表"重要思想、科学发展观以及近两年来习近平总书记的"四个全面"思想方略，学习党的路线方针政策和国家法律法规，学习经济、政治、历史、文化、社会、科技、军事、外交等专业知识。学习方法包括系统学习和专题学习、集中学习与自学等。总之，要像郑观应先生所说的"须勤俭坚忍、吃苦耐劳、百折不回"地坚持学习，通过学习避免陷入少知而迷、不知而盲、无知而乱的人生困境，克服本领不足、本领恐慌、本领落后的安身立命难题，致力于让自己"自立"成为有坚定理想信念、完备政治素养、高度专业水平的中国特色社会主义事业建设者，成为既充闾跨灶光耀门庭又扬振国威的"中国工匠"。

探析郑观应及其朋友圈

黎细玲[①]

1842年7月24日,郑观应生于香山县雍陌乡(今中山市三乡镇雍陌村)一个买办家族。香山县毗邻香港,接壤澳门,较容易接触到外面世界和接受西方思想。这样的家庭背景和特殊的地缘关系为其日后从事买办和洋务活动、进一步思考富国强国之路及提出一系列现代化设想创造了重要的条件。

郑观应的代表作《盛世危言》刊行至今已有120多年,仍然闪耀着思想的光华。他振聋发聩的言语,出色的商战行动,无所畏惧的实践精神,对于启迪当代及后世,具有宝贵的历史价值和现实意义[②]。

每个人都有自己生活的圈子,即时下热门的"朋友圈"。欧阳修《朋党论》说:"大凡君子与君子,以同道为朋;小人与小人,以同利为朋。此自然之理也。"郑观应也不例外,他交往广博,几乎涵盖清末民初商界、政界、军界、学界乃至道教界。当时政坛要人、著名绅商、文人名士、宗教人士,都与他有交集。

1858年,16岁的郑观应毅然弃学从商,离乡赴沪,跟随叔叔郑廷江在新德洋行工作,晚上入校学习英语。在上海站稳脚跟后,他开始拓展新的朋友圈,其中

---

① 黎细玲,女,珠海市图书馆副研究馆员,武汉大学图书馆学专业本科毕业,广东省政府采购评审专家、珠海市事业单位公开招聘面试考官、中国共产党珠海市第八次代表大会代表、珠海市作家协会会员、中山市郑观应文化学会副秘书长;出版著作《香山人物传略》(2014年)和《珠海人物》(2016年)约370万字,发表论文十多篇,主要参与省级科研课题3项、广州市课题1项,主要研究方向:地方文献开发与利用。

② 中山市人民政府.郑观应志[M].广州:广东人民出版社,2009:1—2.

代表性人物有盛宣怀、李鸿章、张之洞、邓华熙、经元善、彭玉麟等人。

探究郑观应的朋友圈

（一）郑观应与亲属、同乡

郑观应的叔叔郑廷江是新德洋行买办，兄长郑思齐乃宝顺洋行职员、旗昌轮船公司买办。[①]同乡、著名实业家唐廷枢的次子唐风兴娶郑观应堂妹为妻[②]同乡、宝顺洋行买办曾寄圃（阿苗）是郑氏姻亲，同乡、著名洋行买办、民族资本家徐润是郑家"两代相交近百年的世交"。后经曾寄圃、徐润介绍，郑观应先后进入新德洋行、宝顺洋行工作[③]，不到20岁就成为买办。当时入职洋行，需中间人担保，如没有亲友担保，他很难有机会进入洋行。1867年，他与唐廷枢等人出资，联合外商创办公正轮船公司。

《盛世危言》由广东同乡、安徽巡抚邓华熙举荐给光绪皇帝，光绪帝阅后大为赞赏，通令各省督抚印刷，大力推广阅读，郑观应卓越思想家的地位由此确立。良好的亲属、同乡关系，不但对郑观应的成长和事业发展产生重大影响，而且帮助他取得一个又一个成功。[④]

（二）郑观应与盛宣怀

涉及洋务活动后，郑观应快速建立新朋友圈，广泛结交江浙士绅。他与经元善、谢家福、沈善登、沈善经结拜为异姓兄弟。他的朋友圈中有一个永远"置顶聊天"的朋友，此人就是盛宣怀。作为至交好友，无论是政治斗争，还是兴办实业，他始终站在盛宣怀的身边，充分发挥参谋和助手的作用，为其建功立业提供重要的

---

① 黎细玲.香山人物传略（三）［M］.北京：中国文史出版社，2014：426.

② 上海茶叶对外贸易编辑委员会编. 上海茶叶对外贸易［M］.上海：上海茶叶进出口公司，1999：52.

③ 黎细玲.香山人物传略（四）［M］.北京：中国文史出版社，2014：2014.

④ 汪军.晚清安徽巡抚邓华熙史略［M］.长春：时代文艺出版社，2001：99.

智力支持。1880 年，郑观应协助盛宣怀拟定《电报局招商章程》和《详定大略章程二十条》，开展津沪电线架设工作，他专门负责南端工程。两人的关系，在郑观应的朋友圈中最具代表性和典型性。

盛宣怀（1844—1916），江苏武进（今属江苏省常州市武进区）人，担任邮传部尚书、内阁成员等职，兼任招商局、铁路公司督办等，是中国近代民族工业和洋务运动的开拓者和奠基人，先后开办上海轮船招商局、机器织布局、电报局、汉阳铁厂、大冶铁矿等洋务企业以及创办南洋公学等。

郑观应自 1892 年复出后，除两次任职于招商局，还拥有多重身份：1896 年兼任汉阳铁厂总办，1897 年兼任铁路公司总董和电报局总董，1899 年兼任吉林矿务公司驻沪总董，1902 年兼任上海官医局总董和吉林三姓矿务公司总董，1906 年当选为粤路公司总办，1910 年参与创办汉冶萍厂矿、通商银行、电报局、轮船公司、红十字会等。他担任多个洋务公司要职，都与盛宣怀的信任和提携分不开。据不完全统计，两人之间的（公）函、电、文有 1700 余件，其中盛宣怀致郑观应 170 余件、郑观应致盛宣怀多达 1500 余件，证明两人之间来往频繁和关系密切。

辛亥革命以后，两人步入老年，情谊进一步升华，胜似兄弟。武昌起义爆发后，盛宣怀成为清廷的替罪羊被迫流亡日本，在给郑观应的回信中说："数十年老友纵谈身心性命之学，亦晚暮难得之境也。到此游资及归国川费当代筹措。……弟今年咯血，得西林宫保送我紫贝天葵煎服，灵验如神，顷已用完。闻此物产在罗浮，乞公设法代为购求若干寄下。觅购之资，必须奉缴。"收到信后，郑观应立刻照办，并回信道："所须紫贝、天葵已缄托粤友代购，候到寄呈。"

晚年盛宣怀身处异国，倍感孤寂，除家人外，最思念的就是郑观应。郑观应在信中说："书后就寝，梦公衣冠来会，相见甚欢。补此一笔，万勿出示外人"等。1915 年初，盛宣怀病重在床，却念念不忘郑观应。当时郑观应打算向招商局辞职，盛宣怀担心老友晚年的生活保障问题及其子郑润林在招商局的工作，于是为他们考虑周详，甚至想将自己的股票赠予郑观应。当时盛宣怀不能持笔，就让儿子代笔，字里行间情真意切。次年春，盛宣怀病逝，郑观应为其撰写挽联，对其一生进行高度赞扬和概括，两人之间的深厚情谊可见一斑："忆昔同办义赈，创设电报、织布、缫丝、采矿公司，共事轮船、铁厂、铁路阅四十余年，自顾两袖清风，无惭知己；记公历任关道，升授宗丞、太理、侍郎、尚书官职，迭建善堂、医院、禅院于二三名郡，此是一生伟业，可对苍穹。"[①]

（三）郑观应与孙中山

郑观应与孙中山同为香山人，特殊的地理位置和生活环境，使他们有更多的机会接触外面的世界和新事物，思想开放，放远眼光。事实上，两人都较早地走出家乡，走向世界。郑观应"自幼从海舶遍历越南、暹罗、新加坡等处，熟悉洋务。"孙中山12岁时乘坐停泊在澳门的英轮前往夏威夷，此行使他开阔眼界，留下"自是有慕西学之心，穷天地之想"的深刻感受。

1885年，中法战争期间香港工人拒修法舰、拒装卸法货的正义行动使孙中山大受鼓舞，自称"余自乙酉中法战后，始有志于革命"。1890年夏，孙中山在香港西医书院学习，"偶一反乡，道经澳门"，与澳门士绅曹子基（善业）等人交往。当时郑观应隐居澳门，著述《盛世危言》。孙郑二人都从爱国主义的理性思考走向变革，希冀中国走上近代化的道路，日益富强。[②]

《盛世危言》（5卷本）收入孙中山的《农功》一文，成为两人关系的重要体现。《农功》反映两人共同的观念，揭示他们的思想交流与共识。郑观应一直十分重视农业的经营和改革，从1870年开始构思撰写的《易言》一书即曾论及农业拓展

---

① 邵建. 一个上海香山人的人际交往——郑观应社会关系网研究［M］. 上海：上海辞书出版社，2014.

② 张革，张磊. 郑观应与孙中山关系析论［J］. 广东社会科学，2003（3）：105—109.

问题。而《盛世危言》中的有关内容更充实，充分肯定"中国伊古以来，以农桑为本。内治之道，首在劝农。阡陌广开，闾阎日富。似于耕作垦荒之事，我行我法，得以自用其长矣"。他主张以"工商立国"，继承和发展这种传统，并提出一系列推进农业发展的方案。

孙中山上书李鸿章的过程中，孙郑两人的交往一直是学界津津乐道的话题之一。郑观应在1892年写好的《盛世危言》"自序"中，提出强国富民的三项准则："人尽其才""地尽其利""物畅其流"；慨叹侈谈洋务者众，"但求其洞见本源，深明大义者有几人哉！"孙中山在《上李鸿章书》中阐述"富强之大经""治国之大本"的"四事"，即"人能尽其才，地能尽其利，物能尽其用，货能畅其流"；认为"我国家欲恢扩宏图，勤求远略，仿行西去以筹自强，而不急于此四者，徒唯船坚炮利之是务，是舍本而图末也。"显然，郑观应的三点要义与孙中山的"四事"，从思想到文字表达如出一辙。两人对30年来兴办洋务的问题的看法，亦甚一致。①

事实上，孙中山《上李鸿章书》关于"货能畅其流"的论述，来源于《盛世危言》之中《铁路》《商务》《税则》等篇章，他把郑观应的论述概括为"关卡无阻难，保商之有善法"，并以此作为"货能畅其流"的先决条件。《上李鸿章书》关于"物能尽其用"的论述，是对《盛世危言》之《纺织》《技艺》《修路》《电报》等篇章的概括、阐释。当前学界较认同的两人见面经过为：1894年6月，孙中山前往天津中途停留上海，找到郑观应，请求他将自己推荐给盛宣怀。夏东元编著的《郑观应年谱》中指出："据传孙中山到沪曾到过郑观应家中，巧遇王韬在座"。郑观应写推荐信给盛宣怀，赞扬孙中山具有真才实学，而且希望能将其引荐给李

---

① 尹全海. 论郑观应对孙中山的影响——兼论孙中山的洋务思想［J］. 开封教育学院学报，1991（4）：30—33.

鸿章，请求为其特批"游历泰西各国护照"。[①]

（四）郑观应与孙家鼐、邓华熙

孙家鼐（1827－1909），安徽寿州（今属安徽省淮南市寿县）人，清咸丰九年（1859）已未科状元，与翁同龢同为光绪帝老师。戊戌维新时期主办京师大学堂，清末新政时期任资政院总裁，力主新政。[②]

邓华熙（1826－1916），顺德县龙山乡（今佛山市顺德区龙山镇）人，咸丰元年（1851年）辛亥科举人。咸丰十年（1860年），英法联军进逼北京，他充任京师巡防处办事员，条陈抗敌方略数千言，受到恭亲王奕䜣的重视，提拔为刑部郎中，转任监察御史。之后历任云南迤南道道员、按察使，湖北布政使，安徽、山西、贵州巡抚等。1911年广州将军凤山被炸死后，他和梁鼎芬主持宣布广东咨议局独立。[③]

《盛世危言》出版后，由孙家鼐、邓华熙举荐给光绪皇帝，光绪皇帝阅览后，认为该书切中时弊，通令各省督抚印刷，分发地方官绅。《盛世危言》能够送到光绪帝手中，邓华熙发挥了关键的作用。若没有地位显赫的邓华熙的举荐，《盛世危言》不可能送到光绪皇帝手中；若没有光绪皇帝的谕旨，《盛世危言》不可能产生如此震撼、深远的效应和影响。[④]

（五）郑观应与康有为、梁启超

因为张之洞和经元善的关系，郑观应与康有为、梁启超认识。1895年，张之洞同意在上海、广东开设强学会后，由经元善向张之洞推荐，11月康有为奉命来沪与郑观应等人会商。郑观应不但资助强学会，而且担任会董。郑观应将刚出版

①　邵建.郑观应与孙中山关系再讨论［J］.社会科学，2014（3）：159—163.

②　曹子西.北京历史人物传（下）［M］.北京：北京燕山出版社，2014：639—640.

③　顺德市地方志编纂委员会.顺德县志［M］.北京：中华书局，1996：1211—1212.

④　汪军.晚清安徽巡抚邓华熙史略［M］.长春：时代文艺出版社，2001.邵建.郑观应与孙中山关系再讨论［J］.社会科学，2014（3）：159—163.

的《盛世危言》赠给康有为、梁启超。康有为盛赞该书有利于推进维新运动，故对邓华熙奏进该书之举，引为同调。[①] 接着，康梁将《盛世危言》辑入《自强丛书》，又收入梁启超的《西学书目》，向社会各界推荐。郑观应对康梁赞赏有加："博览精详""钦慕不已"。1897—1898年，郑观应与梁启超多次合作，创办《自强报》，组织"不缠足会"，创办女子学堂。两人有共同的政治语言和事业，因而也建立了一定的友谊。

郑观应于1898年9月22日致盛宣怀密函："敬密肃者，顷闻梁卓如扮日装到沪，想小田切总领事必知确否，今相见可询之。不可谈闻于何人，至祷。……阅后付丙。"写信日期紧接在政变之后，因此有人认为郑观应是告密者。事实并非如此。9月29日朝廷发上谕："梁启超与康有为狼狈为奸，所著文字语多狂谬，著一并严拿惩办。"清廷下令缉拿梁启超，是在郑观应密函发出七天之后。在一个星期前，他怎可能预知清廷要下令逮捕梁启超并因此告密呢？ 9月22日，上海道蔡钧接到刘坤一密电："密速觅线派人会知英领事逐船搜捕"，"密商盛京卿严饬三公司，于今晚明晨由天津来沪轮船下定江中，听候查拿奉旨要犯"。9月23日，蔡钧密函盛宣怀，转抄刘坤一密电原文，并附言"荩筹饬遵，无论北来何船，如遇县委差捕上船查拿，勿任稍有阻格。"蔡钧收到密电是在22日午夜，郑观应密函是在当日午时，盛宣怀在次日得朝廷密令。可见，郑观应密函在前，蔡钧奉命在后，盛宣怀奉命更后。那份缉拿张荫桓等人的上谕提到，对其他人不予追究，当时梁启超还未被列入缉拿名单。盛宣怀对维新变法持反对态度，但对梁启超颇为看重，关键的是他未负有逮捕使命。郑观应把消息限于他们两人之间，要求"阅后付丙"，目的是通过盛宣怀向日本领事打听确切。戊戌之年，郑观应主张"开国会，立宪法，团结民心，同御外侮"。光绪皇帝召见康有为之前，康有为问计于郑观应政

---

① 汪军.晚清安徽巡抚邓华熙史略［M］.长春：时代文艺出版社，2001.

治能即变否。郑观应答："事速则不达。恐于大局有损无益。譬如大指与尾指交，二、三、四指不扶助，能举重否？"事实证明，他对形势的分析准确中肯。事变发生后不久，郑观应致书接康有为父亲到澳门避难的富商何穗田，并寄 100 元请转交康父，说："虽与康南海时尚无交情，惟念其救国之心，罹此重祸，甚可扼腕。"赞誉之情，溢于言表，并且"其旅沪之门弟子，弟已劝其离沪"。他赞扬"戊戌六君子"之一康广仁，在狱中"临大节能从容如此者，盖由学有根柢也"。他真诚地说："幸康南海与梁君卓如闻风先出"。在风云突变、康梁生死未卜之际，他深为友人担忧，听说梁启超抵上海，即探询确否。他与小田切的关系非同一般，两人于 1898 年 5 月组织亚细亚协会，分别任正、副会长。郑观应没有积极参加变法活动，并与之保持着一定的距离。这与盛宣怀的影响有关。郑观应经历过挫折，东山再起，怕失去前途，加上预感到维新运动前路维艰，所以对变法活动瞻前顾后。他写信给盛宣怀为自己洗刷，称"官应早一年已与督办言及，康梁办事毫无条理，不知度德量力，将来必有风波，岂得谓之同党乎？"有学者认为，这是他保全自己、免被追究的做法①。

（六）郑观应与经元善

经元善（1840 — 1903），浙江上虞（今属浙江省绍兴市）人，首创协赈公所，受清廷嘉奖十余次，后成为洋务企业家；创办经正女学，开中国女学先河。

在 1878 年的义赈中，经元善与郑观应相识。两人志同道合，联手与众绅商创办上海协赈公所，在创办津沪电报时和筹建织布局时多有合作。义结金兰之后，两人关系更密切。1880 年春，戴恒等人想重新拉郑观应入织布局，而郑观应想将经元善引荐到织布局中来，之后李鸿章果然给了经元善会办织布局的札委。当谢家福不任会办时，郑观应不失时机地与谢家福一起向李鸿章建议由经元善接替会

---

① 周辉湘. 郑观应并未出卖梁启超［J］. 衡阳师专学报（社会科学），1992（3）：72—73.

办一职。后来，郑观应因身兼轮船招商局和机器织布局两个要职的身份，向李鸿章辞去上海电报局总办一职，并建议由经元善接任。可见，郑观应为提携经元善用心尽力。

因友人诚信问题而导致投资亏损，被友人骗去钱财之事时有发生，这使郑观应对于某些朋友感到非常失望。后来，郑观应不愿为经元善筹办女学堂捐钱，而经元善致信友人揭发郑家三兄弟未还款项，显示两人关系已经变质。在经元善联名通电反对"乙亥建储"遭通缉并被拘于澳门之事件中，郑观应也有不妥之处。①

（七）郑观应与容闳

容闳（1828－1912），香山县南屏乡（今珠海市香洲区南屏镇）人，被誉为"中国留学生之父"。1847年鲍留云牧师带同容闳、黄胜、黄宽三人赴美读书。1854年容闳毕业于耶鲁大学，成为中国首位留美大学毕业生。他回国后，受曾国藩委派赴美采购机器，筹建江南制造局。他向曾国藩、丁日昌献议遣派幼童赴美留学，获得朝廷批准。1872－1875年，清政府朝廷每年派出30名幼童赴美读书，为推进中国现代化培养人才。1881年因朝中保守派反对，全部留美幼童被遣返回国。②

郑观应与容闳既是同乡，又是多年好友。1859年郑观应入宝顺洋行工作时，容闳亦于同年由曾寄圃介绍入宝顺洋行任职，从事产茶区调查工作。1880年郑观应任上海机器织布局总办时，委托驻美副公使、驻洋肄业局副总监容闳，聘请美国有经验的工程师来上海商议开办织布局。1881年容闳带着全部留美幼童黯然回国，郑观应赠诗表以惋惜："采采芙蓉涉远江，中西学贯始无双。应嗟匡济稀同志，却羡利名隶美邦。鹏运八纮风在下，龙文百斛鼎能扛。诸生海外将成曲，底事吴

---

① 邵建. 一个上海香山人的人际交往——郑观应社会关系网研究［M］. 上海：上海辞书出版社，2014.
② 黎细玲. 香山人物传略（三）［M］. 北京：中国文史出版社，2014：680－681.

儿换别腔。"①

容闳和郑观应都非常关注"华工"问题，容闳为出国华工谋得政治上的保护，四处奔走，出力甚多。郑观应为保护出洋"华工"，大声疾呼，为解决非法贩卖"华工"问题出谋划策。两人具有深厚的爱国主义和民本主义思想，都主张在海外派驻华官，切实保护"华工"的权益。②

（八）郑观应与学界朋友

郑观应常年任职洋行买办，熟悉洋务，与中外人士接触甚多，较为突出的有：

1. 傅兰雅

傅兰雅（1839—1928），英国传教士，1861年抵达香港任圣保罗书院院长，1863年任职于北京同文馆，1865年转上海任教英华书院，后转任上海江南制造局翻译馆编译。他主持翻译西书超过345部，涉及法学、医学、贸易、政治、地理、古文、动植物、印刷、摄影、军事、海防、工艺等领域，特别是1875年主编的《格致汇编》，成为最早引介西方科学的报刊。他主译各类西学、西政、西艺类书籍，对郑观应的思想影响至深。③郑观应于1868年入读傅兰雅所办的英华学馆夜读班，历时两年，其间对西方政治、经济等方面产生浓厚的兴趣，并开始酝酿写作《救时揭要》等篇章，1870年起开始写《易言》。《易言》的中心思想是"自强"，也是其"初学商战于外人，继而与外人商战"观点的具体论述，并提出一系列以富国强国为中心的内政改革措施。他主张向西方学习，采用机器生产，加快工商业发展，鼓励商民投资实业，鼓励民办开矿、造船、建铁路；同时大力宣扬西方议会制度，力主中国应实行政治制度的变革，实行君主立宪制等。这些维新自强的思想，使世人耳目一新，振聋发聩，对国人起到了思想启蒙的作用。

① 李志刚.郑观应与中外基督教人的交游及对传教的主张［J］.岭南文史，2002（3）：59—63.
② 孙世雄.容闳、郑观应与猪仔贸易［J］.成都教育学院学报，2006（11）：115—117.
③ 顺德市地方志编纂委员会.顺德县志［M］.北京：中华书局，1996：1211—1212.

2. 李提摩太

李提摩太（1845 — 1919），是英国浸礼会宣教士，1886 年任《天津时报》主笔，后因在山东、山西两省从事赈灾业绩卓越，备受中国官员敬重。1891 年任上海广学会总办，提倡公开演讲，获中国各地响应，创办《万国公报》，提倡改革变法，《万国公报》发表的新言论，为鼓吹变法者必读。而其所著《泰西新史揽要》成为知识分子喜爱的书籍，被呈献给光绪皇帝御览。郑观应的《盛世危言》，深受李提摩太言论的影响。郑观应所撰《读泰西新史感言》说："专制重愚黔，愚黔如自缚。自缚手足乖，国势焉不弱。国弱被人欺，大权日旁落。共和欲民智，民智多材略。材多国富强，朝野欢声作。"①

3. 王韬

王韬（1828 — 1897），江苏长洲（今属江苏省苏州市）人，1849 年在上海伦敦传道会墨海书馆从事《圣经》编译工作，1867 — 1870 年，应理雅各邀请，赴苏格兰协助翻译《易经》，途经埃及，游历英、法、俄等国，见闻益广。他与西方传教士、外交官员和汉学家交往甚密，由此对西方社会和政治思想有所认识。1871 年，英华书院一度停办，并将印刷所印刷设备出售，黄胜与王韬合资 10000 元从墨西哥鹰洋购入设备，成立中华印务总局。②

1874 年，王韬创办《循环日报》，并出任主笔，发表西游见闻及个人政论主张，提倡政治改革。他在《弢园文录外编》中，明确提出按照西方资本主义方式建立和发展中国工商业，以抵制外国侵略，求得中国的独立富强；并要求收回澳门，废除不平等条约中的治外法权和关税协定等条款。

郑观应的《易言》由王韬主办的"中华印务总局"排印，署名杞忧生。王韬为《易言》初稿写序，并评价道："是书所言，类皆可措诸施行，而收其效。吾将拭目

---

① 李志刚.郑观应与中外基督教人的交游及对传教的主张［J］.岭南文史，2002（3）：59—63.
② 黎细玲.珠海人物［M］.北京：中国文史出版社，2016：173—174.

而观其后。将见皇猷克赞，骏烈获成，喁喁然熙熙然，国家又安，中外提福"。[①]《易言》36篇本刊行时，王韬又为之题跋，盛赞不已。1883年王韬返上海定居后，两人的交往更加密切。王韬出任"格致书院"山长时，曾请郑观应为格致书院冬季课命题。

4. 伍廷芳

伍廷芳（1842－1922），广东新会（今江门市新会区）人，出生于新加坡，32岁自费留英学习，在英国林肯法律学院学法律，1877年毕业返港，成为香港第一位华人大律师。1882年获李鸿章委任为北洋洋务局委员，历任清政府驻美国、秘鲁、墨西哥、古巴等国公使。辛亥革命被后推为南方十一省总总代表。中华民国临时政府成立后，担任司法总长。1916年获黎元洪委为外交总长，翌年代理国务总理。张勋复辟，黎元洪解散国会，他坚决反对，后南下各州参加孙中山护法政府，担任外交部长。1922年被孙中山任为广东省长，同年病逝。郑观应与伍廷芳年龄相若，两人讨论内容较广泛，除宗教问题外，多为国事时事。郑观应多有献策，如"何以云裁兵？""何以云开专门学校？"等。郑观应强烈反对外国人充当海关总税务司，故请伍廷芳在法国巴黎和会上提出反对。当伍廷芳辞去代理国务总理一职，转投孙中山阵营时，郑观应表示支持并写诗祝贺。

5. 何启

何启（1859－1914），字沃生，南海县（今佛山市南海区）西樵镇新田南沙村人，在英国鸭巴甸大学习医，毕业后转读林肯法律学院学习法律。之后与雅丽氏结婚，回港后成为执业律师。雅丽氏返港不久病逝，为纪念亡妻，何启捐资兴建雅丽氏纪念医院。后在雅丽氏纪念医院所在地另开设香港西医书院，同年孙中山入读该校。何启发表《书曾袭侯中国先睡后醒论后》，以驳斥曾纪泽《中国先睡后醒论》

---

① 邵建.一个上海香山人的人际交往——郑观应社会关系网研究［M］.上海：上海辞书出版社，2014.

等论调。曾纪泽提出巩固船坚炮利的防务、忽略政治改革；而何启着重于政令的公平、法律的执行。其后何启和胡礼垣有不少论著，编成《新政真诠》，提倡政治改革，成为早期改良派的代表作。郑观应对何启的观点极为赞同，曾题诗云："古言廉不明，贻祸更酷烈，忠愤长太息，吾华宁蠖屈。急效俄彼德，变法求后杰。……一篇新政书，抗议堪击节。"①

（九）郑观应与万启型

万启型无疑是郑观应晚年修道的精神支柱，被尊为"圣师"。在他晚年几乎所有的修道活动，如修造扬州修真院、筹建炼丹房、整理刊印大量道教书籍、多次入室修炼，都与万启型有关。除万启型外，郑观应还结识一大批全国各地的道教朋友，形成了一个人数众多的道界关系网，甚至他的好朋友龚易图、梁伦卿、张振勋等受他的影响，也加入到修道行列中，成为这个圈中的一分子。②

（十）郑观应与李鸿章

李鸿章（1823—1901），安徽合肥人，道光二十七年（1847）丁未科进士，后出任两广总督。1853 年在籍办团练抵抗太平军，1858 年入曾国藩幕。1870 年任直隶总督兼北洋通商事务大臣。先后开办一批近代军事工业和民用工业，扩充淮军势力，建立北洋海军。

1878 年，李鸿章先后请郑观应赴天津襄办堤工赈务和筹办上海机器织布局，郑观应首次推辞未就，后终接受。1880 年 11 月，李鸿章任命郑观应担任上海机器织布局会办，次年春委托郑观应办理上海电报局局务。1881 年，李鸿章、唐廷枢等人有意让郑观应离开太古轮船公司，转任轮船招商局。3 月，郑观应正式接

---

① 李志刚.郑观应与中外基督教人的交游及对传教的主张 [J].岭南文史，2002（3）：59—63.
② 邵建.一个上海香山人的人际交往——郑观应社会关系网研究 [M].上海：上海辞书出版社，2014.

受李鸿章邀，任轮船招商局帮办委任，兼任上海织布局。[1]

（十一）郑观应与卢九、李际唐

郑观应于1906年被公举为粤汉铁路总办，1905年、1907年两次被推为商会协理。1906年，澳门著名赌商卢九就推举粤汉铁路公司澳门董事一事，致函郑观应。郑观应在澳门绅商中享有很高的威望，既是重要的华商领袖，又是卢九的好友。[2]

郑观应与澳门知名富商李镜荃长子李际唐有交往。李际唐，榜名李翘燊，原籍新会县七堡乡（今江门市新会区七堡镇）；光绪三十年（1904）甲辰恩科进士，历任编修、实录馆协修、国史馆协修，成为澳门历史上唯一的一位太史。郑观应在《与李际唐太史书》说："老弟年富力强，尚祈在都与同乡京官筹商，先在本省举行，以为各省之模范。盖衣食足而后礼义兴，亦预备立宪时代之要务也，忝叨末爱，故敢以管窥蠡测之见陈于左右，尚其图之。"郑观应希望李际唐与同乡京官筹划商议，在本省举办工艺院，大兴工商业，发展经济。[3]

（十二）郑观应与其他朋友

1873年，郑观应在宝顺洋行时的同事麦奎因邀请他参与创办太古洋行轮船公司并总理一切。郑观应与招商局同事、后辈吴广霈成为忘年之交，郑观应与他一起巡视招商局长江各分局，又请他为《盛世危言》和《罗浮偫鹤山人诗草》作序跋。

郑观应与盛宣怀弟弟盛宙怀（荔荪）及其父亲盛康过从甚密，盛宣怀很多同僚和友人与郑观应私交甚笃。1884年初受上海金融风潮的影响，上海机器织布局投资亏损。应督办粤防军务大臣彭玉麟奏调，郑观应辞去各项洋务企业职务赴粤差委。

① 邵建.一个上海香山人的人际交往——郑观应社会关系网研究［M］.上海：上海辞书出版社，2014.
② 叶农，郭远英.澳门华商研究的新视角与新成就——"卢九家族与华人社会学术研讨会"综述［J］.史学理论研究，2011（2）：154—156.
③ 黎细玲.香山人物传略（二）［M］.北京：中国文史出版社，2014：225—226.

郑观应与王之春关系不错，通过王之春，他得到了左宗棠和彭玉麟的赏识。当郑观应犹豫是否出任汉阳铁厂总办时，盛宣怀写信给王之春，请他代为说服。王之春促成了郑观应两次做官经历，包括1903年，郑观应辞去招商局之职，赴广西署理左江道。

郑观应复职轮船招商局后，一时间来找他的人络绎不绝，据称"自到局以来，求差者不下百余人"，可见郑观应社会交往广泛。另外，有不少人与郑观应保持较为密切的关系，包括李金镛、黎召民、卓培芳、叶廷眷、郑孝胥、张謇、唐翘卿、谭干臣、詹天佑、叶侣珊、温灏、张树声、胡聘之、唐景崧、翁同龢、奕譞、端方、郭嵩焘、陈兰彬、冯焌光、许应鑅、刘麟祥、刚毅、蔡锡勇、黄幼农、黄花农、岑馥庄、沈葆桢、薛福成、邵友濂、韦文圃、卓子和、郭甘章等。

郑观应朋友圈的特点

（一）圈子大，范围广

郑观应的社会活动频繁，交往人物可谓形形色色。他既是实业家，又是思想家，长期从事洋务活动，在洋务企业担任重要职务，决定其社会交往的广泛性。他的朋友圈，就人物职业而言，有官员、商人、知识分子、道教人士等。官员中，有王公贵族、地方大员、洋务派官员，还有驻外使节、维新派、外国政要。就地域而言，有香山同乡、粤籍人士、江浙士绅，乃至全国各地的朋友，甚至还有外国人。

（二）主次有别，重点突出

郑观应的社会关系较为复杂，但有主线，重点交往人物的特征非常明显。在事业方面，核心人物是盛宣怀。在官场方面，核心人物是邓华熙、王之春。在修道方面，郑观应将万启型尊为"圣师"。

（三）充分发挥了能量

郑观应构建的朋友圈，尤其是朋友圈的核心人物，成为他事业成功的重要因素。

（四）朋友圈中朋友相互交叉和关联

郑观应与盛宣怀交好，与盛宣怀父亲盛康、弟弟盛宙怀关系同样密切，盛宣怀其他同僚与友人很多也与郑观应友好交往。郑观应与王之春关系也是如此，通过王之春，他得到左宗棠和彭玉麟的赏识，获得两位重臣差委，又结识了一大批广东、福建等地官员。其中，邓华熙与盛宣怀并不熟稔，郑观应曾去信盛宣怀为其世兄邓善麟谋求粤汉铁路的差事，盛宣怀帮助安排邓善麟担任电报局粤局帮办。这些都说明郑观应朋友圈的人，尤其是官员之间相互之间的交叉和关联度较高。①

（五）充满"洋味"，倾向西化

郑观应生活在清末民初，他的朋友圈里师生关系、同年关系、同门关系等旧时常见的关系并不突出，这与他应童子试未中、早年弃学从商的身份有关。他熟悉洋务，熟悉洋务企业的运作，与中外人士交往密切，决定了他的朋友圈里充满"洋味"，思想倾向于西化，较容易接受西方思想和文化。②

结　语

一个人要取得成功，天赋、勤奋、机遇三者缺一不可，尤其是机遇。机遇，往往来自于良好的人脉资源。郑观应是一个善于交际的绅商，他之所以取得卓越的成就，除天赋和勤奋外，很重要的一点，就是他拥有一个能量强大的朋友圈。

---

① 邵建.一个上海香山人的人际交往——郑观应社会关系网研究［M］.上海：上海辞书出版社，2014.
② 邵建.郑观应的朋友圈［N］.文汇报，2016-04-01.

试论郑观应的性别观 ①

侯杰 封磊 ②

前 言

晚清时期接连爆发的两次鸦片战争，极大地冲击了自诩为"天朝上国"的清政府。在内忧外患中，清政府发起了"求强求富"的洋务运动，希冀借此改变被动挨打的局面。面对时局剧变与外力逼迫，具有共同的政治倾向的男性社会精英，不约而同地从爱国救亡、抗争自强的立场出发，探求救亡图存之道。男性社会精英在举办洋务的救国实践中，不仅学习西方器物技术，还意识到性别也是一个重要的政治问题、社会问题，并与国家强盛、民族盛衰关系密切。近代中国女权运动的发展特点也说明，提倡妇女运动的大部分人士是男性。③ 他们开始关注妇女，并以挽救中国危亡为核心，以尊重女性权益为重点，提出了一系列性别观念，在中国妇女运动史上产生了一定的影响。郑观应，便是较早阐发性别观念的晚清早期改良派之一。

郑观应（1842 — 1921），本名官应，字正翔，号陶斋，广东香山县（今中山市）

---

① 本文为2014年教育部人文社会科学重点研究基地重大项目"近代日常生活"（项目号：14JJD770010）的阶段性成果。

② 侯杰，南开大学城市文化研究院副院长，南开大学历史学院教授、博士生导师，南开大学中国社会史研究中心教授，主要从事中国近现代社会史、社会性别史研究；封磊，南开大学历史学院博士生，主要从事中国近现代社会史、社会性别史研究。

③ 见吕芳上. 革命之再起：中国国民党改组前对新思潮的响应（1914—1924）［M］. 台北："中央"研究院近代史研究所，1989.

雍陌乡人。晚清早期改良派、著名工商业者。其著述涉及政治、经济、哲学、军事、外交、教育、法学、新闻等诸多领域。代表作有《救时揭要》《易言》《盛世危言》及《罗浮待鹤山人诗草》等。郑观应享寿八十，经历了晚清时期的一系列重大事件：出生于第一次鸦片战争之后，历经了第二次鸦片战争、太平天国运动、中法战争、中日甲午战争、义和团运动、八国联军入侵、辛亥革命、北洋政府统治时期。终其一生，他积极参与现代化事业，形成独具特色的性别观。

郑观应的性别观念产生较早。早在 1862 年前，他就撰写了《救时揭要》一书，明确提出一些性别观念。1875 年，他在《易言》中的《论裹足》一文中提出"禁缠足"的主张，是其性别观念的进一步发展。在 1894 年出版的《盛世危言》中，他提出了"女教"（即兴女学）的主张，将其性别观念推向一个新的高度。综观郑观应的一生，其性别观念大体包括"劝戒溺女""禁止缠足"和"兴女教"等内容。可以说，他的性别观之系统阐发与晚清时期中国人认知世界、适应世界、步入世界的现代化进程颇为相近。至于郑观应的性别观，研究者虽然也有所论及[①]，但是缺乏从性别视角展开的全面论述，未能深入检讨其时代价值与历史局限。本文不揣浅陋，就教方家。

抨击溺女陋习——尊重女性生存权利

一般来说，溺女是指人们将初生女婴置入水桶、水盆等器皿中淹杀至毙的行为。溺女，作为长期存在的社会现象，有着深刻的社会、经济、文化、观念、性别等方面的原因。晚清时期，受西方文明的影响，国人开始进一步反思溺女现象。而郑观应也旗帜鲜明地提出"反对溺女婴"的主张。

---

① 张蕾.郑观应的家庭教育思想与实践［J］.求知导刊，2016（9）；陆文学.妇女乃国家兴衰存亡的根本——郑观应女性观辨析［J］.岭南文史，2009（4）；薛凡.郑观应妇女观分析［J］.淮北职业技术学院学报，2010（3）；王丹.浅评郑观应的女子教育观［J］.成都大学学报，2008（3）.

首先，郑观应对溺女、溺婴的行为进行了猛烈的抨击："淋淋血胞，欲语何能，母魂甫续，子命旋倾。天乎人乎？天欲生之，人欲杀之。逆天者亡，杀人者死。得不于其身而速报耶？"发出"约计每年每邑溺死女孩，少则数千，多且数万，此天下古今第一痛心事"①的感慨。郑观应还就溺女婴现象的形成原因进行了归纳、分析："或以为生女太多，忿而溺之；或以为生女需乳，不利速孕，急而溺之；或婢女所生，妻不能容，迫而溺之；或偷生诚恐露丑，恶而溺之"。②郑观应对造成溺女婴现象各种根源的发掘，虽然并未深入到社会经济原因等层面，但是已经将关注女性问题的目光投射到尊重女性生命权上来，要求给予女子平等的生存权利。

其次，就如何杜绝溺女现象，他提出利用政府法律予以禁止的思想。郑观应指出："凡溺女者以故杀子孙论"。不仅如此，他还提出了解决溺婴问题的具体方法——设立具有公共慈善性质的保婴会。③郑观应对杜绝溺女现象所提出的主张不仅充满理想主义色彩，而且也表明他对西方慈善制度已经有所了解和认识，并尝试借此解决中国社会严重存在的性别不平等问题。应当说，在晚清中国现代化事业刚刚起步之时，郑观应能旗帜鲜明提出旨在解决溺婴问题、建立公共慈善机构的构想，既有对传统的继承，又包括向西方的学习。

值得一提的是，郑观应的禁溺女观，不能简单地看做是对传统溺婴陋习的批判，更重要的是背后所隐藏的对女性生命权的尊重和保护。因为在中国传统性别文化中，突出强调的是"男尊女卑"与"重男轻女"，女性长期处于从属地位，甚至扮演卑贱者的角色。郑观应从禁溺女婴出发，向传统性别文化、权力、制度提出了女婴具有平等的生存权的主张，超越前人以及同时代的人。这在溺婴长期

① 夏东元编. 郑观应集（上册）［M］. 上海：上海人民出版社，1982：36、38.
② 夏东元编. 郑观应集（上册）［M］. 上海：上海人民出版社，1982：36.
③ 夏东元编. 郑观应集（上册）［M］. 上海：上海人民出版社，1982：37—38.

且普遍存在的中国社会来说，无疑具有较大的社会性别意义和价值。

禁止缠足——将女性素养与强种保国的政治诉求联系起来

缠足，是中国汉族女性特有的、通过后天的人为缠裹而改变、影响足部的发育，使之产生畸变，以达到某种"美化"目的的历史现象。作为中国特有的一种女性习俗，缠足是中国传统礼教盛行的产物。经过中西文化碰撞与交流之后，女性的缠足在一定程度上让处于晚清剧变时期的中国男性社会精英看到中西文化的差异。这一差异，是继器物、技术以及服饰、发辫之后，凸显在女性身体上的严重"文化异质"。不缠足的概念始于19世纪下半期来华传教士所提倡的天足观念，来华传教士是最早开始在中国提倡放足的群体。他们或从基督教教义出发，将缠足视为违背基督教"上帝爱人"教义的恶习，是违反自然与人性的野蛮行为；或是从医学角度指责缠足对女性身体的戕害。可以说，中国"第一代反缠足的晚清中国人的思想资源主要来源于西方传教士"①。在他们的宣传鼓吹和大力推动下，反缠足运动逐渐兴起。运动主体也随之开始变化，由最初的西方来华传教士，变为中国的男性社会精英，进而演化为国家力量的介入，呈现出由"西人自为"到"华人自主"，再到"国家干预"的历史变迁过程。这其中关于反缠足的论述蔚为大观，发声群体、议论范围、举措意义等均有较为成熟的研究，此处不赘。而笔者要强调的是，郑观应作为较早提出反缠足主张的早期改良派、中国男性社会精英，对之后的维新派吸收进变法纲领产生深刻影响，堪称先驱。

首先，郑观应从爱护自然身体的角度出发，明确指出缠足"残其肢体，束其筋骸，伤赋质之全，失慈幼之道"。此外，他还从不利于家庭关系和睦的角度阐述缠足带给女性的伤痛。在他眼里，缠足"致令夫憎其妇，姑嫌其媳，母笞其女，嫂诮其姑。受侮既多，轻生不少"。在他看来，最为重要的是缠足使女性身体变

---

① 杨兴梅.身体之争：近代中国反缠足的历程［M］.北京：社会科学文献出版社，2012：17.

得柔弱,致使缠足女性"生子女则每形孱弱,操井臼则倍觉勤劳"。[①]在郑观应看来,缠足不仅对妇女生育下一代以及自身劳作产生了十分严重的不良后果,而且成为造成国弱民弱的一大祸害。

其次,郑观应还从人道主义的角度,痛陈缠足是对女性从人生幼小阶段开始进行的身心迫害,并将缠足折损肢体的痛苦穷形尽相:"稚年催剥肤之凶,毕世婴肘足之罪。洲栽贼肢体,迫束筋骸,血肉淋漓,如膺大戮,如负重疾,如靓沈灾。"缠足的直接后果,就是使这些女性具有易伤、轻生、柔弱等特质,成为终生依赖男性的弱势群体而不能自食其力:"气质虚弱者因以伤生,虽父母爱怜,而死者不可复生,断者不可复续矣!即幸全性命,而终日需人扶掖"。更有甚者,缠足对女性的日常生活也造成严重影响,"偶有水火盗贼之灾,则步履艰难,坐以待毙"。这些均是缠足造成女性沦为社会弱势群体的重要表征与主要原因。

再次,郑观应从男性审美的视角出发,对传统社会尤其是性别文化中男性对缠足的病态审美情趣提出了尖锐的批判:"戕伐生质以为美观,作无益以为有益,是为诲淫之尤。"更为重要的是,郑观应将中国传统性别文化特有的对女性身体"规训"的陋习,在与世界文明进行一番比较后,指出女性国民身体上的"异质特色"给民族国家尊严与个体人格带来了极大的屈辱:"西人论女子裹足,男子宫刑,乃极弊之政,为合地球五大洲之所无,宜为彼族嗤笑。"[②]由此可见,在郑观应看来,妇女缠足不仅不利于生育健康后代,还影响家庭、国族的发展;缠足恶俗已成为被外国人耻笑的对象,是国族的耻辱。由缠足有害女性健康,不利生育强健后代,到缠足使国族蒙受耻辱,这一系列观点体现出郑观应倡导"禁缠足"是源自根除国家沉疴、学习西方富国强民的国族意识。也就是说,要有强健的国民与强大的国家,必须自女性及其健康着手。可以说,相较缠足带给女性生命、生活、生计

---

① 夏东元编.郑观应集(上册)[M].上海:上海人民出版社,1982:164.
② 夏东元编.郑观应集(上册)[M].上海:上海人民出版社,1982:288.

困难的批评而言，郑观应的这番批判，"合地球五大洲之所无，宜为彼族嗤笑"具有振聋发聩的功效，也使严禁妇女缠足、解放女性身体成为符合时代发展潮流、社会进步与国民文明的必然要求。

最后，郑观应还将女性身体提升至强国保种、国家强盛与民族振兴的高度。1895年启蒙思想家严复在天津《直报》上发表《原强》一文，介绍达尔文、斯宾塞、赫胥黎等人关于进化论的观点，对"物竞天择""优胜劣汰，适者生存"的人类进步演化之说进行了符合中国文化与大众心理的阐释与解读。概而言之，国人必须自强保种，才能不受外来势力的奴役与压迫，即在国势微弱与民族弱小的时代，如若民族、国家因循恶俗、沉于守旧、不自强保种，民族、国家就会遭到人类演化规律的惩罚。因而，社会达尔文主义的进化论成为时人重要的思想武器，"国"与"种"紧密地联系在一起，也成为近代中国促使国人觉醒的一股强劲的社会思潮。

需要指出的是，在戊戌变法之前，出于救亡图存、富国强兵的需要，主张变法的维新派已大张旗鼓地在各地推进"不缠足运动"。1894年，郑观应在出版的《盛世危言》中就已阐发了关于妇女缠足引起国族衰弱，进而导致国家不能"安内攘外"的思想。在《盛世危言》"女教"篇中，郑观应说，"妇女裹足，则两仪不完；两仪不完，则所生男女必柔弱；男女一柔弱，而万事隳矣！夫裹足为贱者之服，岂可以行之天下，而且行之公卿大夫之眷属耶？予所以言之喋喋者，实有系于天下苍生，非仅考订其源流而已。"① 缠足虽"无益于民生，实有关于世教"。可见，郑观应是站在两性健康的繁衍后代以及促进国家现代化等立场上来认识缠足的危害，也将废除裹足的意义提升至谋求国家、民族生存的高度。

此外，郑观应还提出通过政府颁布裹足禁令的方式，采取自上而下、渐消积习的办法来禁止缠足。即通过政府颁布禁令，地方社会精英力行风俗改良等方式

---

① 郑观应.盛世危言［M］.沈阳：辽宁人民出版社，1994：34.

予以禁止："由地方大吏出示禁约：凡属贵臣望族以及诗礼之大家，俱遵王制；其倡、优、隶、辛及目不识丁之小户，听其自便。如以此法行之十年，则积习渐消，天下万民皆行古之道矣。"如有违反，则"罪其家长，富贵者停给诰封"①，从而达到彻底禁绝缠足、移风易俗、兴利避害等目的。由此可见，在郑观应的性别观念中，缠足早已不止是一种社会陋习，而是关乎国家、民族前途与未来的大事，必须通过国家的力量予以废除。这不能不说已经抓住了解决缠足问题的关键。

郑观应从国家长远利益与战略高度阐述的关于废止女性缠足的思想及具体策略，已经为越来越多的男性社会精英所接受并传播开去。从维新领袖康有为、梁启超等人的言说里也能找到相近的表述②。戊戌新政时期，清政府发布改革措施准予满汉通婚并劝汉人妇女戒缠足③，不仅是对满族最高统治者相同态度的重申，也是对郑观应等人的某种回应。尤其是进入20世纪，"反缠足运动"在中国各地大范围开展，动因或来自于各种革命主张所造成的冲击，或源于自上而下的改革，或是中西文化碰撞的结果，但似乎都是在佐证郑观应的预见：不禁缠足，"则万事隳矣"。正如有学者指出的那样，"在20世纪初，随着中国国势的低落以及之前各项军事与政治改革的失败，改造国民的身体与思维开始成为一个紧迫的工作。这种将身体的改造视作国家改造的前提，是身体在20世纪初叶变成一个众所瞩目的焦点。"④

在中国传统社会性别文化中，以家庭为主要内涵的私领域是女性最主要的日常活动空间，并与人类的再生产活动如孕育、生育、哺育、抚育、养育、教育等

---

① 夏东元编.郑观应集（上册）［M］.上海：上海人民出版社，1982：289.

② 参见梁启超.戒缠足会叙［N］.实务报，1898（16）；康有为.请禁妇女裹足折［Z］；汤志钧.康有为争论集（上）［M］.北京：中华书局，1981：335—336.

③ 参见朱寿朋.光绪朝东华录（第四册）［M］.北京：中华书局，1958：4808.

④ 黄金麟.历史、身体、国家——近代中国的身体形成（1895—1932）［M］.北京：新星出版社，2008：20.

密切关联。而缠足使女性被禁锢于家庭之中，失去了一定的行动与思想的自由，不得不在日常生活中依赖男性，成为男性的附属品。这也是传统社会性别文化造就的性别权利关系。但与人类生命的生产与延续密切相关的抚育与教育等事项，却往往是由女性——母亲承担。因此母亲的素养直接关系下一代的成长，进而影响国民的整体素质、国家的整体实力。而妇女缠足，致使男女两性"两仪不完"，进而导致"万事隳矣"。因而要救国图存、强种保国，就必须将关乎下一代健康成长的母亲自身素养提升起来。这样就将国家强弱与女性身体强壮与否勾连在一起。相较于洋务派单纯学习西方器物、技术，以郑观应为代表的早期改良派已将目光转向了国民之母——女性的身体。

晚清时期，历经西力东侵与西学东渐，中国传统的思想和文化受到严重挑战。伴随民族危机的加重，面对日益衰落的古老帝国与日渐衰微的民族，中国男性社会精英不得不重新审视自己的文化，包括女性的身体。在救亡图存的话语体系内，强身健体，是摆脱野蛮、衰弱、落后的灵丹妙药，是接受"物竞天择"的必然结果。在这里，"身体不属于个人自身而属于更广大的社会秩序"①，对限制女性身体自由的缠足重新进行符合时代需求的规训，已超出单纯的习俗变革。"规训社会的形成是与一系列广泛的历史进程密切相关的，而且是其中的一个组成部分"，因为"规训的主要目标就是给人定位"。②所以承担着人类繁衍等神圣使命的母亲们的身体必须是健康的，而不能是柔弱的。于是，女性身体被置于关系到国家和种族命运的高度。

在传统时代，中国社会伦理道德虽然严苛地约束着女性的身体，但没有将女性的身体提高到影响民族、国家前途命运的程度。但晚清时期，在西方文明的冲

① ［美］费侠莉.繁盛之阴：中国医学史中的性（960—1665）［M］.甄橙主译，吴朝霞主校.南京：江苏人民出版社，2006：281.
② ［法］米歇尔·福柯.规训与惩罚［M］.刘北成等译.北京：生活·读书·新知三联书店，2012：241—242.

击下，中外男性社会精英不断呼吁、加以阐释，使女性缠足成为导致国家落后、民族贫弱的罪魁祸首之一。这一时期，男性社会精英逐渐清晰地认识到：中国女性缠足——娇小、柔弱的"美感"，与西方女性天足——自然、有力的质感形成了强烈的反差。同时，为缠足所束缚的女性，在民族危机中，受到国家和男性社会精英的规训。作为生命个体的一个组成部分，女性的"小脚"被强行承担国家衰微、民族弱小的重大责任。因此，当旧时看似古老的习俗上升到与民族生死存亡紧密相连的高度的时候，缠足已经不再是单纯的、自在的习俗与个人身体层面的小事，而是迅速变成与政治文明、国家民族未来息息相关的大事。缠足，成为人们竞相言说的一大话题。郑观应正是体察到这一历史潮流，进而参与主流话语制造，为强国保种阐发思想，提出意见和建议，即用国家力量予以禁止和废除这一传统女俗。

兴办女学——将办女学、开女智与提高国民素质、强国联系起来

在传统性别文化中，女性是不被允许自由表达个体与群体诉求的。女性要实现某一诉求，只能以男性的标准来要求自己，或与男性的标准保持一致。传统性别观念对女性价值的肯定与承认，主要集中于伦理道德领域，因而"女子无才便是德"是传统社会性别文化对女性价值的评判标准。传统性别文化将女性日常生活及其活动空间限制在家庭私密领域。女性走出家门，参与公众生活是不被认可的，由此造成女性既缺少知识，也不能参与社会生活的窘状。晚清时期，中国男性社会精英将眼光投向所有有可能造成国家贫弱、民族衰弱的因素，并力图加以改变。郑观应性别观也在此西学东渐与放眼海外的过程中，寻得了解决本国女性问题的妙方。

首先，郑观应批判中国在"女子无才便是德"等传统性别观念主导下对女子社会价值的框限，大力推崇西方女子与男子平等享有教育权利。郑观应以为："泰

西女学与男丁并重，人生八岁，无分男女，皆须入塾训以读书、识字、算数等事"。他还意识到西方女性在男女平等接受教育后所掌握的一技之长，不仅使其个人成为自立自足者，而且有助于国家的强大："泰西国人无男无女皆可各执一业以自养，而无或能或不能之别，故女学与男学必相合。今之美国庶乎近之。是故女学最盛者其国最强。不战而屈人之兵，美是也。女学此盛者，其国此盛，英、法、德、日本是也。"① 郑观应指出："世人只知男子不读书吃亏，不知妇女不读书，孤陋寡闻，吃亏更大"，因此要发掘"天下女子之才力聪明"②。可以说，郑观应不仅对中国女性才智低于男子、社会地位低下的传统观念与行为进行了颇有说服力与针对性的批判，更重要的是他将男女具有同等智识的潜质与权利揭示出来，期望仿效这些国家创办女学的方法，使之成为改变中国女性愚昧无知与地位低下等状况的借鉴。

其次，郑观应详细论说的女性在家庭教育中的重要地位和价值。这已非简单地论述传统性别文化中女性的家庭职责，而是将女性的教育角色扩展至对子女的教育方法与子女成才等范畴。郑观应认为：教子婴孩，家庭教育最关紧要。但中国妇女只"知刺绣、女红，便夸为能事。是以为人母者，文字不识，大义不谙……教子无术，训女无方"，最终导致"妇人失教不知书理，其所生子女故不知教育之法"，③ 突出强调了家庭教育生活中母亲这一主体身份和角色的重要。对于某些不甚讲求教育子女方法的错误做法，郑观应也加以批判；如"有委诸婢仆服侍，只求小孩不哭，时与饮食致生疳积者；有失于调理，不甚爱惜，误于俗语以粗养易大者。甚至有家训过严，不知循循善诱，动辄打骂恐吓者。岂不知恐吓多即致病，

① 郑观应. 致居易斋主人论谈女学校书 [M] //夏东元编. 郑观应集（下册）. 上海：上海人民出版社，1988：264.

② 郑观应. 盛世危言·女教 [M] //夏东元编. 郑观应集（上册）. 上海：上海人民出版社，1982：288—289.

③ 夏东元编. 郑观应集（下册）[M]. 上海：上海人民出版社，1988：265.

病多即体弱，安能延年？"① 已经非常直白地说明了在家庭教育中，母亲作为教育主体之一具有重大的价值。同时，郑观应还由此推论出设立女学的必要性："人生自孩提以至胜衣，大都瞻依慈母，跬步不离。次家有贤母，其子若女比多造就。然后日之贤母即当年之名媛"②，进而将论说重点投向了为强国保种，必须兴办女学，让女子接受教育，增强女子才能，以便为人母时更好地培养更多的贤妻良母的逻辑。郑观应的这一观点及其论说逻辑，可谓严密与合理。但同时也说明，在郑观应看来，女性接受教育的目的依旧局限于培育贤妻良母与教育下一代。

最后，郑观应将女子接受教育上升到关乎国家盛衰的高度。在维新变法时，他就已经向中国知识界发出兴女学、开女智的呼吁，成为该议题的先驱者与发轫者，并对维新思想付诸实践，产生了实际影响。应该肯定的是，郑观应独具慧眼，将改革眼光投向西方的女学之兴。无独有偶，同时期的王韬、薛福成、容闳、何启、胡礼垣、陈炽等早期改良派均从不同角度提出类似的观点，但就全面性、深刻性、广泛性而言，郑观应当是其中的翘楚。③

郑观应认为"中国而不欲富强则已，如欲富强，必须广育人才。如广育人才，必自蒙养始；蒙养之本，必自母教始；母教之本，必自学校始。推女学之源，国家之兴衰存亡系焉"。这与如今的国家战略"教育兴国"颇有异曲同工之处。但郑观应更明确地将受教育的主体指向女性，并从人类家庭生活与教育规律的角度论说了女性在童蒙教育方面所具有的无可替代的作用。男女两性因为主体身份及其扮演的角色不同，导致女性特别是母亲对蒙童承担着言传身教的重要使命与责任："极袱之婴、孩提之童，亲母之日多，亲父之日少，亲母之性多，亲父之性少。

---

① 夏东元编.郑观应集（下册）［M］.上海：上海人民出版社，1988：201—202.
② 郑观应.盛世危言·女教［M］//夏东元编.郑观应集（上册）.上海：上海人民出版社，1982：288.
③ 见金庆惠.晚清早期维新派的妇女解放思想［J］.北京师范大学学报.2003（3）；张媛.浅析早期维新派的妇女解放主张［J］.河南教育学院学报，1994（3）.

由六七岁有知识，以迄十二三岁，天性未漓，私欲未开，母教之加种花溉果，灌溉栽培，先养其根本。教子女亦然，凡衣服、饮食、嬉戏、步趋，皆母得而引导焉、指授焉、勉励焉、节制焉。"因为孩童"自有生以来，其对于母也如是其久，如是其切。使母之教而善，则其成立也易；母之教而不善，则其子之成立也难。"由此可见，郑观应对女性自身素养在教育子女、养育国民过程中的价值，已有了深刻的认识。

郑观应还意识到女性的自身素质同样也深刻地影响着国民的素质，从而将女子受教育的程度与社会的文明、国家的强弱联系起来。女性作为国民之母，如若文化素质低下，就很难给予子女良好的启蒙教育与文化熏陶。正所谓"女学衰，母教失，愚民多，智民少，如是国之所存者幸矣"。在他的观念中，晚清时期"中国积弱之本由于妇人无教育"。所以，他认为"女学校乃当今急务救本之始基"。①正是基于这样的认知，郑观应才提出兴办女学的主张，以开发女性智识。

女性进入学堂接受教育，获取知识，逐渐成长为"新女性"，是郑观应的主要诉求。但步入学堂，走向公共领域，前提是女性行动自如，出行自由，就必须戒缠足。于是，"禁缠足"与"兴女学"又紧紧地联系在一起了。两者可以说是相辅相成，彼此联系的。这也就意味着要打破传统性别文化对女性身体规训与空间规训的双重限制。受传统伦理纲常限制的女性走入学堂，是对传统社会性别观念和制度的有力冲击，更是对"女子无才便是德"等传统社会性别观念的强力动摇。也就是说，在郑观应的性别观念中，女性身体的解放与活动空间的扩大，已被纳入到国家化、公开化、空间化之中。这是对传统性别文化的挑战，甚至是颠覆。郑观应不仅认识到女性缠足事关国民强盛，而且基于同样理由提出了"兴女学"的思想。可以说，这些都是颇有前瞻性的洞见，预见了此后很长一段时间内国人

---

① 郑观应.致居易斋主人论谈女学校书［M］//夏东元编.郑观应集（下册）.上海：上海人民出版社，1988：264—265.

探索女学与缠足之间的关系与发展走向。值得一提的是，晚清时期女学的兴盛与晚清颓败羸弱的政治格局大有关联。而郑观应对女性教育问题的认识也正基于此。揆诸女学为何有着如此重要的作用，郑观应的兴女学等具有明显性别意涵的思想主张，为人们探寻晚清时期中国社会的变化提供了很好的参照。

余　论

晚清时期是中国历史发展的重要转折点，也是中国现代化的起步阶段。中国传统文化遭遇西方现代文明的冲击和挑战，反侵略战争屡遭失利，民族危机日益加重。遽变的时局促使救亡图存成为时代的最强音符。因而，废缠足运动、断发、易服等身体革命，均与救亡图存的时代主题联系在一起。在社会变革的激流中，女性作为以往被忽视而"失声""无声"的弱势群体，被时代洪流推上社会变革的风口浪尖，提升到国家话语的层面。因此可以说，晚清男性社会精英倡导的"废缠足"，"兴女学"，"重视女性生命、身体与教育"，实际上与"保种强国"的国族主义意识同出一源。而作为早期改良派的郑观应所提出的尊重女性生命权、教育权、生存权的"禁溺女"，"解放"女性身体，"兴女教"以"开女智"等主张，具有时代先驱的历史价值和时代意义。

需要指出的是，郑观应针对如何兴办女学所提出的具体建议，诸如"广筹经费，增设女塾。参仿西法，译以华文。仍将中国诸经、列传、训诫女子之书别类分门，因材施教，而女红、纺织、书、数各事继之"，以及女塾培养女性的最终目标是"庶他日为贤女，为贤妇，为贤母，三从四德，童而习之，久而化之"，"复能相子佐夫，不致虚縻坐食。愚贱皆知礼义，教化具有本原"[①]等内容，也充分暴露出郑观应性别观的历史局限性。

---

① 郑观应.盛世危言·女教［M］//夏东元编.郑观应集（上册）.上海：上海人民出版社，1982：288—289.

揆诸郑观应兴办女学的思想主张，不难发现带有浓厚的"中体西用"的色彩。郑观应在与洋务趋新士人的交往中，对西方文化及其带来的社会变化体察颇深，因此主张效法西方增设女塾。但是在女学施教的内容及女学的培养目标上，仍保留着浓厚的中国传统文化色彩。诵习的依然是传统女教典籍，习练的多为女工、纺织等性别分工明确的传统科目，培养目标仍是"三从四德""相子佐夫"及"知礼仪"的"贤妻良母"。除此之外，郑观应还主张"男子治外，女子治内，实男女一天然界限也"，女性"以治内为职，而事崇尚节俭，素昧而行"，因而"男子无后顾之忧，然后专用力以治外"[①]。这仍然是传统社会性别文化、制度中对男女两性的社会分工——"男主外，女主内"的认同与承袭。

反观近代由男性社会精英提出的女权思想，倡导的妇女解放运动，突显出维护女权权益充斥着矛盾的历史事实。即男性社会精英重视女性的动机不外乎强国保种与救亡图存，而女性权益的具体内容却未能脱离贤妻良母的范畴。因为在中国的父权体制中，女性是"附属的"。受制于此，郑观应对女性的社会、家庭分工与主体身份及社会角色的思考，也未能超出传统社会性别文化对女性的规训，女性仍然没有摆脱在家庭、社会中居于男子附属地位的局面。由此可见，郑观应的性别观具有悖论性与统一性的双重属性。

所谓悖论性，是指近代以来的女性权益发展路径并不十分平坦，废缠足、兴女学、参政议政等，一直被男性想象为中国社会迈向现代化进程中一个亟待解决的"问题"。由男性提倡女权时，女性化身为国民之母，是救国强种的源头活水，是国家民族的希望。但伴随国内外政治形势的变化，女性既是受父权、夫权压迫的客体，也是挽救国族危难的行动主体。男性中虽然成长出女性权益的提倡者、维护者，但也存在着传统性别文化、制度的坚守者、捍卫者。近代中国女性权益

① 夏东元编. 郑观应集（下册）［M］. 上海：上海人民出版社，1988：1209.

思想基点的悖论性，由此可见一斑。同样，郑观应也未能超越时代。他一方面尖锐地批判传统社会性别文化对女性的压抑与迫害，倡导仿效西方的性别文化，并力图在中国建立符合女性身份与需要的社会环境与制度机制；但是另一方面，也利用中国传统性别文化填充西方性别制度。一方面，郑观应颇有洞见地抓住妇女问题的核心，建议利用国家行政手段禁止缠足，兴办女学；同时他也身体力行，积极参与学习西方的实践活动。但另一方面，他仍以传统性别文化中规训女性身体与思想的目标、内容来重新规训"新女性"，颇有"新瓶装旧酒"的意味。

为适应救亡图存的时代需要而把女性纳入国家化的过程，又使女性重新陷入传统性别权利的规训之中，究其缘由，这与郑观应所接受的文化教育和思想熏陶有关。郑观应自幼接受的是传统教育，这是其知识结构与文化价值观念的最初来源。成年后的郑观应积极参与洋务实践，长期与西方新事物、新制度、新思想接触，在中西比较中意识到西方文明的某些价值，受到思想的启迪。但是，这并不意味着郑观应对西方文明形态背后所隐藏的价值内核有所认识和理解。可以说，郑观应的精神视野、实践范畴与文化心理等，长期受到传统文化的濡染，未能脱离对传统文化的接受、理解与认同。因此，郑观应的性别观一端与中国传统性别文化密切相连，一端又与近代西学相衔接，从而处于一种过渡状态，成为传统与近代、守旧与开放、先进与落后并存的矛盾统一体。

所谓统一性，即郑观应自身所处的时代，国家正面临豆剖瓜分、任人宰割的严重危机。妇女问题于是就成为男性社会精英谋求摆脱危机，使中国迈向现代化进程中必须解决的难题。重视与改造妇女，成为救亡图存的重要环节。这与西方女权基于天赋人权、男女平权的信仰，存在明显的差异。中国女权观念的倡导需要从国家整体危难出发。如林毓生所强调的，在传统中国知识分子的意识中，人活着不应该完全为自己，还应时时刻刻关怀国族的未来。关怀国族命运是男性社会精英的神圣使命感，妇女遂被视为关系国家前途、实践富国强种的工具，须责无旁贷地承担起重任。因此，郑观应提出的尊重女性生命权、教育权、生存权等理念，旨在强种保国，最终目的是为了维护男权当道的社会统治秩序，进而实现国家的强盛，而并非使女性个性解放，让女性人权得到伸张。尽管如此，我们还是应该辩证地认识与评价郑观应的性别观，对前人不能过分苛求。

综上所述，郑观应已经认识到女性在历史发展和现代化进程中具有独特的作用和价值，呼吁给予女性合理的社会定位。尤其是郑观应提出的禁溺女、禁缠足、办女学、开女智，女性与男性一起致力于救亡图存等方面的思想主张，不仅标志着男性社会精英迈出了探求中国妇女问题解决之路的步伐，而且也多为后来的历史发展所证明，充分体现出郑观应的历史远见。

略述郑观应对残害女性陋俗的批判

李居平 [①]

郑观应（1842－1921），字正翔，号陶斋，广东香山人。在中国近代史上，郑观应以其开阔的视野，精深的思维，广泛涉猎政治、经济、文化、教育等诸多领域，卓尔不群，成为中国近代社会一位有影响力的思想家和近代改革思潮的先驱者。在《救时揭要》《易言》《盛世危言》等书中，郑观应对封建社会的种种陋俗，进行了尖锐的批判，深刻指出其原因所在，提出了改革的意见和方法，震动了当时的社会，影响了一大批有志于改革的社会人士。

社会陋俗是指有悖社会公德、贻害社会的不良风俗习惯。社会陋俗给个人家庭造成损害，也使公众利益受到损害。在封建社会，女性社会地位低下，受害程度则更深。由于社会陋俗综合了人性和社会的缺陷，却通过共有的形式表现出来，一些人很容易在其中为自己的不良行为找到开脱的理由。在一个封闭专制的社会里，一些陋俗很容易得到认同，并成为一种习惯，广为流传，形成长期性、顽固性、变化性、复杂性、合法性等特点，其危害就成了一种破坏性的力量，对社会的发展造成负面作用。

中国几千年的传统文化产生了许多社会陋俗。在君主专制制度和宗族家长制度长期占统治地位的传统社会，大男子主义、封建迷信等盛行。许多陋俗至今仍

---

① 李居平，男，中山职业技术学院工作。1990年浙江大学古籍研究所古典文献学专业毕业，获文学硕士学位。2001年获副研究馆员职称。

有很深的社会基础和市场，甚至在不断变换花样，如嫖娼、赌博、吸毒、贩卖人口等常有发生，屡禁不止。究其原因，有传统文化劣习的根深蒂固，社会发展的失衡，文化和经济的不协调，道德和法制的矛盾等。针对种种社会陋俗和恶习，郑观应持批判态度，先人一步，提出自己的看法和改革意见。用历史的眼光看，郑观应对当时许多问题的思考，百年之后仍具有其现实意义的光芒。

郑观应对女子裹足的批判

裹足，又称缠足，是中国封建社会女性所特有的身体现象，是被扭曲了的社会观念，也是一种畸形的审美观。裹足陋俗在中国流行了上千年。有学者认为，裹足始于隋，源于隋炀帝。也有学者经研究指出，中国古代女子裹足兴起于北宋，五代以前女子并不裹足。到南宋时，女子裹足已比较多见，甚至南宋末年时"小脚"已成为妇女的通称。但在南宋，女子裹足还不普及，主要限于上层社会。元代裹足之风继续发展，元末甚至出现了以不裹足为耻的观念。到了明代，裹足之风大盛。朱元璋将仇人张士诚的旧部编为丐户，男的不许读书，女的不许裹足。不许裹足竟成了一种惩罚，裹足已被视为女子的一种权利，"三寸金莲"已成为一种审美观念。

清朝统治者入主中原后，起初反对裹足风俗，一再下令禁止。但此时裹足之风已是根深蒂固，难以制止了。清王朝成功地让汉族男子剃去顶发，编起辫子，对汉族女子的裹足习俗却无计可施，一度被渲染为"男降女不服"。妇女裹足在清代可谓到了登峰造极的地步，社会各阶层的女子，不论贫富贵贱，都纷纷裹足，甚至一些少数民族也开始裹足。与此同时，女子小脚受到了崇拜与关注。脚的形状、大小成了评判女子美与丑的重要标准。一个女人是否裹足，裹得如何，将会直接影响到她个人的终身大事。在当时，社会各阶层的男子娶妻，都以女子大脚为耻，小脚为荣。"三寸金莲"已深入人心。为什么中国社会流行裹足？主要原因有二：

一是统治者意志的影响；一是文人的欣赏和赞美起到了推波助澜的作用。

郑观应在《易言》中对裹足陋俗也略作考证，他认为，唐以前并无裹足，女子缠足始于南唐李后主宫嫔窅娘。后主令以帛绕足，作新月形，一时之举竟为裹足之滥觞，造成封建社会女子五六岁就裹足，大受折磨。"以为移俏步，蹴香尘，他日作妇入门，乃为可贵。倘裙下莲船盈尺，则戚里咸以为羞。此种浇风，城市倍深于乡曲。"

郑观应认为，女子裹足是一种残忍的行为，毫无人道，是对女性身体的摧残和迫害。"至妇女裹足，合地球五大洲，万国九万余里，仅有中国而已。国朝功令已加禁革，而相沿既久，俗尚未移。夫父母之爱子也无所不至，而钟爱女子尤甚于男儿，独此事酷虐残忍，殆无人理：或四五岁，或七八岁，严词厉色，陵逼百端，必使骨断筋摧，其心乃快。以为如此而后，他日适人可矜可贵：苟肤圆六寸，则戚里咸以为羞。此种浇风，城市倍于乡曲，世家巨室尤而效之。人生不幸作女子身，更不幸而为中国之女子，戕贼肢体，迫束筋骸，血肉淋漓，如膺大戮，如负重疾，如觏沉灾。稚年罹剥肤之凶，毕世婴刖足之罪。气质虚弱者因以伤生，虽父母爱怜，而死者不可复生，断者不可复续矣！即幸全性命，而终日需人扶掖，井臼安克操持？偶有水火、盗贼之灾，则步履艰难，坐以待毙。戕伐生质以为美观，作无益以为有益，是为诲淫之尤。"[①]

郑观应指出，中国女子为不幸之中的不幸，裹足惨无人道，造成女子懦弱，肢体残缺，劳作不便，家庭不和，甚至子女柔弱，人种退化。裹足同时也是一种人格缺陷，摧残女性身心到了无以复加的地步，其弊病罄竹难书。"裹足则残其肢体，束其筋骸，伤赋质之全，失慈幼之道。致令夫憎其妇，姑嫌其媳，母笞其女，嫂诮其姑。受侮既多，轻生不少。且也生子女则每形孱弱，操井臼则倍觉勤劳，

---

① 郑观应.女教［M］//盛世危言·卷二.1898.

难期作健之贤，徒属诲淫之具。极其流弊，难罄形容。"①

针对裹足，郑观应提出他的看法及建议，"应由地方大吏出示禁约：凡属贵臣望族以及诗礼之大家，俱遵王制；其倡、优、隶、卒及目不识丁之小户，听其自便。如以此法行之十年，则积习渐消，天下万民皆行古之道矣。况妇女裹足，则两仪不完；两仪不完，则所生男女必柔弱；男女一柔弱，而万事隳矣！夫裹足为贱者之服，岂可以行之天下，而且行之公卿大夫之眷属耶？予所以言之喋喋者，实有系于天下苍生，非仅考订其源流而已。"

清朝统治者曾先后于顺治二年（1645年）、康熙三年（1664年）下令禁止裹足。然而当时立法太严，牵连无辜，以为无关紧要，事竟中止。"第使当时禁不过急，持之以恒，则今日已可永除此陋习也。"在《易言》中，针对女子裹足的陋俗，郑观应呼吁严定章程，以十年为期，禁止裹足，革除陋习，否则追究到个人责任。"按五大部洲除中国外，裹足者绝无其人，悉使之学艺读书，持家涉世。即所出之子女，亦且壮而易养，足于先天。兹当以十载为期，严行禁止。已裹者姑乃其旧，未裹者毋辟其新。如有隐背科条，究其父母。凡缠足之女，虽笃生哲嗣，不得拜朝廷之诰命，受夫子之荣封。严定章程，张示晓谕，革当时之陋习，复上古之醇风。"②

郑观应提倡女子应该通过学习，移风易俗。"苟易裹足之功改而就学，罄十年之力率以读书，则天下女子之才力聪明，岂果出男子下哉？""所望有转移风化之责者，重申禁令，立限一年，已裹者姑乃其旧，而书'裹足'二字表其额，悬其门楣。此后一律禁止。故违者罪其家长，富贵者停给诰封。通饬各省广立女塾，使女子皆入塾读书。其美而才者，地方官吏赠物赠匾一奖荣之。各塾女师如能教化贤才，卓有成效，咨请旌奖以劝将来。一转移间而道一风同，利兴弊去。"③

① 郑观应.论裹足［M］//易言（三十六篇本）.香港：香港中华印务总局，1880.
② 郑观应.论裹足［M］//易言（三十六篇本）.香港：香港中华印务总局，1880.
③ 郑观应.女教［M］//盛世危言·卷二. 1898.

对女子裹足陋俗的批判，郑观应先人一步，早于康有为提出禁止裹足，其思想先进之处，对康、梁影响很大，为后来康有为推行天足运动起到引导作用。晚清时期，西方思潮涌入中国。"折骨伤筋，害人生理"的裹足，受到外国传教士和康有为、梁启超等人的强烈抨击和批判。外国传教士最早对女子裹足予以抨击，指出裹足是"自伤肢体"，"无故而加以荆刖之刑"。这项有力的指控，和郑观应所说"稚年罹剥肤之凶，毕世婴刖足之罪"如出一辙。1874年，约翰·迈克高望牧师在厦门设立了中国第一个反裹足组织"天足会"。受郑观应及外国传教士的影响，康有为抨击裹足"折骨伤筋，害人生理"，他不顾族人的嘲笑，坚持不为女儿裹足。1895年，康有为在广州创办粤中不裹足会，1897年又推广到上海，由康广仁、梁启超、谭嗣同等设立天足会。天足运动声势浩大，得到全国各地的响应。戊戌变法时，康有为奏上《请禁妇女裹足折》，列举了废除裹足的种种理由，笔调朴实，情感真挚，又不失其批判的锋芒。康有为要求在全国范围内革除裹足陋俗，推行自上而下的天足运动，为中国天足运动的开展立下了功劳。民国成立以后，临时大总统孙中山通令各省鼓励禁止裹足，天足才真正成为一时风尚。

需要指出的是，郑观应在1880年前就指出了裹足的种种危害，提出应在十年之内禁止裹足。1894年出版的《盛世危言》一书收录有其论述紧裹足的《女教》等文章。康有为与郑观应有过交往，也曾经读过《盛世危言》等书。在1898年戊戌变法时康有为上奏的《请禁妇女裹足折》，在某些方面受到郑观应很大的影响，其中一些观点和说法与郑观应相同或相近。

郑观应对溺女恶俗的批判

中国传统社会重男轻女，以致溺女现象屡禁不止。郑观应对此深恶痛绝，在《救时揭要》中专门发文，指出溺女现象是天下古今第一痛心的事情。"溺女一事，罪孽甚大。""约计每年每邑溺死女孩，少则数千，多且数万。此天下古今第一痛心事。"郑观应指出溺女现象有多种，"惟毒妇无知，丈夫不加劝戒。或以为生女太多，忿而溺之；或以为生女需乳，不利速孕，急而溺之；或婢女所生，妻不能容，迫而溺之；或偷生诚恐露丑，恶而溺之。""殊不知皆父精母血妙合而成。有此女未必遂贫，无此女未必致富。……世有贫子不能娶，未见有贫女不能嫁者。吾见子之多逆于亲，未见女之敢逆于母。可知生子未必尽佳，生女何尝不善？观木兰之代父从军，缇萦之上书救父，古今孝女不少，何患女之多乎？至子息之有无、迟早，天实定之。乃溺其现生之女，而冀其未来之子，一念之恶，已干天怒。愈溺女，愈生女，几见溺女而速生男者乎？"

郑观应认为男女对社会一样重要，无女人何来男人，又何来社会？"今日之女，异日之母。今日生女之母，当年未溺之女。他人未溺之女所生。思前想后，推己及人，忍使呱呱弱息，永恨覆盆也哉！语云：'三代不育女者，其家必绝。'盖使一女溺女，人咸效之，则人将无女；人将无女，则人将无妻。彼欲绝人，天讵不早绝之乎？此往复自然之理，又何敢将婢妾之女追而溺之耶？"郑观应痛恨溺女相习成风，对于戕害生命、罪大恶极的溺女陋习，他提出，"凡溺女者以故杀子孙论。""人为万物之灵，安忍以其所生，而无故置之死地，以逆天地好生之德乎？王法或可幸逃，天网岂可漏哉？"

中国社会重男轻女导致溺女现象层出不穷。而民间盛行的童养媳主要是贫家针对溺女而采取的一种自我拯救之法。溺女风气盛行，其主要原因是经济困难、抚养维艰和嫁妆负担。童养媳在某种程度上可以消解部分原因，是人们避免被溺女的一种变通之法。从这种意义上来说，以童养媳代替溺女也是一种进步。一些官府和地方人士为解决溺女这一社会问题，也在想方设法拯救女婴，但他们的能量不足，所以对于童养媳这种现象，多持赞同和鼓励的态度。这也是民间盛行童养媳的一个重要原因。童养媳并非如以往人们所认识的那样，仅仅是一种婚姻陋俗,在实际生活中,变相起到了拯救女婴的作用。同时也应看到,在童养的过程中,也存在着虐待女童行为和变相的奴役。

对保护女婴,郑观应提出了一些设想和办法。如设育婴堂收养婴儿;对私生子"不如书明生庚,置之道傍,听仁者之提携,犹为曲全之术";鼓励乡村善会人家收养贫户女婴,给予其钱米补助,养大后或自养或抱送,听其自便。郑观应希望天下有心人共起图之,拯救女婴,积德行善。

郑观应对梨园风俗的批判

神会是在民间流传的一种传统民俗活动,与佛教寺院、道教庙观的宗教活动有着密切的关系。在清代,广东乡村经常举办各类神会,每逢神灵寿诞日各地乡村往往举办"迎神赛会",即把神像抬出庙外巡行,同时伴有游乐活动。迎神赛会,本是人们敬祀神灵的产物,但又是一种复合形态,具有两重性,常常是民间艺术与封建糟粕交织一起,鱼龙混杂,影响着受众。受到社会经济、文化素养等局限,神会文化活动具有较大的市场,为封建迷信活动等文化糟粕提供了公开的场所。

针对广东神会梨园风俗的种种丑恶,郑观应进行了揭露和斥责,指出其耗费资财,而赌博、淫乱等伤风败俗之事乘机兴起,寡廉鲜耻。郑观应认为应该禁止和改革。"吾粤神会之盛,梨园之多,甲于他省。而有伤世道,较沪上花烟馆尤为盛焉。当会境之设也,神灵寿诞,或盂兰会,铺户则故作新奇之物,街坊则共夸胜角之能,百巧叠呈,不可枚述。……若其大者,粤省中遇灵神之期,无不大张灯火,搭盖龙棚,每年虚费数十万。以广东各处大小而计,每年不止二百余万。举国若狂,其势莫遏,而受害不知凡几。"

"梨园之设也,则一村之神诞,亦必捐资开演三昼夜,以答神庥,动费数百金,赌博借此开场,棍徒逞其伎俩。……乃事有涉乎风流,最易动人情欲。此种淫戏多出于小班,而小班价廉,乡间易演。文士以为风雅,淫人以为得法。不知真男真女当场卖弄，凡淫艳之态，人所不能为于暗室者，彼光天化日之下公然出之；秽亵之词，人不忍闻于床笫者，彼稠人广众之场大声呼之。其忘廉丧耻较之古人裸逐，相去几何？……诱人犯法，莫此为甚！何况费钱惊心，又恐贼盗之偷窃乎！"

同时，神会文化活动中张灯结彩，搭台唱戏的行为，导致铺张浪费，甚至引发火灾。而举办神会，要请戏班子演唱助兴，赌博卖淫等伤风败俗之事乘机兴起，诱人犯法。明清时期，广东各地乡村有许多小型戏班子，逢年过节及各种神会、庙会，在各处搭台演出。在演出的剧目中，有的下流淫秽，不堪入目；有些演员如同妓女，台上演戏，台下卖淫，严重败坏乡村风气。郑观应斥责其有伤世道，寡廉鲜耻，诱人犯法，实为无益。他提倡用这些钱财去做慈善，如创义仓、开义学、设育婴堂、舍药施医等，济世救民，修行功德，以补礼义廉耻之缺，这才是正道。"耗此费者，年中不知几许。以有用之材，作无益之事。何如集资效范文正公之创义仓、开义学、设育婴堂、收埋路尸、舍药施医，利民利物，作方便阴功，足以邀天之佑乎？……有心世道者宜出示严禁，开导愚蒙，使省梨园神会之资，改作济世救民之事，岂不善哉！"

要从根本上解决女性陋俗，郑观应认为应该发展教育，提高百姓素质，普遍的教育是实行社会改良变革的基础和前提。因此，郑观应极力提倡女子应该和男子一样接受教育，女学与"国家之兴衰存亡系焉"。[①] "如欲富强，必须广育人才。如广育人才，必自蒙养始；蒙养之本，必自母教始；母教之本，必自学校始。推女学之源，国家之兴衰存亡系焉。"郑观应提出应用传统文化教育女子，"诚能广筹经费，增设女塾，参仿西法，译以华文，乃将中国诸经、列传、训诫女子之书别类分门，因材施教，而女红、纺织、书、数各事继之。富者出资，贫者就学，由地方官吏命妇岁月稽查，奖其勤而惩其惰。……至于女塾章程，必须参仿泰西，

① 郑观应. 致居易斋主人论谈女学校书［M］//夏东元编. 郑观应集·盛世危言后编·四. 北京：中华书局，2013.

整齐严肃。庶他日为贤女，为贤妇，为贤母，三从四德，童而习之，久而化之；纺绣精妙，书算通明；复能相子佐夫，不致虚糜坐食。愚贱皆知礼义，教化具有本原。此文、武之所以化行俗美也。"①

郑观应所处的时代，正是中国近代社会的一个转型时期。旧的社会秩序正在逐渐破坏，新的秩序尚未完全建立；传统的价值观念正在慢慢瓦解，新的价值观尚未成型。专制封闭的社会已摇摇欲坠，而新型开放的力量尚处于萌芽阶段，也正在寻找一个突破口。郑观应对这一时代特点有着敏锐的觉察，他潜心思索，融合中西，权衡利弊，通观全局。他以深邃的目光，洞悉传统社会文化的危机；以批判的视野，点出封建社会的陋习；以高瞻远瞩的眼力，介绍和引进西方现代文明思想，并对中国社会陋俗进行深刻批判，都有其积极的社会进步意义。

参考文献：

[1] 夏东元. 郑观应传 [M]. 上海：华东师范大学出版社，1985.

[2] 刘圣宣. 近代强国之路的探索者：郑观应 [M]. 广州：广东人民出版社，2006.

[3] 夏东元. 郑观应文选 [M]. 澳门：澳门历史学会、澳门历史文物关注协会，2002.

[4] 易惠莉. 郑观应评传 [M]. 南京：南京大学出版社，1998.

[5] 邵建. 郑观应在上海 [M]. 上海：上海辞书出版社，2011.

[6] 刘桂奇. 近年来郑观应思想研究新动向 [J]. 五邑大学学报，2007（4）：40—44.

---

① 郑观应. 女教 [M] // 盛世危言·卷二. 1898.

郑观应研究的当代价值

——试论郑观应商战论与"一带一路"战略

吴丹红①

近年来,全球经济格局正在发生深刻的转变,由中国提出并倡导的"一带一路"战略,不但赢得世界各国的认同与赞赏,同时,"一带一路"也通过一系列促进国际贸易与经济发展的有效措施而深入民心。早在 2013 年 9 月 7 日,习近平主席首次提出了加强政策沟通、道路联通、贸易畅通、货币流通、民心相通,共同建设"丝绸之路经济带"的战略倡议为使各国经济联系更加紧密、相互合作更加深入、发展空间更加广阔,以创新合作模式共同建设"丝绸之路经济带",逐步形成区域大合作。同年 10 月 3 日,习近平主席提出,中国致力于加强同东盟国家的互联互通建设,共同建设"21 世纪海上丝绸之路"。"一带一路"战略是互利合作的新拓展,相关国家和地区有较强的发展潜力,与我国经济发展有较强的互补性。"一带一路"分别从陆上和海上推进互联互通,拓展开放通道,能够使相关国家在平等互利的基础上深化区域合作,为亚洲的整体振兴插上强劲翅膀。这与一百多年前我国近代化事业先驱、著名实业家、维新思想家郑观应(1842 — 1921)的商战思想可谓一脉相承、密不可分。

---

① 吴丹红,原中山广播电视台节目监制,已退休。

郑观应商战观源于长达60多年的实践

我国近代化事业先驱、著名实业家、维新思想家郑观应在其著作《盛世危言》一书中提出："习兵战不如习商战。"意指学习西方，仅仅热衷于购铁舰、建炮台、造枪械、制水雷、设海军、操陆阵，讲求战事不遗余力，远不如像西方各国那样倾其全力振兴商务。他认为，"欲攘外，亟须自强；欲自强，必先致富；欲致富，必首在振工商。"同时，他还强调了商战的三个战略："中西可共之利，思何以筹之；中国自有之利，思何以扩之；西人独擅之利，思何以分之。"①这既与21世纪中国"一带一路"战略一脉相承，也为郑观应研究的当代价值提供有力依据。

郑观应第一次提出强国之道除了兵战，还要进行商战。早在1880年，郑观应在早期著作《易言》一书中，提出了一系列以国富为中心的内政改革措施，主张向西方学习，组织人员将西方富国兵强的书籍翻译过来，广泛传播。同时，他又主张用机器生产，加快工商业发展，鼓励商人投资实业，鼓励民办开矿、造船、建铁路。书中还对内、外资企业税赋不平等的关税政策表示强烈不满，主张"我国所有者轻税以广去路，我国所无者重税以遏来源"的保护性关税政策。而这些不可多得的重要商战思想，恰恰来源于郑观应数十年丰富而扎实的实业经验。在19世纪后期的洋务运动中，郑观应先后出任中国第一个官办电报局（津沪电报局）、第一个近代航运企业（轮船招商局）、第一个近代机器织布厂（上海机器织布局）、第一个近代钢铁厂（汉阳铁厂）和华南第一条铁路大动脉（粤汉铁路）的负责人（总办、会办或帮办）。作为近代化事业先驱、著名实业家，郑观应一生经营实业达60多年之久。

清末到近代，"买办"是中外双边贸易的桥梁。在19世纪末，当时全国有933家洋行，以每家平均雇10名买办计算，全国买办人数将近1万人。到1920

---

① 郑观应. *盛世危言*［M］. 1898.

年前后，洋行总数为9511家，买办人数超过10万人。在中国近现代史上，他们是第一代脱离了土地、具有独立特征的企业家阶层。由于国际贸易初萌于广州，继兴于上海，所以两地附近县城便成了出产买办最多的地方，其中最出名的有广东香山帮、江苏吴县东山帮和浙江宁波帮等。在晚清"四大买办"中，唐廷枢、徐润和郑观应均为广东香山人。郑观应17岁那年前往上海，随叔父到宝顺洋行做了一名学徒。到1873年，英商太古洋行创办轮船公司，年轻的郑观应被延聘为总买办。郑观应很有经营谋略，曾经总结出办好轮船公司的十条经验，其中包括用人得当、缩短船运周期、降低能耗、多揽客货等。为了降低能耗和运输费用，他购买的轮船均为耗煤少、速度快、装货多的新式轮船。在他的经营谋略下，太古轮船公司后来居上，发展得极为迅速。"当太古开办之时，只有旧船三艘，力与旗昌争衡，尚属得手，所以逐年添船，获利更厚。"

郑观应主张设立中国商会与多办保险公司

商会组织是中国近代最早建立的现代意义上的社会团体之一，同时也是社会影响力最大的社团之一。1840年，鸦片战争的炮火打破了中国闭关自守的局面，世界列强在不断攫取中国资源的同时，源源不断地向中国倾销商品。在中外商战中，郑观应等人看到了商会的力量。他分析：西方各国每个商业都市都设有商会；日本于明治维新后，各处设立商务局（即商会），集思广益，精益求精，如有洋商买卖不公，即告知商务局，集众联盟，不与交易，因而商业大振。因此，郑观应和一些力图变法图强的爱国绅商意识到商会的重要性，并主张"华商欲战胜外商，必须沟通官商，联结众商，其根本之法在于设立中国的商会。"郑观应认为朝廷如果想要振兴商务，就应该准许各省设立商务总局（即总商会），并让各地商人自行择地设立商务分局（即分商会）。他还详细设计了商务局的组织原则、职责功能和运作方式，即无论总局、分局，都应由当地各行业推选一名代表为商董组成，再由全体商董从中选举公正廉明、老成练达、素有声望的商人为总董，由其主持日常局务，负责与官府协商，处理一切商贾要务及助资奖励等办法。全体商董或一月一会，或一月两会。每逢开会之日，各业商人聚集会所，讨论本业发展之方、市面行情、盛衰之因、消长之机、补救之处，扩充之为业等一切商业要务。^①

身为买办，郑观应跟容闳等人一样，对华人地位的低下深以为耻。他写道，"我华人偶有不合例，即禁而议罚，决无宽恕，何以洋人入我中国营生，渔我中国之利，反不循我中国之规矩！此意何意乎！"他认为要商战，首先要学西方，"效其技艺，臻于富强"。郑观应上书商部及两广总督，直指中国当时最迫切需要的是"开商智"，因此，商会的首要职能是办教育。具体地说，就是开办商业和技术学堂、工业工场，免费发行直至县一级的商业报纸，成立展览地方产品和进行工艺研究的中心，同时由省级总商会任命能干和正直的商人、技工巡视各埠的商务分会，并传播现代商业和技术观念。他还建议，商会应筹集资金，组织现代的农工商银行，并促进工商业活动中现代法律权利和责任体系的建立与完善。提到法律权利，郑观应特别表示了他对商会独立性的关注。

作为一个具有较高文化素养的商人，郑观应清晰地认识到商业在国家中的作用。作为新型的商人和思想家，郑观应竭力呼吁国家对商务进行新的认识，并提出了自己的社会改造方案。其中，《盛世危言》中有"保险"一节^②，郑观应对保险分散危险、组织补偿的基本原理作了简明扼要的论述。介绍了国外保险公司经营的险种，"保险有三等：一、水险，二、火险，三、人险。水险保船载货，火险保房屋、货栈，人险保性命、疾病。"郑观应还主张中国自办保险，他说："西人保险有数种，有保屋险，有保船险，有保货（物）险，有保货（物）水渍之险，

---

① 邱彦莉.略论郑观应的商战思想［J］.现代财经（天津财经大学学报），2005, 25（2）：78.
② 郑观应.盛世危言［M］.1898.

有保人生死亡险，其章程甚详，获利均厚，亦宣招商仿办，为国为民，胥于是乎在矣。"因此，他对创办仁和、济和两家华商保险公司赞赏备至，认为这样的"保险公司不嫌其多"，从此可以"不为外人掣肘也。"

郑观应是中国近代比较著名的思想家和经济学家，其"商战论"为当时乃至后世影响深远。对中国传统"重农抑商"观念产生了深远的影响，体现了新兴工商业者的自身利益，对推动我国经济发展起到了至关重要的作用。[①]

历史上，早在宋代及明朝年间，我国的初级产品丝绸、茶叶及瓷器在欧洲等地广受追捧，成为中国贸易中的强项。由此可见，中国人也有着一定的贸易基础，郑观应的商战思想并没有过时。尤其在21世纪的今天，在我国与其他大国实现战略对接、实现国家间战略协作的有效平台"一带一路"战略过程中，我们依然可以从郑观应的商战思想实践中吸取丰富的实战经验。"一带一路"战略构想涉及几十个国家、数十亿人口，是打造中国经济升级版的新引擎，才能形成新的亚欧商贸通道和经济发展带，带动我国内陆沿边向西开放，扩大西部经济发展空间。

2017年1月，习近平主席在达沃斯论坛年会开幕式上的讲话中指出："'一带一路'倡议来自中国，但成效惠及世界。"这意味着"一带一路"将"共商、共建、共享"理念作为合作原则，以"和平合作、开放包容、互学互鉴、互利共赢"的丝绸之路精神作为合作指引，以打造利益共同体和命运共同体作为合作目标，正在成为沿线各国人民共同的梦想。而这一梦想的最高形态是超越一切地域边界的人类命运共同体，这也是"一带一路"思想的最高目标。[②]

① 张凤娜.《盛世危言》的思想精义仍待深掘［N］.中国社会科学报，2014-08-22.
② 王义桅.学习习近平"一带一路"思想的三点体会——汲五千年智慧，成伟大复兴之势［N］.北京日报，2017-05-15.

粤港澳大湾区规划成国策
民间推动伶仃洋梦想成真

郑国强 [①]

> 白日当空，万物相接；
>
> 欧亚海陆，藩篱尽撤。
>
> 蚪虎腾骧，风云改色；
>
> 天启英贤，新此中国。

初看这首诗，描述的图景，似是礼赞今天中国"一带一路"雄图大略吧？

非也！

这是一首郑观应先生 50 岁像赞诗。似是随手书就，刊印于《盛世危言》的一个版本上。

像赞诗下句还有：

> 朗朗先生，器识宏邈；
>
> 聋俗瘤群，独禀先觉。
>
> 疾呼罔闻，方用谌乐；

---

① 郑国强，澳门历史文物关注协会会长、郑观应研究中心副主任、澳门学者同盟监事长、广东南方软实力研究院学术委员会副主任、中山市孙中山故居纪念馆学术委员。

惜矣嘉谟，叩诸冥漠。

公不负世，无乃相忘；

托迹佛老，善刀以藏。

躬洁冰雪，幽兰自芳；

对之三叹，时变孔长。

诗的作者是帝制最后一位状元夏同龢。他是中国近代法政的开拓者、教育家、社会活动家，是贵州历史上仅有的两名文状元之一；也是中国历史上第一个以状元身份出国留学的留学生、法学先驱。他编著出版了中国历史上最早的近代行政法学书籍《行政法》；创办了中国最早的法政学堂之一广东官立法政学堂（今中山大学前身）并出任监督（校长）。

这首诗当写成于郑观应50岁后两三年，即1891年（清光绪十七年）后几年间。距今已有120多年，当有两个甲子岁月了。

"天启英贤，新此中国！"先进知识分子热爱国家民族的情怀，对致力国家民族振兴者的礼赞，古今是相同的。这就是我们中华民族的光荣传统！

今天我们聚会纪念郑观应先生诞辰175周年，正值香港特别行政区成立20周年，也是在国家主席习近平的见证下，粤港澳三方签署《深化粤港澳合作，推进大湾区建设框架协议》，标志"粤港澳大湾区"合作启动之年。且借用夏同龢的礼赞诗转赠当代精英，赞颂这个"万物相接""蚪虎腾骧"的时代，无疑是合适的！

大湾区概念由学者论证上升为政府决策

"粤港澳大湾区"概念由民间话语、学者论证之后，转化成政府决策。我们作为从开始就参与其中的澳门学者，特别感到兴奋！其中也离不开我们伟大乡贤郑观应先生震古烁今的巨著《盛世危言》的启迪作用！

回顾近年来，"伶仃洋湾区——粤港澳大湾区"的提出，先是由地方学者提出设想命题，后由下而上，反复论证，最后上升为国家政策，落实为具体规划，将成为9+2地区融合"一国两制"、跨越两种制度的紧密合作共同行动纲领！

在珠江西岸地区，"大湾区"的提出，是由"大香山合作"的论证开始的。我们粤、中、珠、澳四地社科界、历史学者合作，一直保持思考在前面、行动也在前面。考其原因，与受"得风气之先，敢为天下先"的香山文化、海洋文明熏陶的南方地学者，重视孙中山研究，重视郑观应研究有关。

120多年前在澳门郑家大屋成书的《盛世危言》自序中，郑观应发出"人尽其才、地尽其利、物畅其流"的愿景，与其忘年交青年孙中山的《上李鸿章书》中所提及的珍惜物力维艰即"物尽其用"的观点，共同谱成"人尽其才、地尽其利、物尽其用、货畅其流"的十六字真言，这是追求市场要素自由流动，珍惜人才、珍惜物力，富强国家的百年宏愿。我们深信，这也正是国家大国崛起的成势下，推动"一带一路"外向政策的必由之路。

粤港澳大湾区由广东九市（广州、深圳、珠海、佛山、惠州、东莞、中山、江门、肇庆）及港澳两个特区组成。大湾区规划整合成功，能与美国纽约、旧金山大湾区媲美，在学者心目中，这就是"中国湾区"！

而"粤港澳大湾区"的发展关键，是要充分利用"一国两制"政策优势，制度创新，推动整个地区经济发展。可以说，这是继承郑观应、孙中山两位先哲"三尽一畅"百年呼唤、历史感召的21世纪回响！

澳门回归之初　呼唤大香山合作

回顾澳门回归祖国之初，2002年，笔者在澳门历史文物关注协会、中山市地方志办公室、珠海市地方志办公室三方联合主办的"纪念香山建县650年研讨会"上发表论文《加强区域合作　构建大香山经济区》，最早提出构建大香山经济区的设想。建议充分发挥"一国两制"的优势，加快当时处于弱势的珠江口西部地区整合，建议澳门特别行政区与中山市、珠海特区，这三个原属古香山县的地区，加强经济协作，互补不足，冲破两制间画地为牢，封闭保守的旧框，按经济规律互补整合，在符合世贸组织关规定和"一国两制"原则下，调适、扩大合作空间。

2005年11月，笔者发表《一国两制、泛珠合作与横琴开发》的论文，提出"伶仃洋湾区"概念。文章指出行政区域的划分和调整是珠三角地区的历史规律；进入新的发展时期，因应这一个地区的发展形势，应再进行一次区域调整，显示其发展动力。只要香港、深圳之间发挥"同城效应"、澳门、珠海之间建立起优势互补的合作关系，两个政治特区、两个经济特区，加上广东省府所在的广州市及整个珠江口邻近各市，同心协力合作交流，共同开发万山群岛和担杆列岛，打造一个"伶仃洋湾区"，可以引进国际资金，开发伶仃洋珠江口百岛让其成为世界级的度假胜地，成为堪与美国旧金山湾区比拼的"中国湾区"。

"湾区"概念参考了旧金山"湾区模式"，即大力发展教育事业，旧金山将斯坦福大学、加州大学及加州理工学院等高等院校科研成果转化成的高新科技产业，吸纳精英，由此作为美国经济发展的一大动力，带来发达的IT产业，旺盛文化产业原创精神也因此被提出来。在此基础上，前香港科技大学吴家玮校长最早提出狭义的"香港湾区发展"概念。

2006年，澳门科技大学可持续发展研究中心主持"一国两制2006论坛"，来自广州、珠海、北京、香港及本澳的专家学者云集，集中探讨了"伶仃洋——粤港澳发展湾区"的理论与实践及其模式问题。珠海学者提出"珠海湾区"概念，中山大学港澳珠三角研究中心郑天祥教授、雷强教授等学者则提出"粤港澳发展湾区"设想。

笔者基于一种文化论述，有鉴于当时港珠澳大桥即将兴建，珠三角轻轨网将动工，珠江口东西岸形成一小时生活圈，东西两翼经济发展不平衡的历史宿命即将改变，提出借助港澳优势，两制互补、两特区九个城市共荣的"伶仃洋湾区"整体概念。

2010年发表的《建设伶仃洋湾区打造珠港澳国际大都会》文章指出："在珠江口地区建设堪比美国湾区的伶仃洋中国湾区，这是在中国和平崛起后的历史回归，也是中华振兴走向海洋时代的新世纪再出发。借助'一国两制'良好实践经验的港澳所在港湾，将伶仃洋打造成中国湾区，以对应全球经济一体化、信息全球化条件下竞争的国际新形势。"

笔者指出，伶仃洋湾区子民，凭着香港和澳门的区位优势，通视天下，得风气之先，敢为天下先，同时仗着人缘、亲缘及乡缘这一根永恒的纽带，可以不断努力为国家打造硬实力、软实力与巧实力。开放的伶仃洋湾区可以与美国旧金山彼岸的湾区，再续百年约会之缘，成就未来。相信"伶仃洋湾区"势将雄视亚洲，成为泛珠三角地区走向东盟地区的黄金产业带，成为拥有深厚中华文化、岭南文化与海洋文化、西方文化诸般优势的中国创新产业开发带。

出席会议的国务院港澳研究中心主任朱育诚及由其率领的专家学者饶戈平教授、王振民教授等，对有关讨论深感兴趣。其后，港澳研究中心在北京举办有关港澳基本法的座谈会，澳门科技大学可持续发展学院院长黄枝连教授在有关澳门特区发展策略的论文中，系统地提及了"湾区发展—发展湾区"的概念。指出开发珠江口，让其成为发达的"伶仃洋湾区"，能够全面实现中国—东盟自由贸易区合作和亚洲合作的发展，一定会创造新的辉煌。

可以说，"伶仃洋湾区"是中华民族先贤诏告子孙的应许之地。当19世纪远涉美洲新世界的猪仔贸易带来了澳门的畸形繁荣，以及走投无路的猪仔们押下出洋赌命的最后一铺赌注，而无意中引发陷入经济低潮的澳门博彩业勃兴时；当珠江口的子民因为战乱逃荒，从伶仃洋口的澳门、香港远赴美国"金山"掘金筑铁路时，就无意中便架起了珠江口子民与太平洋彼岸的互通之桥。

国运百年兴衰，"振兴中华"的最早呼唤，是由在伶仃洋湾畔成长并由此走出国门"始见轮舟之奇、沧海之阔"的孙中山先生呼号而起的。孙中山先生一生的奔走呼唤，深刻体会"华侨是革命之母"，正是这些由香山、台山、新会、顺德的五邑同乡，和身在檀香山、旧金山、南洋各地的海外华人给予了中国民主革命种种支持，直到推翻帝制，始建民国。中国湾区与美国湾区的历史渊源，也由来于此。

澳门回归后，博彩业的开放吸引了大量资金及创意进入澳门，多元竞争下，澳门博彩业国际化大局已成，远远抛离美国赌城拉斯维加斯，澳门的赢利能力已成为全球第一，由此也创造了良好的经济基础。加上2015年澳门历史城区领得世界历史文化遗产金名片，世界旅游休闲度假中心的建设，以及对葡语国家合作平台的定位，澳门成为中国各省市倚重的对外合作的基地，能有力地支撑并带动大湾区各市发展文化旅游产业。当中国发展模式在世界上影响越来越广，在参与重构经济全球化新使命的促使下，"粤港澳大湾区"成为当今国家"一带一路"重要决策强而有力的支撑平台。历史上，大湾区一带就是中国海上丝绸之路的重要节点，在国家"一带一路"发展战略引导下，未来的大湾区将成为中国与东南亚、南亚、北非、欧洲各国深化贸易、基础设施投资、公共服务合作以及文化交流的前沿。澳门在其中的重要作用，不言而喻。

"一带一路"国策促进大湾区成形

2005年，广东省政府《珠江三角洲城镇群协调发展规划（2004 — 2020）》明确划分"粤港澳跨界合作发展地区"，并要求把发展"湾区"列入重大行动计划。

2008年，"湾区"发展陆续写入国家发改委《珠三角地区改革发展规划纲要》：

以广东省的广州、深圳、珠海、佛山、江门、东莞、中山、惠州和肇庆市为主体，辐射泛珠江三角洲区域，并将与港澳紧密合作的相关内容纳入规划。《纲要》构建开放合作新格局："进一步发挥'视窗'作用，以粤港澳合作、泛珠江三角洲区域合作、中国—东盟合作为重要平台，大力推进对内对外开放，全面加强与世界主要经济体的经贸关系，积极主动参与国际分工，率先建立全方位、多层次、宽领域、高水平的开放型经济新格局。"

2009 年粤港澳三地政府共同参与的《大珠江三角洲城镇群协调发展规划研究》、2010 年《粤港合作框架协议》等档，亦有同样论述。

在 2013 年国家提倡以"一带一路"重构经济全球化对外新决策的重要使命下，"粤港澳大湾区"作为重要支撑节点，迅速成形。

2015 年，3 月，在"一带一路"战略规划中，"粤港澳大湾区"概念首次被明确提出。

2016 年"粤港澳大湾区"被写入国务院《关于深化泛珠三角区域合作的指导意见》、国家"十三五"规划等，要求建设世界级城市群。

2017 年 3 月，国务院政府工作报告中首次出现"粤港澳大湾区"，明确要求推动内地与港澳深化合作，编制粤港澳大湾区城市群发展规划，发挥港澳独特优势，提升在国家经济发展和对外开放中的地位与功能。

大湾区建设任重道远

大湾区建设，任重道远！大湾区内有香港、澳门两个特别行政区、深圳、珠海两个经济特区，而区内有三个独立关税区，政制不一，法律制度不一，行政难以统合，交通、生态等问题还要解决，令粤港澳大湾区整合难度较大。但正是这种多样性，多元化，提供了和世界接轨，提供体制改革所不可缺少的包容性、创新性的养分。香港是国际大都会，法治完整、国际视野宽宏、人才济济，对于崛起中的中国，好好利用，裨益甚大。珠江口地区应争取尽量利用香港的国际金融中心、澳门的国际博彩中心，吸引世界资金有利融资机会和先进营运模式，全力加速珠三角的发展，打造湾区国际大都会，将会由概念变为现实。

打造湾区国际大都会，讲求合力，应该采取多核心发展形态，摆脱龙头之争，提升地区合作能力，达到同气连枝，同城一体。这需要制度创新、思维创新。这些问题的最终解决须以市场为主要动力，以政府为推动，通过更多中央政策支持，设立高层次的规划委员会进行协调。

香港已经回归祖国 20 年，澳门回归也有 18 年了。随着内地经济的迅猛发展，港澳原有优势明显减弱，单一产业结构弱势凸显。事实上，港澳必须正视一个现实，继续按照一线封闭式的独享模式发展已经不可能了，香港与澳门未来需要发挥深层优势，例如国际市场、法律体制、管理运作、金融产能等等。而改变的最佳路径首先是香港与大湾区内的深圳以及其他城市实施全方位大融合，从而探求与湾区的共生共荣模式。

粤港澳大湾区 13 个城市总面积占 76978 平方公里，人口 7283 万人。湾区东西两岸经过三十多年的发展，拉开了相当大的距离，东岸的四大城市香港、深圳、东莞、广州加起来的人口有 4048.08 万，比西岸六市澳门、珠海、中山、江门、佛山、肇庆的 2149.92 万多了将近一倍。2016 年 GDP，东岸四市合计 67231.38 亿元人民币，是西岸六市合计 21137.94 亿元的三倍以上，人均 GDP 方面，东岸 27227 美元，西岸 16118 美元，东岸是西岸的 1.59 倍。等到港珠澳大桥通车后，东西岸会形成一小时生活圈，届时生产要素自由流动，差距将会缩小。

76000 多平方公里的大湾区，从空间特征、产业聚合、城际关系、国际价值看，显然可以引领深港两地形成的中央都会区。深圳多年来一直占据中国城市竞争力榜首，不仅在经济总量上即将超越广州和香港，更重要的是，城市创新发展，产业结构全面升级，营造了国内最优良的市场环境，培育出了华为、中兴、腾讯、比亚迪、大疆科技、华大基因、招商银行、平安保险等一大批在国际上具有影响力的企业。

未来融合的大湾区中，深圳将成为以产业创新驱动的、引领大湾区发展的核心城市以及中国新经济发动机，将联合香港、广州两大中心城市，为大湾区成长为全球最重要的经济轴心区做出重大贡献。

继港珠澳大桥动工后，深中通道的建设随即上马，相信中山地区在大湾区建设中，可以充分利用陆路交通直通深圳的效应，带来优势互补的发展机会。

打造国际一流湾区世界级城市群

2017年7月1日，即香港回归20周年纪念日，中央发放政策红包：推进粤港澳大湾区发展。习近平主席在重要讲话中明确表明支持香港在推进"一带一路"建设、粤港澳湾区建设中发挥优势和作用。

国家发改委和粤、港、澳三地政府签署了《深化粤港澳合作，推进大湾区建设框架协议》。在国家主席习近平见证下，香港特别行政区行政长官林郑月娥、澳门特别行政区行政长官崔世安、国家发展和改革委员会主任何立峰、广东省省长马兴瑞共同签署了《深化粤港澳合作，推进大湾区建设框架协议》。按照协议，粤港澳三地将在中央有关部门支持下，完善创新合作机制，促进互利共赢合作关系，共同将粤港澳大湾区建设成为更具活力的经济区、宜居宜业宜游的优质生活圈和内地与港澳深度合作的示范区，打造国际一流湾区和世界级城市群。

在"携手共建粤港澳大湾区论坛　合力打造世界级城市群"论坛上。中共中央政治局委员、广东省委书记胡春华表示，论坛贯彻落实国家主席习近平的重要讲话精神，共同谋划国际一流湾区和世界级城市群建设，努力把粤港澳合作提升至更高水平。这是丰富"一国两制"、促进"一带一路"的重大举措，也必将为粤港澳合作注入新的强大动力。粤港澳深度融合，以大湾区为载体，加强三地发展战略对接和政策衔接。

澳门行政长官崔世安表示，澳门特区将全面推进粤港澳大湾区合作。深化与粤港的融合发展，统筹、协调、建设"一中心，一平台"，策划构建"一基地"，参与"一带一路"重大工作，与粤港澳大湾区建设形成发展合力。先行先试、创新发展，确保大湾区经济做强做大，实现粤港澳民心相知相交，充分利用海内外的各种资源，齐心协力推进大湾区建设。

保护保育郑观应文化遗产

陈树荣 [①]

今天，我们纪念郑观应诞辰 175 周年，必须重视保护保育有关郑观应的文化遗产，发挥其历史文化价值。

大香山十大湾区十带路

澳门、中山以及珠海，往昔几百年间，同属香山县辖。直至 1925 年 4 月，为了纪念孙中山，香山县才改称为中山县。而澳中珠三地，在行政管理上，虽早已一分为三，但在历史文化上，同声、同种、同源、同饮珠江水，可称为"大香山"。距今十多年前的 2005 年，纪念《香山设县 850 年》，认同其建"大香山"，在政治、经济、文化等方面，通力合作，以取得共赢共享的成果。如今，"一带一路"的倡议中，提出共建珠江三角洲的"大湾区"，澳中珠都在列，更充实了"大香山"。

在"大湾区"的"大香山"，在促进经济发展与社会进步的同时，还重视"大启文明"，如做好文化遗产的保育，包括对有关郑观应文化遗产的保护保育，以达至郑观应的富强建国思想的核心结论"人尽其才、地尽其力、货畅其流、物尽其用"，进而响应习近平有关"一带一路"的倡议，早日实现复兴中华中国梦。

---

① 陈树荣，资深报人和历史学者、"澳门学"首倡者、《澳门日报》前副总编辑、澳门历史学会理事长、澳门经济学会副会长，出版澳门历史文化相关著作二十多部，其中包括《郑观应与郑家大屋》。

郑观应世居澳门莲花地

郑观应是中国近代著名的思想家、改革家、实业家、慈善家，祖籍为广东香山雍陌村，年少时随父在澳门郑家大屋寄居停留。在澳门长大后，他16岁到上海谋生，几乎半世人在上海做实业，常来往于上海与澳门、香山，其中在澳门郑家大屋居住停留最多，可见澳门成了他的精神家园、生活家园，至晚年仍常常奔波于澳门与上海之间。他热爱澳门和香山，写文章署名时，常在郑观应的真名上，冠上"香山"两字，认同自己为香山人。"世居澳门"，家居"莲花地"，署名的香山郑观应已年近八十高寿，于1921年与世长辞，翌年被迁葬于香山前山（今日之珠海前山），可惜其墓地在"文革"时期已经失落了。

郑观应留下的文化遗产丰厚，仅是在上海图书馆的郑观应档案，便有逾万件，但大多数仍被封存，尚未被开封开发，令人惋惜。而郑观应百年前遗存在"大香山"的两座历史文物建筑，包括澳门下环区的"郑家大屋"和中山雍陌大街的"秀峰家塾"，更是郑观应及其家族存世之宝，必须极其重视保护保育工作。

郑家大屋列入世界遗产

澳门郑家大屋位于下环龙头佐巷十号，郑父及兄弟建于同治八年（1869年），占地面积逾四千平方米，是一大座澳门罕见的四合院式的建筑群体，也是澳门罕有的大府第。郑观应与父母兄弟曾长居于此，将此地视为幸福家园，在其内潜心编著巨著《盛世危言》，影响了几代重要历史人物，一举成为清末民初中国最畅销中文政论书。

郑家大屋曾是郑观应九个兄弟的共享房屋，后成出租民居，曾现"72家房客"般异常挤迫、年久失修、破旧不堪的现象。至2001年，澳门特区政府保护郑家大屋，以换地方式，将其置换成公产，经八年修复，修旧如故，恢复其昔日光彩，更于2005年，随同澳门历史城区被列入世界遗产名录，得以新生。郑家大屋成为澳门当今重要的历史文化宝地，吸引澳人与游客，成为重要的旅游观光之地。

秀峰家塾重要文化遗产

郑观应故居秀峰家塾，位于郑观应的故乡香山雍陌村，是郑观应出资建于清光绪二十九年（1903年），用以纪念父亲郑启华办学塾，长期执教鞭，培育英才。由中山三乡镇编印出版的精美画集《大美三乡》，有如下展述：

> 郑观应故居位于三乡镇雍陌村，建于清光绪二十九年，坐北朝南，为硬山式砖木结构，前后两进，中间天井加盖改为住房，面积为204.5平方米。该故居为郑观应于1903年出资纪念其父郑启华而建。故居门额镶嵌一块长2.25米、宽65厘米的石匾，楷书阴刻"秀峰家塾"四字，落款："光绪二十九年孟春立。"有灰雕、墙画，屋内保存有木雕镂空神楼、神台，并雕有人物、花鸟、狮子等，具有中山清代的雕刻艺术特色。屋内还有"奉旨出使暹罗查办事件""钦命广西分巡左江兵备道"两块木匾。

郑观应的研究还待深入

以上所述，概略介绍了此座逾110年的香山古屋，描述了建筑结构、建筑特色和建筑价值，但冠之以"郑观应故居"，则可能不甚准。因为严格来说，只有出生的房屋，才可称之为"故居"。但实际上，"香山郑观应"，只知其籍贯为"香山"，至于郑观应是在澳门出生，还是在雍陌出生，或是在其他什么地方出生，本人还未见过详细史料，还待进一步考证。因此，澳门的郑观应旧居，未能称之为郑观应故居，而沿袭称之为"郑家大屋"，尚为恰当。

郑观应在雍陌乡建的"秀峰家塾"，是否就是郑观应的出生地，甚至郑观应是否已在该房子居住了？本人尚未见过有关史料，一时难以分析。况且，"秀峰家塾"的门楣石额，只有落款"光绪二十九年"，折为公元1903年，即该屋建成于1903年。其时郑观应61岁，已进入花甲之年，仍常往来于沪澳之间，4年后的1907年还有郑家大屋，而编辑《盛世危言后编》的郑观应，能有多少闲情入住"秀峰家塾"呢？

建成秀峰家塾，重视教育

郑观应在花甲之年，仍于1903年建成了"秀峰家塾"，以纪念于十年前（1892年）在澳门病逝的父亲，显示父子情深，且以"秀峰家塾"命名该屋，显示郑观应对长期为"塾师"的家父的崇敬，以及对父亲长期从事教育事业的赞赏和支持。而郑观应长期重视教育事业，可赞之为教育家，他于1921年在上海辞世时，是病逝于一座校园中。

郑观应在雍陌家乡兴建的"秀峰家塾"，与在澳门的"郑家大屋"，同样是郑观应留下的重要的文化遗产，已列入"文化遗产"建筑保护名录中。这是必然的，也是必须的。"郑家大屋"已于1992年被列入文物保护之列，2005年时被列入世界文化遗产，经过多年的维修保养和资料搜集，于2010年对外开放，成为重要的文化遗产，受到保护和保育。

名人名居深具历史价值

名人名宅大屋，往往是重要的文化遗产，应受到保护保育。可是，近年有不少名人名屋被拆毁，甚至很有名的历史人物诸如林则徐、梁思成、曹雪芹等人在北京的旧居，也被拆除了。有的尽管已被列入文物，成为文化遗产，却未能获得合理保育，例如，蒋经国在杭州的旧居，2013年被列入文化遗产，2015年8月却被易作麦当劳和肯德基的专卖店，被邀设计的蒋介石重孙蒋友柏表示不知情，愤然辞退。

如此令人费解不满的不良现象，亦曾出现在中山雍陌大街，一条以郑观应父亲名义捐资修建的长条石板路，十多年前被拆除了。

夏东元雍陌考察执到宝

1992年8月，在澳门举办的纪念郑观应诞辰150周年研讨会翌日，我们与夏东元教授一起，去三乡雍陌乡寻觅郑观应的足迹。夏东元教授是第一次，也是唯一的一次专程从上海来澳门参加纪念郑观应活动，给我们研究郑观应带来了很大的指导和鼓舞，希望在雍陌乡的考察活动中有大的收获，还好结果得偿所愿，令人满意。

在雍陌乡的重大收益有三项：一是观赏了郑观应的族谱，二是探访了郑观应旧居"秀峰家塾"，三是行走在以郑观应父亲名义捐建的雍陌大街石板路。

郑启华捐修雍陌石板路

这长条石板路，平整光亮，从街头到街尾长一公里，全部以石板铺设，蔚为壮观，令人惊叹。街头和街尾，各立了一块所刻字样相同的石碑，名为《重修石街碑志》。碑文清晰，刻工精细，碑上刻了一篇《重修雍陌乡大街志》，全文如下：（标点符号为笔者标注）

重修雍陌乡大街志

我乡大街创自宋代，年久失修，崎岖不平，行者患之。里人郑君启华暨×××刘氏夫人慨然捐修，以后履斯道者，咸称颂焉，以志不朽。

光绪三十年岁次甲辰吉日雍陌乡同人谨志。

观应父子传承慈善大业

读此《重修雍陌乡大街志》令人感慨万千！意想不到，此段雍陌大街石板铭刻，"创自宋代"，距今近千年，是千年古物，也是雍陌乡近千年古乡的历史见证。然而，"年久失修，崎岖不平，行者患之"，而"里人"郑启华，"慨然捐修"，造福乡民。此长条石板街，折射着高尚的慈善为怀的精神，郑启华父子都不愧为慈善家。

碑志上刻着的"落款"日期是"光绪三十年"，即甲辰1904年，较之"光绪二十九年"（1903年）落成的"秀峰家塾"，迟了一年。这显示着"秀峰家塾"建成后，再修筑这大街长条石板路，以方便乡民，尤其方便去"家塾"读书的郑族子弟。至于"碑志"上所刻的"郑君启华慨然捐修"，其时郑启华已于十年前的1892年在澳门病逝了，何以尚能"捐修"？其实这是郑观应及其兄弟"捐修"的，是为了纪念"慈善为怀"的父亲郑启华（他是镜湖医院和同善堂的倡建者之一），也是为了传承父亲倡导的慈善精神。

这长逾一公里的石板大街，与"秀峰家塾"一样，都是郑观应文物，是重要的文化遗产，理应认真保护保育，可是，几年后，当我们重游雍陌大街，石板路不见了，见到的已是水泥路。据说石板已卖给了一间宾馆，然后改铺水泥路，理由是要现代化，要改善路面交通，改善环境卫生。这又是一个"神灯置换"的现代版故事。这就很像改革开放初期，"老外"跑到北京城外，以所谓的现代"沙发"，换取村民保存了几百年的明清家私。

恢复石街，保护文化遗产

雍陌大街的石板路，是郑观应的文物文化遗产，本具不少价值和历史意义。"碑志"上所谓的"以志不朽"，却未能保存。如今，石板路已被拆去多年了，令人非常遗憾。不过，这段石板路还是应该恢复的，可以恢复时，还希望中山有关当局酌情考虑，未能全部恢复的话，也起码在街头街尾两座门闸的附近恢复，以资纪念。"以志不朽",不要让"碑志"空守在大门旁。

至于与重修石板路几乎同期的建筑物"秀峰家塾",保护保育工作则做得很好,令人高兴。我们每次去参观时,都感到有进步。目前在大门旁,立了几块"教育基地"之类的牌子,还开设了"郑观应史迹展示"的展览,只待进一步美化完善。最近,三乡镇文保部门正在推行新规划,"秀峰家塾"的保护保育将越来越好。

雍陌乡,不仅是郑观应的故乡,还是一座历史名镇。明朝时驻兵雍陌,以控制澳门。清朝钦差大臣林则徐巡阅澳门,回程时留宿在雍陌大祠堂。改革开放以来,雍陌的工业实业发展很快,不少澳门人在雍陌置业兴家。雍陌这座美丽的古乡,与澳门有密切的关系,搞好雍陌的文化保护工作很有价值,也很有意义。

近年来,关于郑观应的研究,越来越受重视。澳门和中山已举行了几次纪念郑观应诞辰研讨会,出版了十多部研究郑观应的书刊。对郑观应的纪念和研究,将进一步深入和发展。有关郑观应的文化遗产的保护和保育,在澳门和中山也越来越受到重视,相信 5 年后,纪念郑观应 180 周年诞辰之时,将会显示出更大、更好的成果。

郑观应研究的当代价值

胡 波 [①]

在中国近现代历史人物研究中，郑观应的生平业绩和思想主张也许最容易唤起人们对他生活的那个时代的中国与世界相互关系的认识和思考。这不仅仅因为郑观应是 19 世纪中国著名的买办商人和洋务实业家，而且还在于他是那个时代具有高度爱国主义思想的理论家。他的《盛世危言》，不仅影响了康有为、梁启超、孙中山，还深深地打动了毛泽东，激起了他"恢复学业的愿望"。[②]

但是，长期以来人们对被誉为"既是变落后为先进，变贫弱为富强的理论家，也是运用西方先进科学技术发展资本主义经济的实践者"的郑观应的认识和了解，其实既片面又肤浅。直到 20 世纪 80 年代，夏东元先生出版《郑观应集》和《郑观应传》，郑观应的研究才开始引起更多人的重视。一大批研究郑观应思想理论、实践活动、生平业绩等的学术成果有力地推动了郑观应研究，尤其是易惠莉的《郑观应评传》和夏东元的《郑观应年谱长编》的出版，以及多层次纪念郑观应诞辰的国际、国内学术研讨会的相继召开，在根本上改变了郑观应研究相对沉寂的局面。

可以说，郑观应研究的深化拓展始终与中国社会改革开放的步伐和思想解放的程度相一致。因为"初则学商战于外人，继则与外人商战"的郑观应，其思想主张和实践活动在当时尚不开放和相对贫弱的中国社会难以产生广泛的共鸣，只

---

① 胡波，中山市社会科学界联合会主席、教授、博士，研究方向为中国近现代思想文化、孙中山与辛亥革命、香山文化与岭南文化、商业史和华侨史等。

② ［美］斯诺.西行漫记［M］.北京：生活·读书·新知三联书店，2012：109—110.

有在解放思想、实事求是、全国上下团结奋进的今天，郑观应的思想理论和实践活动才能获得社会普遍的认同。郑观应研究的价值与意义才能得到最充分的体现。

首先，郑观应研究像其他的专题历史研究一样，在深化和拓展中共同推动着学术研究的繁荣和发展。尤其是像郑观应这样一位集思想家、实业家和社会活动家多种身份于一身的跨世纪的历史人物，无论是对其本人的生平业绩、思想理论、精神品格的研究，还是对与其相关的人和事的历史考察，都将多角度、多层次、全方位地拓展历史研究的空间，深化人们对近代中国与世界的认识和了解。如学界对郑观应与轮船招商局、汉阳铁厂、上海机器织布局等近代企业的关系的研究，就深化了人们对中国近代民族工业创业史的认识和了解，也改变了过去对洋务运动和买办商人的片面看法。再如人们对郑观应与李鸿章、盛宣怀、经元善、唐廷枢、徐润等人之间关系的研究，不仅澄清了不少历史上的是非之争，而且也拓展了近代社会历史研究的空间，强化了人们对郑观应及其生活时代的认知。尤其是邵建对郑观应社会关系网的研究，从社会学的角度揭示了郑观应在晚清商界和思想领域取得很高成就的奥秘，使我们了解到除了郑观应本人的天赋、勤奋和机遇外，他所精心构建的人际关系网络也是不可或缺的因素。这也告诉我们，一个人在事业上若要有所作为，除了个人先天的禀赋和勤奋努力外，还要善于赢得人缘，并善于借助人缘。① 再如人们对郑观应所撰的《盛世危言》的版本学研究，不仅具体反映了郑观应思想发展的轨迹，而且也清晰地展现了郑观应的心路历程。正是人们运用多学科的理论方法，多角度、多层次地观察和分析郑观应的思想和活动，作为思想家和实业家的郑观应才逐渐为人所知，近代中国从封闭到开放，从传统到现代，从改良到革命的历史变迁，也在多维视野下的郑观应研究中渐次得到体认，许多鲜为人知的历史细节和难以拨开的历史迷雾，也在郑观应研究的过程中

---

① 邵建.一个上海香山人的人际交往——郑观应社会关系网研究［M］.上海：上海辞书出版社，2014.

日益清晰明亮开来。从这个意义上看，郑观应研究在推动近代中国经济史、社会史、文化史、思想学、对外关系史等方面真可谓功不可没。

其次，对郑观应商战思想、经营管理思想、君主立宪的政治思想和文化思想等的深度发掘和理论诠释，不仅使我们对郑观应的政治、经济、文化和社会诸方面的思想有了更加具体和更加全面的认识，而且也让后人在这种研究与探索中得到启发和激励。如夏东元先生对郑观应的维新思想的阐发，熊月之先生对郑观应民权思想的研究，常卓超、吴瑞卿、史全生、汤照连、钟祥才对郑观应经济思想的研究，易惠莉对郑观应的政治、经济、社会和文化思想的探讨，胡波、姜朝晖、张兆玲、孙宝根等对郑观应民本思想的解读，张华腾、王尔敏、张灏、杜玉环对郑观应商学思想的总结与评述，以及许多论者关于郑观应教育思想、荒政思想、人才思想、新闻思想、史学思想、文化思想、侨务思想、医学思想等的讨论，都在深度和广度上极大地丰富了人们对郑观应思想理论的认识，也弥补了长期以来对郑观应思想理论研究的缺失和片面。更重要的是，对郑观应思想理论的揭示和阐释，亦会触发人们对近代以来百年中国社会变迁的反省和思考。而早在一个多世纪前的郑观应就曾对其时代面临的政治、经济、文化、社会诸多问题进行了独立思考和价值判断，其敏锐的目光和独特的视角，以及满腔的爱国主义热情，使他的思想主张富有批判性和启发性。因此，对郑观应思想的研究，不仅丰富了近代中国的思想宝库，而且也为今天的中国特色社会主义建设提供了有益的参考与借鉴。

再次，郑观应研究者们在探讨郑观应的思想理论的同时，还对其文化品格和精神特质进行了认真梳理，给人以思想的启迪、智慧的开通和精神的操练。熊月之先生就认为郑观应是一位在事功治学、修身等方面都相当成功的人，是一个对时代变动有着敏锐感悟的人，一个恰当地选择自己的事功发展路径，顺时调适自

己行为方式的人，一个既善于读有字之书，也善于读无字之书的人，一个由中华
文化孕育出来的具有大智慧的人，一个难得的通人。① 尤其是美国学者郝延平在
他的 19 世纪中国买办的研究中，对郑观应其人其言其行其事均做了极其深入的
研究。他认为无论是《易言》，还是《盛世危言》，都充满着人道主义的感情，
生动地描绘了当时的社会弊病。但他又指出，郑观应在近代中国文化思想史上的
重要性主要并不在于他的人道主义感情，而在于他以出身买办的身份对西方作出
反应的方式上。郑观应对西方冲击的现实主义反应在他的论著中表现出来。他论
述了在他自己所处的那个时期中国的历史经历了一场真正的重大转变。不过，郑
观应关心的不是转变本身，而是转变的方向，因为他把转变看作不仅是否合乎自
然的，而且是不可避免的历史进程。② 曹天忠、楚秀红对郑观应的治道、仙道和
医道的研究，同样有益于人们对郑观应的思想品德和人文情怀的认识和理解。③
笔者更是从香山文化的角度，分析了香山文化对郑观应个性、思想和事业的影响，
认为郑观应在经商之余，对世道人心具有一种传统式的道德关怀。在他早期的《救
时揭要》一书中就有着民本主义和人道主义的思想情怀。他在书中强烈谴责鸦片
贸易和苦力贩运等严重损害中国利益的罪恶行径，主张用中西共通的原则，即国
际公法等来解决这种极不人道的罪恶。受家训家风的影响，郑观应在晚清义赈活
动中同样扮演了十分重要的角色。在国家利益和个人利益发生冲突时，他首先考
虑的是国家和民族的利益。在《救时揭要》《易言》和《盛世危言》等著作中，
处处流露出他对国家主权的强调和对利权与民生问题的关注。考其一生的言与行，

---

① 熊月之.论近代通人郑观应［M］//尹绪忠主编.郑观应思想与当代社会.广州：广东经济出
版社，2010：1.
② ［美］郝延平.十九世纪的中国买办——东西间桥梁［M］.上海：上海社会科学院出版
社，1988：252.
③ 胡波主编.香山人与近代中国［M］.广州：广东经济出版社，2015：222—239.

他民本主义思想情怀和爱国主义精神的践行可谓表里如一。①他的崇高的爱国主义思想品格和以民为本、关心民生的人道主义精神，同样也是当今社会所不可缺少的，且应加以提倡和不断弘扬的精神和品格。

其实，郑观应研究不仅使长期备受冷遇甚至贬抑的香山买办群体的历史作用和地位得到重新审视和高度评价，而且也在持续不断的相关历史研究中纠正了人们对买办和近代香山社会的不太全面和不太客观的看法。郑观应研究无疑是当代中国史学研究，尤其是近代人物研究领域实现"百花齐放、百家争鸣"，解放思想，实事求是的一个很有意思的突破口。

学术研究贵在思想解放和理论创新，郑观应研究就是在思想解放和理论创新中实事求是地呈现历史的面貌和书写真实的历史。诚如杰罗姆·B.格里德在《胡适与中国的文艺复兴》中所要求的那样："论述思想观念的传记作者不仅要把传记主人公说了什么讲述出来，而且也要把为什么如此讲述出来；不仅要把他的言论与思想联系起来，也在某种程度上将其思想与行动联系起来。不仅要详尽地审查和评价传记中清晰可见的事实，而且，把这些事实联系起来成为一个有机整体的那些不可见的，通常甚至感觉不到的内心动机线索，也应该受审查和评价。要进行这样一次再现工作，作者甚至要透析到传记主人公的心灵深处，而这种神交，如果没有作者从情感上深入到传记主人公的生活之中，也是办不到的。"②虽然郑观应研究本身也经历了不少曲折，进展甚至比较缓慢，一直没有像孙中山、康有为、梁启超研究那样受到重视，更没有出现曾国藩研究那样的热潮，但郑观应研究始终注重对基础性的史实史料的考证和辨析，始终坚持文本解读与现实观照相结合，始终以一种求真务实的科学态度研究郑观应和评价郑观应。而这也恰恰

① 胡波著.香山买办与近代中国［M］.广州：广东人民出版社，2007：243—244.
② ［美］杰罗姆·B.格里德.胡适与中国的文艺复兴——中国革命中的自由主义（1917—1937）.作者序言［M］.南京：江苏人民出版社，1989.

是当下学术研究不可缺少的原则和方法，更是应该大力提倡和积极弘扬的科学精神和学术品格。

总而言之，郑观应研究具有较高的学术价值、思想价值、文化价值，尤其是在当下中国，更具有示范价值和教育意义。诚如《郑观应评传》的作者易惠莉在"导言"中所说：

> 与同时代的任何一个思想家相比，郑观应的人生经历都不乏丰富多彩的内容，他作为成功的买办商人和政府洋务企业中的商人及官方代表，在中国近代早期商业史、企业史中的地位，与他作为《救时揭要》《易言》《盛世危言》的作者，在中国近代思想史中的地位同等重要。如果从早期买办商人是中国传统社会向近代社会转型初期最活跃的人物——'东西间的桥梁'，商业作为传统社会向近代社会转型初期最活跃的生产力部门来看，研究郑观应作为成功的买办商人到政府洋务企业中的商人及官方代表的生平，与研究郑观应作为撰著了《救时揭要》《易言》《盛世危言》的思想家的生平，相信能获得同等重要的有关中国近代历史的知识。[①]

不仅如此，郑观应研究还将为我们今天如何面对中外文化和古今文化之间的矛盾冲突，提供一些难得的成功者的经验和智慧。如何重建当代中国企业家精神，弘扬以爱国主义为特征的民族精神，如何在时代变革和社会转型时期始终保持高度的政治敏锐性和坚定的文化自信心，如何在改革开放中取人之长、补己之短，在不断开拓创新中实现中华民族伟大复兴，也许我们在研究郑观应的生平事功和精神品格过程中，能找到智慧和力量。

---

① 易惠莉.郑观应评传［M］.南京：南京大学出版社，1998：导言第1页.

郑观应研究的价值焦点在于唤醒与创新

高　星①

每见论青年毛泽东的成长道路，总离不开一本其从表兄文咏昌处借得，激起其对民族危亡的忧虑并促使其萌生到外地读书念头的书，这就是郑观应的《盛世危言》。在湖南长沙一师的展室里，在韶山冲毛主席纪念馆的橱窗里，翻印的毛泽东借阅此书的借条和影印的《盛世危言》的篇章不仅揭示了郑观应学术思想的影响力，也从一个侧面反映了郑观应作为那个时代的精英知识分子和著名商人值得称道的对国家前途命运的思考、探寻。一个买办出身的成功商人能哀叹国家实力之不盛而千方百计为国家开出药方，不仅显示了其不同于一般商人的强烈的爱国情怀，也反映了当时整个国家和民族所面临的局势已到了不得不改的地步。虽然清王朝最终并未采纳郑观应的意见和建议，但光绪帝仍下令印书 2000 部，分发给各类高官，以致坊间盗版翻印达十万部之巨。此书还成为科举士子必读的参考书。远在湖南大山里的少年毛泽东能读到它，并深受震撼，足见它在启发民智、传播新的改良思想上的历史价值。

它曾给中国以时代的启迪，但它也验证了一个向西方学器物、学制度时代的没落；它启发了中国，但中国并未因此直接成就。它是近代中国思想史变迁中承上启下、不可或缺的一部分。随着时代的发展，和平与发展、互利与共赢成为时代主题，在全球化、多极化共同推进的时代条件下，在中华民族实现"两个一百

---

①　高星，硕士研究生，中山火炬职业技术学院副教授，研究方向为马克思主义中国化。

年""中国梦"奋斗目标的背景下，再看郑观应的学术思想，探讨其当代价值，更多的是寻找其思想中创新的规律、解决现实问题的勇气、昔日商战对今日中国制造走向世界的启示，而不是简单地将他当年的观点和建议依样画葫芦地应用到现实中。因为，时、地、人早已发生深刻变化的当代中国绝不是简单复制郑观应思想就能成就的。因此，研究郑观应思想，挖掘其当代价值必须秉承时代化、科学化、人民性、历史性的统一，必须因时、因地、因人地看问题，抓住郑观应学术思想解决时代问题、成功唤醒思路而实践寥寥的关键，才能更好地体现郑观应研究在当代哲学社会科学研究中为国家发展提供智力支持的时代价值。

它以改良药方唤醒了世人，同时也启发了革命

也许郑观应本人并没有想到《盛世危言》会成为一本启发革命的书，其本意应是唤醒改良。但改良的方法不被晚清政府采纳，商战的思想本身却激发了无数青年的革命热情。

郑观应为晚清开出的第一剂药方"实业救国"思想中，以对轮船招商局的激烈批判揭示了国富与民富的辩证关系。在与共敌外国轮船公司的商战中，官办洋务必须和民间商船业互相补充，才能由民富到国富，国富到国强。所以要鼓励百姓经商，改变轻商观念，政府要加强对我国商船业的保护，勿再遍地设卡，勿再苛捐杂税。这对于当时仍以儒教为意识形态正统的清政府来说，无异于"危言耸听"。

郑观应把自己的著作命名为"危言"，恐怕正有振臂一呼、猛然唤醒之意。但他把时局称为"盛世"，似乎与其著作中对中国的判断有些距离。这部实为抢救"危世"的劝言，最终也没能救下那岌岌可危的所谓"危世"。"危言"越是不被采纳，越是反衬出清政府的无可救药，越是让人民丧失对它的信心。此书出版之后不到20年的时间，清政府就土崩瓦解，不再留存。尽管在它灭亡的最后一年，

它开始想要进行所谓的纳谏式的努力，而这"危世"中的人们，已经受到"危言"的唤醒，认识到和看清了清政府的本质，转而开始纷纷走上向西方学习文化的道路，开始走上街头，选择革命，最终见证和促成了危世的灭亡。

《盛世危言》是一种启蒙，它启蒙了当时人们民主的心志。如果没有它的存在，人们的革命意识就不会被唤醒。毛泽东等人也就不会走出大山，不会有后来的继续探讨和革命。因此，从唤醒过程中所包含的历史发展规律视角看待郑观应和他的《盛世危言》的时代价值，首先要关注它的唤醒功能。

《盛世危言》的唤醒功能是因其立足于国家，以传统道德的家国情怀为基础，从国家兴亡的角度出发，鼓励学习西方制度，鼓励兴办教育，符合当时儒教影响下的中国人的道德取向，所以才能得到广泛的传播。郑观应从反抗帝国主义的压迫开始，进而提出议会民主制度的要求，符合民族资产阶级的利益要求和政治愿望，亦是合情合理的呼吁。而这些之所以不能最终成为赶走帝国主义列强的手段，关键原因在于他运用的方法不能将利益惠及当时中国最广大的人民。人民要获得利益，还必须革命。因此，它是先唤醒了世人，然后才间接地唤起了革命。

它上承向西方学器物、学制度，下承向西方学文化，是新文化运动的前奏

郑观应看到西方列强对沿海的瓜分，急于开启民智，凝聚民心，寄希望于用议院制度变革现状；看到众多学子为科举而失去灵性、虚费时日，则寄希望于广建西式学校，培养各类人才；看到国防和外交的困顿，寄希望于武器要精、将士要谋、外交有法。郑观应的学术思想涉及的方方面面，无一不显示其对国家治理整理设计的创新。他站在整个中国甚至世界的视角来提出自己的意见和建议。他所有的关注都涉及制度的整体性思考。虽然他还没有达到新文化运动所提倡的"兴新学、反旧学"的极端，但他对新学的传播，的确吹响了新文化运动的前奏。郑观应所处的年代和他的社会身份与经历决定了他只能走到向西方学制度这一层。

而这一层，恰恰是当时向西方学习承上启下的关键。

然而当新文化运动一来，郑观应在哲学上所倡导的循序渐进的思想立刻受到冲击而显得不合时宜。虽然今人从文化自信的角度看当时的新文化运动有矫枉过正之嫌，然而事实是郑观应的改良思想以及立宪的主张即刻被淹没在历史的大浪中。当时的中国，处在一个亟须改变的时代，已经没有时间等待一个循序渐进的相对创新的发生。

郑观应循序渐进的哲学思想适合的是和平年代的改良进程。这也许和他商人的出身和经历有关，但那毕竟不是一个商人占大多数的时代。尽管他的思想没能占据和引领那个时代的主流，但它承上启下的意义是明显的，对比的特色是鲜明的，回味的意蕴也是悠长的。

经济全球化视野下郑观应商业和民主思想的关键在创新

郑观应的学术思想代表了李鸿章、张之洞和康有为、梁启超以后，孙中山、黄兴以前特定时代背景下中国特定阶层的特有眼光和呼声。他代表了一群有识之士救国图强的愿望，但遗憾的是，他未能审视到当时整个中国矛盾最尖锐的地方在于广大人民群众所深受的封建主义的剥削。特殊的经历和交往范围决定了他还不能代表当时深受剥削与压迫之苦的中国农民的心声。同时他也并没有庞大的民族资产阶级做后盾，因此也没有获得比较广泛的民意支持。他的学术思想的意义贵在创新和唤醒。

今天的中国国力兴盛，于商战而言，彼时是疲于奔命和防守，而今已是我国联合"一带一路"国家共同发展，走向世界。于民主而言，郑观应要的是资产阶级的君主立宪，今天我们实行的是人民代表大会制度。然而，郑观应的学术思想在今天仍有巨大的历史价值，其历史意义就在于启发了国家治理的创新，唤醒了商人也爱国的豪情壮志，唤醒了人人的命运都和国家的前途命运紧紧地联系在一起的救国、卫国、强国情怀。

今天再看郑观应的一生，从学徒到买办再到官商督办，深深印刻着那个时代的烙印和中西文化结合的印痕。智慧也好，精明也罢，其学术思想中总归体现了大爱与小我并存、商论与政论融合、国学与西学交汇的思想本位。郑观应提出的所有创新，是在传统文化与君主制度基础上的相对创新，不免有局限性，但其创新理念和目的、方法和规律依然值得我们在国家和社会治理过程中总结和提升。

总之，我们的研究必须抓住其历史定位的根本，才能分清真伪和良莠，区别精华与糟粕，站在人民的立场，用好前人宝贵的思想财富，为人民做研究，为人民做学问，为中华民族的伟大复兴提供智力支持。

参考文献：

［1］葛群.郑观应经济思想研究综述［J］.经济研究导刊，2014（11）：11—13.

［2］蔡旭.郑观应新学思想研究［D］.福州：福建师范大学，2014.

［3］徐松荣.晚清改革：从"借法"到"变法"［J］.湖南第一师范学院学报，2016（1）：83—90.

中国大陆买办研究 60 年的回顾与思考

江中孝 ①

60 多年来，我国史学界对买办的研究呈现出前冷后热的特点。前 30 年学术著作付诸阙如，报刊发表的论文寥寥不足 10 篇。20 世纪 80 年代中期开始，随着以对外开放和市场经济为导向的改革的渐次推行，中国近代资产阶级遂成为中国近代史研究的热点。后 30 多年尤其是 20 世纪 90 年代以来，买办研究渐成热点，发表论文不下百篇，还出版了几部有影响的学术专著。

数量差异之余，两个阶段对买办的地位和作用的评价亦有天壤之别。前 30 年，大陆史学界几乎毫无例外地把买办视为近代中国最反动的势力和帝国主义侵略中国的帮凶。如 1982 年出版的《旧中国的买办阶级》（黄逸峰、姜铎编著，上海人民出版社），根据毛泽东有关买办阶级的论述，"应用大量史实，对旧中国买办阶级的发生、发展，直至灭亡的过程，加以历史的叙述和论证"。作者认为"旧中国的买办、买办制度、买办资本以及由此而产生的买办阶级，是半殖民地半封建社会特定条件下的产物，是帝国主义为了对中国进行经济侵略而一手培育起来的"，断定"职业买办是外国经济侵略的工具"。该书的姐妹篇《旧中国的民族资产阶级》(江苏古籍出版社, 1990 年 10 月第 1 版)在谈到买办制度和买办时指出："买办制度，是外国资本家为了向中国进行经济侵略的需要而建立起来的"；"买

---

① 江中孝，广东省社会科学院历史学研究员、硕士生导师，《广东社会科学》杂志社总编辑，广东近代文化学会副会长兼秘书长。研究方向为晚清史、中国近现代思想史等。

办是外国资本家侵略中国的耳目和工具，扮演了'为虎作伥'和'引狼入室'的可耻角色。""因此，买办制度是旧中国半殖民地半封建社会的产物"。黄逸峰、姜铎等学者的观点具有典型性，代表 20 世纪 50 — 80 年代中期中国大陆学界的主流思想。

20 世纪 90 年代以后，中国的经济建设和改革开放全面铺开，更加深化。史学界对买办的地位和作用的认识不断加深，评价也截然不同。这个阶段的研究，可以胡波先生为代表。他在《近代中西文化碰撞中的香山买办》[①]一文中指出：香山买办群体的产生、形成、发展和转化的历史，正是"中国走向世界""世界走向中国"的双向互动的历史缩影。他们因势而动，因时而变，以香山人特有的开放包容、务实进取、开拓创新、重利而不轻义等积极的态度大胆任事、勇于担当，在近代中西文化碰撞中，抓住了机遇，在成就自己的同时，也以思想和行动促使尘封已久的中国开始了近代文化的破冰之旅。2007 年，他的《香山买办与近代中国》一书，由广东人民出版社出版，书中对香山买办在近代历史上的积极作用作了多角度的考察，指出：从总体上看，19 世纪的香山买办在中国社会各个领域均起了示范带头作用。他们关心民瘼、热心公益事业、兴办学校、建设医院、创办会所、出版报纸、印刷古籍、编辑族谱、改良乡政、赈济灾民的种种善举，不仅有功于文化建设，而且也有益于政治改良、社会进步，弥补了政府功能的缺失，维持了地方和平。在思想观念上，他们善于西学中用、推陈出新；在社会生产和社会交往中，他们善于运作和经营，有商业头脑，并且具有冒险精神。他们依靠个人奋斗走向成功之路，加速了中国通商口岸城市的社会变迁。

为什么会出现这种前后冷热不同，评价截然相反的情况呢？我认为：买办还是买办，它在历史上出现和存在的社会背景、扮演的角色、产生的影响，丝毫没

---

① 王远明主编. 香山文化——历史投影与现实镜像［M］. 广州：广东人民出版社，2006：58—90.

有因为我们的好恶而改变，改变的是我们自己。一是我们看问题的时代环境发生了变化。过去强调以阶级斗争为纲，中国近代史以反帝反封建斗争为主线，官僚买办阶级是压在中国人民头上的"三座大山"之一，买办当然要受谴责。现在以现代化建设为中心，买办在中国近代化特别是经济近代化过程中发挥过重大促进和示范作用，其地位自然也就不一样了。二是我们观察问题的视角有别，过去是从中外对立的角度看问题，买办是外国资本家的工具，现在强调中外交流，买办作为中西交通桥梁的作用就凸显出来。三是价值取向不同，过去是革命史观，而且是用新民主主义革命理论为指导。我们把资产阶级分为民族资产阶级和官僚买办资产阶级，前者虽有软弱性，但也是革命可以争取的力量，后者却是革命的对象。所以，自然要否定作为革命对象的买办和买办阶级。现在是现代化史观，以是否有利于中国现代化为标准来衡量各个阶层、各种势力的作用，当然要肯定买办和买办阶级。

明清以降，随着西方殖民势力的东来，包括香山县在内的珠江三角洲地区成为中西文化的交汇之地，这里的人们率先对来自西方的冲击和挑战、对日益变化的世界大趋势作出回应，在中国"走出中世纪"的进程中扮演着先驱的角色。买办作为中外商业贸易的媒介，在经贸活动中积累了丰富的经验和雄厚的资本，在中国走向资本主义市场经济的早期现代化过程中发挥了重要的积极作用。我们应该在既往研究的基础上，开阔视野，挖掘史料，拓展领域，深化认识，进一步提高学术水平。

后　记

　　2017 年 7 月 24 日，中共中山市委宣传部、中山市社会科学界联合会主办的纪念郑观应诞辰 175 周年学术研讨会在中山市三乡镇举行。研讨会以"郑观应研究的当代价值"为主题，来自全国各地以及港澳地区的专家、学者齐聚中山，共同交流和探讨郑观应研究的当代价值，形成了一批重要的研究成果。

　　《郑观应研究的当代价值——纪念郑观应诞辰 175 周年学术研讨会论文集》收录了本次研讨会有关专家学者提交的 28 篇学术论文，涵盖郑观应的商战思想、国家治理思想、教育观、廉洁家训、文物保护等领域，具有较高的理论研究价值，将有助于推动郑观应研究不断走向深入。

　　本书编写得到了有关领导以及中山市三乡镇党委政府、中山市社会科学界联合会、中山市郑观应文化学会、广东人民出版社中山出版有限公司等单位的大力支持，在此表示衷心感谢！由于本书容量有限，尚有部分优秀文章未能编入，我们对此深表歉意。

　　郑观应思想广博丰富，郑观应研究任重道远。纪念郑观应诞辰 175 周年学术研讨会的举办以及本书的出版，迈出了深入开展郑观应研究、深挖郑观应思想当代价值的重要一步。今后将利用前期的基础积累和研究成果，充分发挥郑观应故乡的地域优势，强化联合研究，既充分整合提升本土研究力量，又坚持"走出去""请进来"，加强与上海、广州、澳门等相关地区、相关研究单位的交流合作，通过创造更好的条件，打造更多的平台，整合全国乃至世界各地的郑观应历史文化资源和力量，继续推动郑观应研究向更深层次更广范围更高水平迈进。

本书编委会

2019 年 2 月